Д 19308

CATALOGUE
DES LIVRES

DÉPENDANT DE LA SUCCESSION

DE M. BENJAMIN DUPRAT

CATALOGUE
DES LIVRES

DE LINGUISTIQUE, DE LITTÉRATURE ET D'HISTOIRE
EN LANGUES EUROPÉENNES ET ORIENTALES

(sanscrit, persan, arabe, turc, hébreux, chinois, japonais, égyptien, assyrien, etc.)

ET DE 51 MANUSCRITS ORIENTAUX

DÉPENDANT DE LA SUCCESSION

DE M. BENJAMIN DUPRAT

LIBRAIRE DE LA BIBLIOTHÈQUE IMPÉRIALE, DE L'INSTITUT ET DU SÉNAT

Dont la vente aura lieu, rue des Bons-Enfants, 28

MAISON SILVESTRE

SALLE N° 1, A 7 HEURES PRÉCISES DU SOIR

Les lundi 3 décembre 1866 et jours suivants, jusqu'au samedi
22 décembre inclusivement

Par le ministère de M⁰ PAUL NAVOIT
commissaire-priseur, 5, rue Ventadour

ET DE M⁰ ALEGATIÈRE, SON CONFRÈRE
Successeur de M⁰ Fournel, 40, rue de l'Échiquier

---

*Le libraire chargé de la vente remplira les commissions des personnes
qui ne pourraient y assister.*

Les envois se feront contre remboursement.

PARIS

ADOLPHE LABITTE

Libraire de la Société asiatique

5, QUAI MALAQUAIS

PRÈS L'INSTITUT

—

1866

TABLE DES VACATIONS

1ʳᵉ Vacation. — Lundi 3 décembre.

Numéros.

Critique des Écritures. Science et Arts........ 184 à 357.

2ᵉ Vacation. — Mardi 4 décembre.

Beaux arts. Langues grecque et latine......... 358 à 529.

3ᵉ Vacation. — Mercredi 5 décembre.

Langues européennes .... 530 à 710.

4ᵉ Vacation. — Jeudi 6 décembre.

Langues asiatiques. — Sanscrit .... 711 à 860.

5ᵉ Vacation. — Vendredi 7 décembre.

Sanscrit. — Indoustani .... 861 à 1047.

6ᵉ Vacation. — Samedi 8 décembre.

Siamois. — Persan .... 1048 à 1200.

7ᵉ Vacation. — Lundi 10 décembre.

Persan. — Arménien. — Arabe .... 1201 à 1368.

8ᵉ Vacation. — Mardi 11 décembre.

Arabe. — Hébreu. — Chinois................ 1369 à 1553.

9ᵉ Vacation. — Mercredi 12 décembre.

Textes chinois et japonais................... 1554 à 1723.

10ᵉ Vacation. — Jeudi 13 décembre.

Langue turque. — Langues africaine, américaine,
  océanienne............................... 1724 à 1914.

11ᵉ Vacation. — Vendredi 14 décembre.

Géographie. — Voyages en Europe et en Asie... 1915 à 2054.

12ᵉ Vacation. — Samedi 15 décembre.

Numéros.

Voyages en Asie et en Afrique.................. 2055 à 2224.

13ᵉ Vacation. — Lundi 17 décembre.

Voyages en Afrique et en Amérique. — Histoire des religions. — Histoire de France......... 2225 à 2411.

14ᵉ Vacation. — Mardi 18 décembre.

Histoire des provinces de France. — Histoire d'Asie, d'Arabie et de l'Inde................ 2412 à 2564.

15ᵉ Vacation. — Mercredi 19 décembre.

Histoire de l'Inde, de la Chine et du Japon..... 2565 à 2722.

16ᵉ Vacation. — Jeudi 20 décembre.

Histoire d'Afrique et d'Amérique. — Archéologie. — Bibliographie......................... 2723 à 2903.

17ᵉ Vacation. — Vendredi 21 décembre.

Écritures saintes dans toutes les langues........ 1 à 183.

18ᵉ Vacation. — Samedi 22 décembre.

Bibliographie. Journaux. Supplément et Manuscrits................................... 2904 à 3061.

CONDITIONS DE LA VENTE.

La vente aura lieu expressément au comptant.

Il y aura, chaque jour de vente, exposition, de 2 à 4 heures, des livres qui seront vendus le soir.

Les livres vendus devront être collationnés sur place, dans les vingt-quatres heures de l'adjudication; passé ce délai ou une fois sortis de la salle de vente, ils ne seront repris pour aucune cause.

Les adjudicataires payeront, en sus des enchères, cinq centimes par franc, applicables aux frais.

M. Benjamin Duprat, dont la mort a laissé tant de regrets, avait rassemblé la plus grande collection de livres orientaux que l'on ait possédée depuis MM. Langlès et Silvestre de Sacy.

Le catalogue que nous publions doit intéresser vivement tous ceux qui s'occupent de linguistique. Cette classe d'ouvrages comprend les deux tiers du catalogue, et par un classement aussi clair, aussi simple que possible, nous avons rendu les recherches aisées en rattachant à chaque langue, après les grammaires et les dictionnaires, ses textes et sa littérature.

Nous nous contenterons d'appeler l'attention sur les livres sanscrits dont beaucoup d'éditions sont imprimées à Calcutta, sur les livres arabes, persans et turcs, imprimés à Boulaq et à Constantinople, sur les livres chinois, sur la collection de 51 manuscrits orientaux.

Nous pourrions placer ici la liste des livres les plus importants qui se trouvent dans ce catalogue, mais nous croyons cette indication inutile pour nos lecteurs.

CATALOGUE
DES LIVRES

AYANT APPARTENU A FEU

M. BENJAMIN DUPRAT

LIBRAIRE
DE LA BIBLIOTHÈQUE IMPÉRIALE, DU SÉNAT, DE L'INSTITUT,
DE LA SOCIÉTÉ ASIATIQUE, ETC.

ÉCRITURES SAINTES.

1. Textes complets de l'Ancien et du Nouveau Testament en toutes langues.

1. Biblia polyglotta, curante Lejay. *Parisiis,* 1645, 9 vol. in-fol., d. rel.
    Manque le tome II.
2. Biblia hebraïca, sine punctis. *Amst.,* 1701, petit in-12, v.
3. Biblia hebraïca recensita à Van der Hooght. *Amst.,* 1705, in-8, rel.
4. Biblia hebraïca, recensita à Van der Hooght. *Amst.,* 1705, 2 vol. gr. in-8, rel.
5. Bible hébraïque. *Basle,* 1822, 4 vol. in-4, cart.
6. Biblia hebraïca, a J. Leusden edita. *Londini,* 1833, in-8, rel.
7. Biblia hebraïca, ex recensione Hahini. *Lipsiæ,* 1838, in-12, br.
8. Biblia hebraïca, recensuit Hahn. *Lipsiæ, s. a,* in-8, br.
9. Biblia hebraïca, cum punctis. *S. A.,* in-4, v.
10. L'Ancien Testament, en grec moderne. *Londres,* 1812, gr. in-8, à 2 col., veau.
11. La Sainte Bible, contenant l'Ancien et le Nouveau Testament, traduite sur la Vulgate, par Le Maistre de Sacy. *Paris,* 1822, gr. in-8, v. rac.

12. The Holy Bible containing the Old and New Testaments. The text carefully printed from the most correct copies of the present authorized translation, including the marginal readings and parallel texts, with a commentary and critical notes, designed as a help to a better understanding of the sacred writings, by Adam Clarke. *London*, 1817-25, 8 vol. in-4, port., v. bleu, fil. (*Rel. anglaise*).
13. The Vible Casheric.... La Sainte Bible, en gaélique de l'île de Man. *London*, 1819, gr. in-8, br.
14. An Biobla Naomhtha.... L'Ancien et le Nouveau Testament, traduits en irlandais, le premier par l'évêque W. Bhedel, et le second par l'archevêque W. O. Domhnuill. *London*, 1817, gr. in-8, br.
    Le N. T. est suivi d'un petit vocabulaire.
15. La Biblia traducida al español, por el P. Phelipe Scio de S. Miguel. *Londres*, 1823, gr. in-8, cart.
16. A Santa Biblia traduzida em portuguez pelo P. A. Pereira de Figueiredo. *Londres*, 1828, gr. in-8, cart.
17. Biblia Sacra, tradotta in lingua italiana, da Monsignor Antonio Martini. *Londra*, 1828, gr. in-8, cart.
18. La Sacra Biblia, tradotta in lingua italiana, da G. Diodati. *Londres*, 1830, in-12, veau.
19. Biblia dat is de gansche H. Schrifture. La Bible, en hollandais. *Amsterdam*, 1822, gr. in-8, bas.
20. Biblia to iest wssystko Pismo swiete starego i nowego Przymierza... La Bible, en polonais, imprimée en caractères gothiques allemands. *Berlin*, 1810, grand in-8, veau br.
21. La Bible, en polonais, caractères romains. *Wroclawiu*, 1836, gr. in-8, v. rac.
22. La Bible, en slavon. S. l. n. d. (*Société biblique russe*), gr. in-8, v. rac.
    1012 et 252 pp.
23. Bible, en caractères slaves. S. l. n. d., in-fol., r.
24. Bible en arabe et autres. = 3 vol. in-8, v.
25. Introduction à l'étude de l'Ancien et du Nouveau Testament, en arabe, à l'usage de l'église anglicane. *Malte*, 1840, in-8, rel. en carton.
    364 pages.
26. The Holy Bible containing the Old and New Testaments, in the arabic language. *Newcastle-upon-Tyne*, 1811, in-4, mar. bleu, dent.. tr. dor. (*Rel. anglaise*.)

26 *bis*. — Le même, rel. en veau.
Fatigué.
27. Biblia sacra arabica et lat. *Romæ,* 1671, 4 vol. in-fol., vélin.
28. La Bible, en turc, publiée par les soins de M. Kieffer. *Paris, impr. roy.*, 1827, 2 t. en 1 vol. in-4, v. ant., fil., dent. à fr.
29. Biblia sacra, in linguâ armenicâ. 1805, pet. in-8, br.
30. La Bible, en arménien, traduction classique du ve siècle, avec des variantes, et rédigée sur les meilleurs manuscrits. *Venise,* 1805, 4 vol. in-8, d. v. v.
31. The Bible in hindoostanee (arabic type). Genesis, Proverbia, Isaias. *Calcutta,* 1825-26, in-8, v. br.
32. La Bible, en hindoustani (Genèse, Proverbes, Isaïe), caractères arabes. *Calcutta,* 1825-26, in-8, v. br.
33. Vetus Testamentum aethiopicum, ad lib. mss. fid. ed. et apparatu critico instruxit A. Dillmann. Tom. I en 3 fasc. Tom. II, fasc. 1. *Lipsiæ,* 1853-61, 4 part. in-4, br.
34. Fragmenta basmurico-coptica V. et N. Testamenti, quæ in museo Borgiano Velitris asservantur, cum reliquis versionibus Ægyptiis contulit, latine vertit et notis illustravit W. F. Engelbreth. *Havniæ,* 1811, in-4, br.
35. The Holy Bible, in singhalese. *Ceylon,* 1846, gros in-8, bas. rac.
36. Bible et Nouveau Testament en langue malaise et autres. = 20 vol. in-8, rel.

2. Livres séparés de l'Ancien Testament.

37. Codex Ephraemi Syri rescriptus, sive fragmenta utriusque Testamenti, e codice græco eruit atque edidit Constantinus Tischendorf. *Lipsiæ,* 1743-45, 2 vol. gr. in-4, perc.
38. Den ældste danske Bibel-Oversœttelse.... Extraits des livres de l'Ancien Testament, trad. en vieux danois, par Chr. Molbech. *Copenhague,* 1828, in-8, cart.
39. The book of Genesis in hebrew, with a critically revised text, various readings.... by Ch. H. Hamilton Wright. *London,* 1859, in-8, cart.
40. Genesis, Exodus, Leviticus, etc., hebraice. *S. a,* 2 vol. in-12, v. f.
41. La Genèse, l'Exode, le Lévitique et les Nombres, en turc;

imprimé d'après un mss. de la Bibliothèque de Leyde, par les soins de Diez. *Berlin*, 1819, in-4, v. viol.

> Sans titre. — 240 pages. — Cette édition a été supprimée par la Société Biblique de Londres.

42. The first three chapters of Genesis commented in sanscrit and english, by J. R. Ballantyne. *London*, 1860, in-8, perc.

43. La Genèse, trad. en tobasch par N. van der Tuuk. *Amsterdam*, 1859, in-8, br.
> En caractères tobasch.

44. Psalterium hebræum, græcum, arabicum et chaldæum, cum tribus latinis interpretationibus et glossis (edente A. Justiniano). *Genuae*, 1516, grand in-4, veau fauve à comp. dorés.

> Très-bel exemplaire. Ce psautier est le second livre polyglotte biblique qui ait été imprimé, et le second, avec date, où l'on trouve des caractères arabes. (V. Brunet, nouv. édit., IV, 2ᵉ p. p. 919). — L'ouvrage est rare, la plus grande partie de l'édition ayant péri dans un naufrage sur les côtes de Corse, où Justiniani était évêque.

45. Psalterium in quatuor linguis, hebræa, græca, chaldæa, (potius æthiopica) et latina. *Impressum Coloniæ*, 1531, pet. in-fol., cart. à la Bradel.
> Édition rare.

46. Psaumes de David, en arabe, etc., 5 vol. in-8, v.

47. Le Livre des Psaumes en arabe. *Rome*, 1614, etc. — 3 vol. in-8, rel.

48. Les Psaumes de David, trad. en arménien. *Venise*, 1820, in-32, d. v. ant. (*Bauzonnet*).

49. Les Psaumes de David, en persan. *Calcutta*, 1811, in-8, v. br.

50. Psaumes en persan. etc. 4 vol. in-8, v.

51. Liber psalmorum Davidis ex idiomate syro in latinum translatus a Gabr. Sionita. *Parisiis*, 1625, in-4, cart.

52. Psalmi Davidis linguâ Syriacâ, nunc primum, ex antiquissimis codicibus manuscriptis, in lucem editi a Thoma Erpenio, qui et versionem latinam adjecit. *Lugduni Batav.*, 1625, in-4, veau.

53. Psalterium syriacum, recensuit et latine vertit Th. Erpenius, notas addidit J. A. Dathe. *Halæ*, 1768, in-8, br.

54. Psalterium syriace. *Londini*, 1825, in-8, v. br.

55. Gniana sanghidangouloudeia postagan.... Livre de cantiques spirituels. *Tranquebar*, s. d., in-12, d.-r.
> Les 150 psaumes en Tamoul, à l'usage des missions protestantes de la côte de Coromandel.

56. *Chin-chi-chou.* Les Psaumes, trad. en chinois. 2 cah. in-12.
57. Psalterium Davidis, aethiopice et latine, cum variis lectionibus et notis philologicis, cura Jobi Ludolfi. *Francofurti ad Mœnum,* 1701, in-4, cart.
   Manque le titre. — Une tache d'huile dans la marge inférieure.
58. Psalterium Davidis, æthiopice. *Londini,* 1815, in-4, veau.
59. Psalterium Davidis, æthiopice. *Londini, Soc. Bibl.,* 1815, in-8, mar. bl. fil., tr. dor. (*Reliure anglaise.*)
60. Les Psaumes de David, publiés en copte et en arabe, par les soins de Raph. Tuki, évêque d'Arsinoé. *Rome, à la Propagande,* 1744, in-4, cart.
61. Psalterium, copto-arabice. (*Rome,* 1747), in-4, d.-rel.
62. Psalterium Ægyptium, coptico-arabicum. *Londini, Soc. Bibl.,* 1826, pet. in-4, pap. vél., v. br.
63. Psalterium, coptice; ad codd. fid. recensuit, lectionis varietatem et psalmos apocryphos Sahidica dialecto conscriptos ac primum a Woidio editos adjecit J. L. Ideler. *Berolini,* 1837, in-8, br.
64. Sapientia Salomonis, armenice, cum versione græca et latina. *Venetiis,* 1827, in-12, d. v. ant. (*Bauzonnet.*)
65. Moysis Pentateuchus, hebraïce. *Londini,* 1836, in-8, v. gr.
   297 pages, 30 lignes.
66. Pentateuchus Mosis, arabice. *Lugd. Bat.,* 1622, in-4, v. f.
   Aux armes de De Thou.
67. De versione samaritano-arabica librorum Mosis e duobus codd. Bibl. Reipubl. commentatio; scripsit Silvestre de Sacy. *S. l. n. d.,* pet. in-8, d.-r.
68. The Pentateuch, in sanscrit. *Serampore,* 1808, in-4, d. r.
69. The Pentateuch, translated into the hindu language (by the Serampore missionaries). *Serampore,* 1812, in-8, cuir de Russie.
   Bel exemplaire. — Car. dévanagari.
70. The Pentateuch, translated into mahratta, by the Serampore missionaries. *Serampore,* 1807, in-8, cart. n. rogn.
71. Bible en Orissa. Le Pentateuque. = Les Prophètes. = Les Livres historiques. = Les Livres poétiques. = Les Psaumes. 5 vol. formant l'Ancien Testament complet. *Serampore,* 1811, 5 vol. in-8, v. gran.
   Bel exemplaire. — On rencontre très-rarement ces cinq volumes réunis.

72. Prophetæ posteriores, hebraïcè, Jesaia, Jeremia, Ezechiel, Hosea, Joel, Amos, Obadia..... *Londini,* s. d., in-8, veau.
73. Jonas propheta, syriace, stylo stranghelico. *Lut. Paris.,* 1802, in-12, cart.
74. The Prophetical Books of the Bible, translated into the sungskrita language, by the Serampore missionaries. *Serampore,* 1818, in-8, d.-r.
74 *bis.* — Le même, cart.
75. The Prophetical Books of the Bible, translated into Sanscrit, by the Serampore missionaries. *Serampore,* 1818, in-8, d.-r.
75. *bis.* — Le même, cart.
76. Poetical books of the Bible, in hindee. Job, Psalms, Proverbs, Ecclesiastes, the song of Salomon. *Serampore,* 1818, in-8, v. gr.
76 *bis.* — Le même, cart., n. rog.
77. The historical books of the Bible, in the orissa language. *Serampore,* 1811, in-8 de 895 pp., cart., n. r.
78. Historical books of the Bible, translated into hindee, by the Serampore missionaries (Davanagari character). *Serampore,* 1818, in-8, cuir de Russie.
    Bel exemplaire.
78 *bis.* — Le même, cart., n. rogn.
79. Le Livre des Rois, les Paralipomènes, Esdras, etc. Trad. en mandchou, par J. Schmidt. *Saint-Pétersbourg,* 1837, 2 tom. en 1 vol. in-4, cart.
80. Codex syriaco-hexaplaris. Liber quartus Regum e cod. parisiensi, Jesaias, duodecim prophetæ minores, Proverbia, Jobus, Canticum, Threni, Ecclesiastes, e cod. mediolan. edid. et commentariis illustravit Henr. Middeldorpf. Pars I, textus syriacus. Pars II, commentarii. *Berolini,* 1835, 2 part. en 1 vol. in-4, br.
80 *bis.* — Le même, sur papier vélin.
81. Le livre de Job, en mandchou. *St-Pétersbourg,* 1838, in-4, cart.
82. Liber Henoch, æthiopice, ad quinque codd. fidem editus, cum variis lectionibus, cura A. Dillmann. *Lipsiæ,* 1851, in-4, br.
83. Extraits de la Bible, trad. en chinois, par Milne. 9 cah. in-12.

3. *Nouveau Testament.*

84. Codex apocryphus Novi Testamenti. The uncanonical Gospels and other writings, referring to the first ages of christianity, in the original languages, collected by Dr. Giles. *London,* 1852. 2 vol. in-8, perc.
85. Novum Testamentum, græce et latine, cum interpretatione syriaca hebræis typis descripta et latine reddita ab Imm. Tremellio. *Typis Henr. Stephani,* 1569, 2 part. en 1 vol. in-fol., v. fauve, tr. dor.
    > Très-bel exemplaire. — A la fin du vol. se trouve la grammaire syriaque de Tremellius.
86. — Autre exemplaire, d.-r.
87. Novum Testamentum idiomate græco litterali et græco vulgari, ex versione Maximi Calliopolitani. *(Genevæ),* 1638, 2 part. in-4, cart. n. rogn.
88. Novum Testamentum græce, cum notis variorum. *Amstelædami,* 1711. 2 vol. pet. in-8, v. f., cartes.
89. Le Nouveau Testament en grec, avec trad. en grec moderne. *Londres,* 1819, in-12 de 1106 pp., bas.
90. Novum Jesu Christi Testamentum, græce et latine. *Londini,* 1824, in-12, mar., tr. dor. *(Rel. angl.)*
91. The New Testament, greek and english. *Cambridge,* 1834, in-12, cart.
92. Novum Testamentum græce, ex antiquissimo codice Alexandrino, a G. Woïde olim descriptum, accuratius edidit B. H. Cowper. *Londini,* 1860, in-8, perc.
93. Novum Testamentum græce, ex antiq. cod. Alexandrino, ed Cowper. *Londini,* 1860, in-8, cart.
94. Le Nouveau Testament, en grec moderne. *Londres,* s. d., in-8, bas.
95. Le Nouveau Testament, traduit en hébreu, avec les points voyelles. *Londini,* 1817, in-8, veau.
96. — Le même, *Londini,* 1821, in-8, veau.
97. Le Nouveau Testament de Notre-Seigneur Jésus-Christ, trad. sur la Vulgate par Le Maistre de Sacy. Édition stéréotype, publ. par les soins de M. Frédéric Léo. *Paris,* 1824, in-8, cart.
98. O Novo Testamento de nosso Fiel Senhor e Redemptor Jesu Christo, traduzido na lingua portugueza. *(Impresso por*

Hamblin e Seyfaug Monte do Alho), 1813, gr. in-12, mar. bl., fil., tr. dor. (*Rel. angl.*)

99. Nowy Testament.... Le Nouveau Testament, en polonais, publié par la Société Biblique russe. *St-Péterbourg*, 1815, in-8, v. gr. fil.

100. Le Nouveau Testament, en servien. *Leipzig*, 1834, in-8, v. gr.

101. Le Nouveau Testament de N.-S. Jésus-Christ, en russe, première édition. *St-Pétersbourg*, 1823, in-8, v. rac.

102. Nouveau Testament, en russe. *Berlin*, 1857, in-8, perc.

103. Le Nouveau Testament de N.-S. Jésus-Christ, en russe. *Leipzig*, 1850, in-8, bas.

104. Le Nouveau Testament, en anglais. *Cambridge, s. a.*, in-8, m. bl., tr. dor.

105. Le Nouveau Testament, en gaëlic. *Londres*, 1821, in-8, bas.

106. Conaant Noa.... Nouveau Testament, en gaëlic de l'île de Man. *Londres*, 1815, in-8, cart., n. rogn.

107. Nouveau Testament, en gallois. *Caer Grawnt*, 1836, in-8, bas.

108. Nowy Zakon.... Le Nouveau Testament et les Psaumes, en langue bohême. *Wratislawi*, 1855, in-8, d.-r.

109. Det Nye Testamente.... Le Nouveau Testament, traduit en danois. *Londres*, 1814, gr. in-12, mar. bl., fil., tr. dor. (*Rel. angl.*)

110. F. Münteri commentatio de indole versionis Novi Testamenti sahidicæ.... *Havniæ*, 1789, in-4, br.

111. Bibelen, eller then Heliga Skrit.... La Sainte Bible, en suédois. *Londres*, 1828, gr. in-8, veau.

112. Nouveau Testament, en arabe. *Rome*, 1591, in-fol., v. viol. (368 pp.), nombr. fig. sur bois.
  Quelques mouillures et raccommodages.

113. Nouveau Testament, en arabe. *Londres*, 1820, in-8, veau.

114. Nouveau Testament, en arabe karchouni. *Paris, impr. roy.*, 1823, in-4, d.-r.
  Tirage à part de la partie karchouni de l'édition syriaque et arabe du N. T. publiée par M. de Sacy.

115. Nouveau Testament et épîtres en arabe. 4 vol. in-4 et in-8, rel.

116. Le Nouveau Testament et le livre des Psaumes en arabe. = 3 vol. in-8, mar. et v.

117. Le Nouveau Testament de N.-S. Jésus le Messie (en turc). *Paris, impr. roy.*, 1819, gr. in-8, pap. vél., veau fauve, dent. à fr., doublé de tabis, tr. dor.
>Exemplaire en grand papier. — Ce Nouveau Testament a été publié par M. Kieffer, professeur de turc au collège de France; c'est la traduction de Bobowsky, renégat polonais connu sous le nom d'Ali Beigh.

118. Le même. Exemplaire sur pap. ordinaire. In-8, v. f.
119. Nouveau Testament, en langue turque, in-4, et autres ouvrages en turc, 8 vol. in-4, rel.
120. Le Nouveau Testament, en arménien. *St-Pétersbourg*, 1814, in-8, veau.
121. Le Nouveau Testament, en arménien, édition conforme à celle publiée par Zohrab. *Venise*, 1823, in-8, br.
122. Nouveau Testament, en arménien, double traduction littérale et vulgaire (selon le dialecte de Constantinople, par Zohrab). *Paris*, 1825, gr. in-8, v. rac.
123. Novum Testamentum, syriace, cum punctis vocalibus, accur. Æg. Gutbirio. *Hamburgi*, 1664, in-12, chagr., tr. d.
>Quelques taches et mouillures. — Le Nouveau Testament est complet et ponctué; l'évangile de saint Mathieu a seul la traduction latine.

124. Novum Testamentum syriacum, punctis vocalibus animatum, cum lexico et institutionibus linguæ syriacæ, acced. notæ, auct. Aegidio Gutbirio. *Hamburgi*, 1664-67, 3 part. en 1 vol. in-8, vél.
125. Novum Testamentum, syriace, denuo recognitum atque ad fidem codd. mss. emendatum. *Londini*, 1816, in-4, v. m.
126. Novum Testamentum syriace, denuo recognitum atque ad fidem codd. mss. emendatum. *Londini, Watts*, 1816, in-4, pap. vél., veau.
>Il manque le titre latin.

127. Le Nouveau Testament, en syriaque et en arabe dit Karchouni. *Paris, impr. roy.*, 1823, gr. in-4, 2 tom. en 1 vol., v. rac.
>Édition publiée par Silvestre de Sacy.

128. Nouveau Testament, en sanscrit. *Serampore*, 1808, in-4, cart., n. r.
129. The New Testament in hindee. *Serampore*, 1812, in-8, cart., n. r. (Caract. dévanagari.)
130. The New Testament transl. into hindoostanee, by Rev. H. Martyn. *London*, 1819, in-8, veau. (Arabic type.)

131. The New Testament, translated into the hindoostanee language, by the Rev. H. Martyn. *Serampore,* 1814, in-8, bas. (Arabic type.)
132. Poetical books of the Bible, in hindee. Job, Psalms, Proverbs, Ecclesiast, the song of Salomon. *Serampore,* 1816, in-8, cart.
133. The New Testament translated in hindee, by Rev. W. Bowley. *Calcutta,* 1826, in-8, veau. (Caract. dévanagaris.)
134. New Testament, in bengalee. *Serampore,* 1820, in-8, c. non rogn.
135. Le Nouveau Testament, en telougou. *Madras,* 1812, gr. in-8, v. marb.
   Exemplaire sur grand papier fort.
136. The Malabar New Testament. *Serampore,* 1812, in-8, bas.
137. The New Testament, in singhalese. *Colombo,* 1817, in-4, v. f.
138. Le Nouveau Testament, en singhalais. *Colombo,* 1820, in-8, bas.
   Caractères cingalais.
139. The New Testament in goozuratee. *Serampore,* 1820, in-8, v. br.
   Caractères dévanagaris.
140. New Testament, in kunkuna. (Carac. dévanagaris.) *Serampore,* 1818, in-8, cart., n. r.
141. The New Testament in the mooltan language. *Serampore,* 1819, in-8, v.
142. The New Testament translated into the mahratta language, by the Serampore missionaries. *Serampore,* 1811, in-8, d.-r.
143. New Testament, translated into the assam language, by the Serampore missionaries. *Serampore,* 1820, in-8, v. gr.
144. The New Testament, in assam language. *Serampore,* 1820, in-8, veau.
145. *Sin-y-tchao-chou.* Nouveau Testament en chinois, version de Milne et de Morrison. 8 cah. in-12, en boîte.
146. *Sin-yo-thsiouan-chou.* Nouveau Testament en chinois, publié la 5ᵉ année Hien-foung (1855), à Hong-Kong. 1 cah. in-8.
147. Novum Testamentum copticum, edidit Wilkins. *Oxoniæ,* 1716, in-4, cart.

148. Novum Testamentum Jesu Christi, æthiopice, ad codd. mss. fidem edidit Th. Pell Platt. *Londini, Soc. Bibl.*, 1830, in-4, v. br.
149. Indjîlu-'l Khudus Xîsaj, Elmesêhh.... Nouveau Testament et les Psaumes, en malais. *Harlem*, 1823, in-8, v. br.
   Caractère romain, mêlé de quelques signes particuliers.
150. Nouveau Testament, en javanais. *Amster.*, 1847, in-fol., cart.

4. Livres séparés du Nouveau Testament.

151. Novi Testamenti Biblia triglotta (Evangelia). *Londini*, 1828, in-4, d.-rel.
152. Les Évangiles en grec et en slave d'après un ancien manuscrit. *St-Pétersbourg*, 1843, in-4, br. *fac-sim.*
153. Evangelium palatinum ineditum, sive reliquiæ textus evangeliorum latini aute Hieronymum versi, ex cod. palatino nunc primum eruit atque edidit Constantinus Tischendorf. *Lipsiæ*, 1847, in-4, cart., *fac-simile.*
154. Les Quatre Évangiles, trad. par l'abbé A. Crampon. *Paris*, 1864, gr. in-8, br.
155. Quatuor Evangelia Novi Testamenti, ex latino in hebraïcum sermonem versa, ab J. B. Jona. *Romæ, typ. S. C. prop. fidei*, 1668, in-4, vél. cordé.
156. Sanctum Evangelium, scilicet Novum Testamentum Jesu Christi. *Astrachani*, 1818, in-8, v. rac.
   En tartare de Kazan.
157. Les quatre Évangélistes dans la langue des Indiens Esquimaux de la côte de Labrador. *Londres*, 1813, in-12, bas.
158. Sacrosancta quatuor Jesu Christi Evangelia arabice scripta, latine reddita figuris que ornata. *Romae, ex typog. medicea*, 1619, in-fol., parch., fig. sur bois.
   Cette édition contient les mêmes figures que le Nouveau Testament arabe imprimé à Rome en 1591.
159. Mathæi evangelium, arabice. = Acta apostolorum arab. = Pauli apostoli epistola ad Romanos, arab. = Epistola ad Hebraeos, arab. = Epistola ad Romanos, turcice. = Omnia haec seorsum recudi curavit J. H. Callenbergius. *Halae*, 1741-47, 5 part. en 1 vol. in-8, v. fauve, dent., pet. fers, tr. dor. (*Bozérian jeune.*)

160. Die vier Evangelien arabisch aus der Wiener Handschrift hrsgb. von P. de Lagarde. *Leipzig*, 1864, in-8, br.
161. Sacrosancta J. C. Evangelia, jussu S. Congregationis de propaganda fide, ad usum ecclesiae nationis Maronitarum edita (opera Fausti Naironi). *Romæ, typ. S. Congr. de prop. fide,* 1703, 2 vol. pet. in-fol., vél.

Contient tout le N. T. en syriaque et en arabe karchouni, c'est-à-dire écrit en caractères syriaques.

162. Sacrorum Evangeliorum versio syriaca philoxeniana, ex codd. mss. edita, cum interpretatione et annotationibus J. White. *Oxonii*, 1778, 2 vol. in-4, br.
163. Das heilige Evangelium des Johannes. Syrisch Uebersetzung, nebst kritischen Anmerkungen von G. H. Bernstein. *Leipzig*, 1853, in-8, perc.
164. Remains of a very antient recension of the four Gospels in syriac, hitherto unknown in Europe, discovered, edited, and translated, by W. Cureton. *London*, 1858, in-4, perc.
165. Les quatre Évangiles, trad. en hindustani. *Serampore*, 1816, in-8, cart. n. r.
166. *Sin-i-tchao-chou.* Livre I du Nouveau Testament chinois, publié par le chef des insurgés chinois Thaï-ping-wang. 1 cah. in-8.
167. Evangelium Lucæ in linguam Indostanicam translatum a B. Schultzio, ed. J. H. Callenbergius. *Halae Sax.*, 1749, in-12, vél.
168. L'Évangile de saint Luc, trad. en chinois. Imprimé à Macao. 1 cah. in-8.
169. L'Évangile de saint Mathieu, en Mongol. 1 vol. in-fol. long, bas.
170. Les Évangiles de saint Mathieu et de saint Jean, en mongol. *Imprimé à Saint-Pétersbourg.* In-fol. long, bas.
171. Évangile selon saint Mathieu, traduit en langue karélienne. *Saint-Pétersbourg*, 1820, in-8, v. gr. fil. (96 pages).
172. Le saint Évangile de N.-S. Jésus-Christ, d'après saint Mathieu, en langue ziraine ou sirène, parlée par les Komimourtes, dans les gouvernements d'Arkangel, Perm, Tobolsk. *Saint-Pétersbourg*, 1823, in-8, v. gr. fil. (92 pages).
173. Évangile de saint Mathieu, en calmouk, trad. de Schmidt. *Saint-Pétersbourg*, 1815, in-4, bas.
174. *Si Indjil in lennas itu...* L'Évangile de saint Mathieu, trad.

en langue alifuru, par Hermann. *Amsterdam*, 1852, in-8, d. r.
175. Fragmentum Evangelii S. Joannis, gr.-copto.-hebr. *Romæ*, 1789, in-4, d.-rel.
176. L'Évangile de saint Jean, en chinois. *Serampore*, 1813, in-4, d. rel.
    Exemplaire d'Abel Rémusat.
177. Actuum apostolorum et epistolarum tam catholicarum quam Paulinarum versio syriaca philoxeniana, ex cod. ms. Ridleiano, cum interpret. et annotat. J. White. *Oxonii*, 1799-1803, 2 vol. in-4, br.
    Un trou dans les premières pages du second volume.
178. Les Actes des apôtres, l'épître de saint Paul aux Romains, l'épître aux Corinthiens, trad. en singalais. *Colombo*, 1771-73, 3 part. en 1 vol. in-4, cart. n. r.
    Très-rare.
179. Acta et epistolæ apostolorum; in linguam amharicam vertit Abu-Rumi habessinus; edidit Th. Pell Platt. *Londini, Soc. Bibl.*, 1824, pet. in-4, pap. vél., v. br.
    Sans titre.
180. Epistolæ apostolicæ, cum Apocalypsi Joannis, transl. in idioma malabaricum (damulicum), a B. Ziegenbalg. *S. l.*, 1720, pet. in-4, cart.
181. Les Épitres aux Romains, trad. en tamoul. *Nagercoil*, 1825, in-12, br.
182. Chronicles of ancient faith; lectures on the eleventh chapter of the epistle to the Hebrews, by T. P. Boultbee. *London*, 1856, pet. in-8, perc.
183. Apocalypsis S. Johannis e mss. edita, charactero syro et ebraeo, cum versione latina et notis, opera et studio Lud. de Dieu. *Lugd. Bat., Elzevir*, 1627, in-4, v. br.
    Dans le même volume : *Animadversiones in D. Pauli apostoli epistolam ad Romanos.*

5. Critique des Écritures. Saints Pères. Liturgie.

184. Introduction à l'étude de l'Ancien et du Nouveau Testament. *Malte*, 1840. = De la vérité de la religion chrétienne trad. du latin en arabe, par Pockoke. *Londres*, 1660, pet. in-8. = Pensées chrétiennes en arabe. *Paris*, 1679.
185. Discours historiques sur les principales éditions des

Bibles polyglottes, par le P. Le Long. *Paris,* 1713, in-12, d.-r.
186. Notitia editionis codicis Bibliorum Sinaitici, cum catalogo codicum nuper ex oriente Petropolin perlatorum et scholiis Origenis in proverbia Salomonis, edid. F..C. Tischendorf. *Lipsiæ,* 1860, in-4, br., avec un *fac-simile.*
187. Mémoire sur la version arabe des livres de Moïse, par de Sacy, et autres mémoires. 12 vol. et br. in-4.
188. Horæ Biblicæ, being a connected series of miscellaneous notes on the original text, early versions, etc. of the Old and New Testaments. *Oxford,* 1799. Id. Part the 2nd. being a connected series of miscellaneous notes on the Koran, Zend-Avesta, the Vedas, the Kings, and the Edda. *Ibid.,* 1802, in-8, veau, fil.
189. Horae hebraicae et talmudicae, hebrew and talmudical exercitations upon the Gospels, the acts, some chapters of saint Pauls epistle to the Romans, and the first epistle to the Corinthians, by J. Lightfoot; a new edition by Rob. Gandell. *Oxford,* 1859, 4 vol. in-8, perc.
190. Disquisitiones biblicæ, auctore Frassenio. *Lutetiæ,* 1682, in-4, v.
191. Critica sacra duabus partibus, quarum prima continet observationes philologicas et theologicas in omnes radices Veteris Testamenti, secunda continet observationes in omnes græcas voces Novi Testamenti ab Ed. Leigh angl. conscripta, nunc ab H. à Middoch lat. conversa. *Amstel.,* 1679, in-4, v. br.
192. Hebrew records, an historical enquiry concerning the age, authorship, and authenticity of the Old Testament, by Dr. Giles. *London,* 1850, in-8, perc.
193. Christian records, an enquiry concerning the authenticity of the New Testament, by Dr Giles. *London,* 1853, etc. 3 vol. in-fol. cart.
194. Exercitationes Ecclesiasticæ in utrumque Samaritanorum pentateuchum... auct. J. Morino. *Parisiis,* 1631, pet. in-4, parch.
195. Paralipomeni alla illustrazione della sagra scrittura, di Michelangelo Lanci. *Parigi,* 1845, 2 vol. in-4, rel. v.
196. Concordantiarum hebraïcarum capita. *Basileæ,* 1548, infol, et autres ouvr. = 8 vol. in-8, et in-fol.
197. Biel. Novus thesaurus philologicus Veteris Testamenti.

Hagæ Comitum, 1779, 2 vol. in-8, rel. et autres. = 7 vol. in-8, rel.
198. The Bible students Concordance. *London*, 1845, in-8, cart.
199. Commentaire géographique sur l'Exode et les Nombres, par Léon de Laborde. *Paris*, 1841, gr. in-4, en feuilles.
200. Bochart. Hierozoicon, sive de animalibus sacræ Scripturæ. *Londini*, 1663, 2 vol. in-fol., v.
201. Bocharti hierozoicon, sive de animalibus S. Script. recensuit Rosenmuller. *Lipsiæ*, 1793, 3 vol. in-4, d.-rel.
202. J. Ode. Commentarius de Angelis. *Traj. ad Rh.*, 1755, in-4, vél.
203. Sancti Joannis Chrysostomi interpretatio omnium epistolarum Paulinarum per homilias facta. *Oxonii*, 1849-55; 5 vol. in-8, perc.
204. S. Cyrilli Alexandriae archiepisc. commentarii in Lucae evangelium quae supersunt, syriace, e mss. mus. Britann. edid. Rob. Payne Smith. *Oxonii*, 1858, in-4, perc.
205. Divins opuscules du très-saint Père Efrem, par Feu Ardent. *Paris*, 1586, in-8, vélin.
206. Sancti Bernardi opera, ed. Mabillon. *Parisiis*, 1690, 2 vol. in-fol., v. br.
207. Opere di santa Teresa voltate dall'originale spagnuolo in italiano. *Milano*, 1845, 3 vol. in-8, br.
208. S. Francisci Xaverii, e soc. Jesu, Indiarum apostoli, epistolarum omnium lib. IV. *Bononiæ*, 1837, 2 vol. in-8, d. r.
209. Lettres de saint François-Xavier, apôtre des Indes et du Japon, traduites sur l'édition latine de Bologne, par Léon Pagès. *Paris*, 1855, 2 vol. in-8. br., portr. et cartes.
210. Venerabilis Bedae opera quae supersunt omnia, nunc primum in Anglia, ope codicum manuscriptomm editionumque optimarum, edidit J. A Giles. *Londini*, 1843-44, 12 vol. in-8, perc.
211. Inedited tracts, letters, poems, etc., of venerable Bede, Lanfranc, Tatwin, and others, by Dr Giles. *London*, 1851, in-8, perc.
212. Petri Blesensis Bathoniensis archidiaconi opera omnia edid. J. A. Giles. *Oxonii*, 1847, 2 vol. in-8, perc.
213. Sancti Bonifacii archiepiscopi et martyris opera quae extant omnia, edid. J. A. Giles. *Londini*, 1844, 2 vol. in-8, perc.
214. Vita et opera sanctae Thomae Cantuarensis archiepi-

scopi et martyris; Gilberti, ex abbate Glocestriae episcopi primum Herefordiensis, deinde Londoniensis epistolæ; Herberti de Boseham, S. Thomae Cantuarensis clerici, opera omnia, nunc primum e codd. mss. edidit J. A. Giles. *Oxonii,* 1845-46, 8 vol. in-8, perc.

215. Beati Lanfranci, archiepiscopi Cantuarensis, opera quae supersunt omnia, edid. J. A. Giles. *Oxonii,* 1844, 2 vol. in-8, perc.

216. Benedicti abbatis Petriburgensis, de vita et miraculis S. Thomae Cantuarensis, edid. Dr Giles. *Londini,* 1850, in-8, perc.

217. The lettters of Walter abbat of Dervy; now first publ. from mss. by C. Messiter. *London,* 1850, in-8, perc.

218. Galfredi Monumetensis, scriptoris monastici, historia Britonum, e codd. mss. edid. J. A. Giles. *Londini,* 1844, in-8, perc.

219. Imitatio Christi Thomae a Kempis, armenice. *Romæ,* 1705, in-12, bas., tr. dor.

220. Choix d'ouvrages mystiques, trad. du latin en français. *Paris,* 1835, gr. in-8, d.-rel.

221. Choix des traités de morale chrétienne par Duguet. *Paris,* 1858, 2 vol. in-12, br.

222. Growth in holiness, or the progress of spiritual life, by F. W. Faber. 2^d edition. *London,* 1855, in-8, perc.

223. Tableaux sacrez de la vie de Jésus-Christ. *Paris,* 1676, gr. in-4, 132 *planches.*

224. Oratio dominica, nimirum plus centum linguis, versionibus, aut characteribus reddita et expressa, *Augspurg,* s. a., in-fol. d.-r.

225. Precationes aliquot celebriores. *Parisiis,* 1553. = Evangelium hebraïcum, 1555. = 6 part. en 1 vol. pet. in-12, mar. r. tr. dor.

Aux armes de Huet.

226. J. H. Ursini arboretum biblicum, in quo arbores et frutices in S. Literis occurrentes, exponuntur et illustrantur. *Norimbergæ,* 1663, in-8, fig. = Historia animalium sacra... auct. Wolfgango Franzio. *Wittebergæ,* 1642, in-8, 2 tom. en 1 fort vol. in-8, vél.

227. Missale mixtum secundum regulam beati Isidori dictum Mozarabes, præfat., not., et append. ab Alex. Lesleo. *Romæ,* 1755, 2 vol. in 4, vélin.

Seconde édition peu commune de cet ouvrage célèbre.

228. Missale Syriacum juxta ritum Ecclesiæ Antiochenæ Syrorum. *Romæ,* 1843, in-fol., br., fig.
229. Cathechismus Romanus, arabice, ex decreto Concilii Tridentini. *Romæ, typ. S. Congr. de prop. fide,* 1786-87, 2 vol. in-8, d. v. bl.
230. Catechismo cristiano, autore Poussou. *Roma,* 1850, in-12, d. r.
    En arabe.
231. Catechismus pro Barmanis, cum interpret. latinâ. *Romæ,* 1785, in-8, d. r.
232. Catechismus pro iis qui volunt suscipere baptismum, in octo dies divisus (latinus et tunchinensis), ab Al. de Rhodes. *Romæ,* 1651, pet. in-4, v. rac.
233. Catéchisme chinois, par demandes et par réponses. 1 cah. in-8.
234. Catéchisme (en chinois), par Morrison. 1 cah. in-8.
235. Catéchisme, en chinois. *Malacca,* 1819, in-12, br.
236. Euchologium Alexandrinum copto-arabicum... Rituel imprimé en rouge et noir, par les soins de Raph. Tuki. *Rome, à la Propagande,* 1763, in-4, bas. (716 pp.)
237. Preces S. Niersis Clajensis, Armeniorum patriarchæ, viginti quatuor linguis editæ. *Venetiis,* 1823, in-12, mar. bleu, tr. d.
238. — Les mêmes, éd. de 1837, in-12, d. m. r.
239. — Les mêmes, en 12 langues. *Moscou,* 1830, in-12, d. r.
    Titre en arménien et russe.
240. Officium pentaglotton B. Mariæ Virginis. *Neapoli,* 1741, in-12, v.
    Hébreu, grec, latin, italien, français.
241. Singaleesch belydenis boejke... Explication de la doctrine chrétienne, suivie de prières diverses. En singalais. *Colombo,* 1742, vieux mar. rouge, dent., tr. dor.
242. Journée du chrétien (en tamoul). *Tranquebar,* sans date, in-12, bas.
243. A compendium of the book of common prayer, transl. into the hindoostanee language. *London,* 1818, in-8, cart.
244. The book of common prayer, in eight languages, namely, english, french, italian, german, spanish, greek (ancient and modern), latin. *London,* 1825, in-8, perc.
245. The book of common prayer, and the psalms of David transl. in tamil. *Madras,* 1846, in-8, bas. rac.
246. Magnum bullarium Romanum. *Romæ,* 1837, in-fol., br.

JURISPRUDENCE.

247. Les Olim, publiés par M. Beugnot. *Paris*, 1848, in-4, br. Tome III.
248. Ordonnances des rois de France de la troisième race, publiées par de Pastoret. *Paris*, 1840, in-fol., br. (tome XX). = Table chronologique des ordonnances, par Pardessus. *Paris*, 1847, in-fol., br.
249. Histoire de la possession en droit français, par Isidore Alauzet. *Paris*, 1849, in-8, br.
250. Commentaries on the laws of England, by Blackstone. *Oxford*, 1770, 4 vol. in-4, v. f.
251. Dizionario della legislazione Austriaca intorno la sanita pubblica continentale e la pubblica beneficenza emanata nel territorio governativo delle provincie Venete a tutto l'anno 1839,.. compilazione di P. Beroaldi. *Padova*, 1840-42, 2 vol. in-4, br.
252. Commentaries on the conflict of laws, foreign and domestic, in regard to contracts, rights, and remedies, and especially in regard to marriages, divorces, wills, successions and judgments, by J. Story. *Boston*, 1857, in-8, perc.
253. Bibliotheca juris orientalis, auctore Assemano. *Romæ*, 1763, in-4, vélin.

Cet ouvrage a été, en grande partie, détruit dans un incendie.

254. Législation orientale, par Anquetil Duperron. *Amsterdam*, 1778, in-4, v. éc., tr. dor.
255. — Le même, broché.
256. Études sur la loi musulmane, par Vincent. *Paris*, 1842, in-8, br.
257. Code des lois des Gentoux, ou règlements des Brames. Trad. de l'anglais. *Paris*, 1778, in-4, d. r.
258. Considerations on the hindoo law, as it is current in Bengal, by sir F. W. Macnagthen. *Serampore*, 1824, in-4, d. mar. vert.

SCIENCES ET ARTS.

1. Sciences philosophiques. — Morale. — Éducation. Économie politique.

259. Cousin. Histoire de la philosophie. *Paris*, 1861, in-8, br.
260. Damiron. Histoire de la philosophie. *Paris*, 1834, 3 vol. in-8, d. rel. v. f.

261. Sur les sources de la Cosmogonie de Sanchoniaton, par le baron d'Eckstein. *Paris, Impr. roy.*, 1860, in-8, br,
262. The exposition of the Vedanta philosophy, by Colebrooke vindicated, being a refutation of certain published remarks of Colonel Vans Kennedy, by sir Graves C. Haughton. *London*, 1835, in-8, cart.
263. A rational refutation of the hindee philosophical systems, by Nehemiah Nilakantha Sastri Gore, transl. from the original hindi, by Fitz Edward Hall. *Calcutta*, 1862, in-8, perc.
264. Parœmiographi græci, edidit Gaisford. *Oxonii*, 1836, in-8, cart.
265. Analyse des traités des bienfaits et de la clémence de Sénèque, précédée de la vie de ce philosophe. *Paris, Barbou*, 1776, in-12, v. m., fil., tr. dor.
266. De miseria humana, Petri Hædi Portunænsis, lib. V. *In Academia Veneta*, 1558, in-4, d. r.
267. Des Pensées de Pascal, par M. Cousin. *Paris*, 1843, in-8, br.
268. Recherches philosophiques sur les premiers objets des connaissances morales, par M. de Bonald, sec. éd. *Paris*, 1826, 2 vol. in-8, bas.
269. Logique, par A. Gratry, 4e édition. *Paris*, 1860, 2 vol. in-12, br.
270. Original letters of J. Locke, Sidney and lord Shafstesbury, by Forster. *London*, 1847, in-8, cart.
271. Hegel's Leben, beschrieben durch Karl Rosenkranz. *Berlin*, 1844, in-8, br., portr.
272. Académie des sciences morales et politiques, 1re et 2e série. = 15 vol. in-4, br. = Savants étrangers, 2 vol. = Ensemble 17 vol. in-4.
272 bis. — Les mêmes. = 17 vol. in-4.
273. Comptes rendus des séances de l'Académie des sciences morales et politiques. 2 années complètes et des livr.
274. Systematic Education, or elementary instruction in literature and science by Shepherd, Joyce and Carpenter. 3rd édition. *London*, 1822, 2 vol. in-8, dem. veau.
275. Éducation domestique, ou lettres de famille sur l'éducation, par Mme Guizot. *Paris*, 1826, 2 vol. in-8, dem. veau.
276. Cahiers d'une élève de Saint-Denis, 6 années, 15 livr. in-12. = Cours d'études, 7 vol. in-8, br.

277. Rapport sur l'état actuel de l'enseignement en Belgique, Allemagne et Suisse, par Baudouin. *Paris, Imp. imp.*, 1865, in-4, br.
278. The Chemistry of common Life, by Johnston. *London*, 1859, 2 vol. in-12, br.
279. La Science populaire de Claudius. *Paris*, 1827, 11 vol. in-12, d. rel. v. f.
280. The British Encyclopædia of Arts and Sciences, by William Nicholson. Illustrated with 150 engravings. *London*, 1809, 6 vol. in-8, dem. rel. veau.
281. Description des brevets d'invention (tome XXVI). 1857, in-4, br.
282. Rapport sur l'industrie linière, par Th. Mareau. *Paris, Impr. imp.*, 1859, in-8, br. (tome II).
   Ce vol. renferme 27 pl.
283. Album de l'exposition universelle. *Paris*, 1856, in-4, br.

2. *Sciences physiques et chimiques.*

284. Institut de France. = Mémoires présentés par divers savants (sciences mathématiques et physiques). Vol. I, IX, XI à XIV, XVI et XVII, 8 vol. in-4.
285. — Les mêmes, 7 vol. in-4.
286. — Les mêmes, 6 vol. in-4.
287. — Les mêmes, 5 vol. in-4.
288. — Les mêmes, 4 vol. in-4.
289. Institut de France = Académie des sciences. Vol. VI et XXVII, 1re partie, 2 vol. in-4.
290. Comptes rendus des séances de l'Académie des sciences, 1840 à 44 complètes et des années incomplètes.
291. Memorie della reale Accademiä delle scienze di Torino. *Torino*, 1857 (2e série), vol. XVI à XX. 5 vol. in-4, br., *figures*.
292. Recherches sur quelques-unes des révolutions de la surface du globe (Mém. extr. des Annales des sciences naturelles), par Élie de Beaumont. *Paris*, 1830, in-8, dem. rel. avec cartes et planches.
293. Traité de chimie élémentaire théorique et pratique, par le baron Thénard, 5e édition. *Paris*, 1827, 5 vol. in-8, d. r. planches.
294. Traité de chimie générale, analytique, industrielle et agricole par J. Pelouze et E. Frémy. 3e éd. avec figures dans

le texte; tome Ier, chimie inorganique. Métalloïdes. *Paris,* 1860, in-8, br.

3. Sciences naturelles.

295. The animal kingdom, by the Baron Cuvier, with additional descriptions of all the species hitherto named, and of many not before noticed, by Edw. Griffith. Part I, the class mammalia. *London,* 1857, 12 part. en 5 vol. in-8, cart. n. rogn., avec environ 200 belles planches coloriées.
296. A history of the earth and animated nature, by Olivier Goldsmith. *London,* 1822, 4 vol. in-8, v. f.
297. Nature displayed in the heavens and on the earth, by Shaw. *London,* 1823, 6 tomes en 3 vol. in-8, d. rel.
298. Observations sur l'histoire naturelle, par Malesherbes. *Paris,* 1798, 2 t. en 1 vol. in-8, d. r.
299. Nouveau dictionnaire d'histoire naturelle. *Paris, Déterville,* 1816, 36 vol. in-8, d. rel.
300. Muséum d'histoire naturelle des Pays-Bas. *Leyde, s. d.* Livr. 2 à 7, in-8, br.
301. Geology introductory, descriptive and practical, by Th. Ansted. *London,* 1844, 2 vol. gr. in-8, perc., fig.
302. Lyell's principles of Geology. 6th edition. *London,* 1840, 3 vol. in-12, cart., fig. — Lyell's geological travels in North America. *New-York,* 1845, 2 tom. en 1 vol. in-12, br., fig.
303. Texte explicatif des cartes géologiques du Morbihan, de la Corrèze, du Cher, de la Côte-d'Or. = 4 br. in-8.
304. An elementary treatise on Mineralogy, by W. Phillips, with numerous additions by F... Alger. *Boston,* 1844, in-8, perc., fig.
305. Notice minéralogique sur les provinces d'Oran et d'Alger, par Ville. *Paris,* 1858, in-4, br.
306. Notice sur les gîtes de houille des environs de Forges. *Paris, Impr. imp.,* 1857, in-4, br.
307. Études sur les gîtes minéraux de Brassac. *Paris,* 1851, in-4, br., et atlas in-fol.
308. Richesse minérale de l'Algérie, par H. Fournel. Texte in-4, br. et atlas in-fol.
  Tome II. Prov. d'Alger.
309. Zoologie, par Milne Edwards. *Paris,* 1852, in-12, br. =

Botanique, par de Jussieu, 1852. = Minéralogie, par Beudant, 1858. = Ensemble, 3 vol. in-12, br.
310. Carus. Icones Zootomicæ. *Leipzig,* 1857, in-fol., cart., 1re part. 23 planches.
311. Exploration scientifique de l'Algérie. = Histoire naturelle des animaux articulés, par Lucas, 1846. Livr. 1 à 4, 12, 19 à 27. Suppl., 3e livr. = Ensemble, 16 livr.
312. Essai monogr. sur les Clérites, par Maximilien Spinola. *Gênes, s. d.,* 2 vol. gr. in-8, br., 47 *planches coloriées.*
313. Exploration scientifique de l'Algérie. = Histoire naturelle des Mollusques, par Deshayes. *Paris,* 1845. Livr. 1 et 2, 15 à 25, in-4, br.
314. Finlands Mollusker beskrifne af Nordenskiöld, och Nylander. *Helsingfors,* 1856, in-8, br., av. 7 planches.
315. Martin Lister. Synopsis methodica Conchyliorum. *Londini,* 1685, in-fol., *figures.*
   En feuilles.
316. Histoire naturelle du Sénégal; coquillages, par Adanson. *Paris,* 1757, in-4, d. r.
317. Exploration scientif. de l'Algérie. = Botanique, par Bory de Saint-Vincent. 1846, 15 livr. in-4 (moins la 7e).
318. Martius. Genera et Species palmarum. *Monachii,* 1823, in-fol., cart., fig. col. Livr. 8, 9 et 10.
   Les dernières de l'ouvrage.
319. Tulasnes. Selecta fungorum Carpologia. *Parisiis,* 1861-63, 2 vol., gr. in-4, br., 5 pl. et 34 pl.
320. Synopsis hepaticarum Javanicarum, descripsit Lacoste. *Amst.,* 1856, in-4, cart., 22 planches.
321. Floræ Peruvianæ et Chilensis prodromus ab Hipp. Ruiz et J. Pavon. Editio secunda. *Romæ,* 1797, in-4, cart., 37 pl.
322. Flora de Filipinas, por el P. Manuel Blanco. *Manila,* 1837, in-8, parch.
323. Agriculture française. *Impr. roy.,* 1843, 7 vol. in-8, br.
324. Essai d'une statistique agronomique de Toul, par Jacquot. *Paris,* 1860, in-8, br. = De la maladie de la vigne, par Rendu. 1853, in-8, br.
325. Défrichement des terrains incultes de la Campine belge, par Delacroix. *Paris,* 1860, gr. in-8, br.
326. L'Agriculture allemande, par Royer. *Paris, Impr. roy.,* 1847, in-8, br.

327. Dissertation sur le jardinage de l'Orient, par M. de Chambers, trad. de l'anglais. *Londres*, 1772, in-4, veau.

4. Sciences médicales.

328. Hippocratis et aliorum medicorum veterum reliquiæ, edid. Fr. Zach. Ermerins. *Trajecti ad Rhenum*, 1859-64, 3 vol. in-4, perc.
329. Hippocratis opera, ed. Ermerins. *Lugd. Bat.*, 1859-64, 2 vol. gr. in-4, cart.
    Tomes I et II.
330. Hippocratis aphorismi (gr. et lat.) adnot. A. C. Lorry. *Parisiis*, 1784, in-12, v. f., tr. dor.
331. Œuvres d'Oribase, en grec et en français, par M. Daremberg. 1858-62. Vol. II, III et IV, gr. in-8, br.
332. A. Cornelii Celsi de re medica lib. vm, recens. J. Valart. *Parisiis, F. Didot*, 1772, in-12, v. marb. fil., tr. dor.
333. Traité d'anatomie descriptive, par Cloquet. *Paris*, 1835, in-4, cart.
    Atlas de l'Embryologie, fig. col.
334. Musée Vrolik. Catalogue d'anatomie comparée. *Amst.*, 1865, in-8, cart.
335. Traité pratique de la Psore, par Lafond et Bourguignon. *Paris, Impr. imp.*, 1862, in-4, br., 6 planches.
336. Remarks upon morbus oryzeus or disease occasioned by the employment of noxious rice as food, ... in the district of Jessore. *Calcutta*, 1820, 2 vol. in-8, br.
337. Aromatum et simplicium aliquot medicamentorum apud Indos nascentium historia, primum quidem lusitanica lingua per dialogos conscripta, auct. Garcia ab Horto, nunc vero latino sermone in epitomen contracta ...... a C. Clusio. *Antverpiæ*, 1574, pet. in-8, vél., fig. sur bois.
    Exemplaire grand de marges, mais taché de roux.

5. Sciences mathématiques.

338. Liber Quadripartiti Ptolomei. *Venetiis*, 1484, in-4, goth. à 2 col., de 42 lign., cart. n. rogn.
    Édition rare, en bon état de conservation.
339. Albumasar Astronomia. *Venetiis*, 1515, in-4, goth., 2 part. en 1 vol. cart., *nombreuses figures*.

340. Tabulæ rudolphinæ, quibus astronomicæ scientiæ, temporum longinquitate collapsæ, restauratio continetur a Tychone Brahe primum animo concepta, trad. et perfecit J. Keplerus. *Ulmæ*, 1627, in-fol., veau, carte et fig.
341. Le opere di Galileo. *Firenze*, 1856, 12 vol. séparés.
342. Œuvres de François Arago. *Paris*, 1857, 8 vol. in-8, br. Incomplet.
343. Traité des instruments astronomiques des Arabes, par Sédillot. *Paris*, 1834, 2 tomes en 1 vol. in-4, d. r., 38 planches.
344. Traité des instruments astronomiques des Arabes, trad. de l'arabe, par Sédillot. *Paris, Impr. roy.*, 1834, 2 vol. in-4, br.
345. Traité des instruments astronomiques des Arabes, trad. par Sédillot. *Paris*, 1834, 2 vol. in-4, rel.
346. Supplément au traité des instruments astronomiques des Arabes, par Sédillot. *Paris, Impr. roy.*, 1844, in-4, cart., 36 pl.
347. Prolégomènes des tables astronomiques d'Oloug Beg, par Sédillot. *Paris, Didot*, 1853, in-8, br.
348. A historical view of the ancient and modern hindu astronomy, by J. Bentley. *Calcutta*, 1823, in-4, d. r., pl.
349. Études sur l'astronomie indienne, par J.-B. Biot. 2 art., tirages à part du *Journal des Savants*, 1859 et 1860, in-4, br.
350. Astronomie Indienne, d'après la doctrine et les livres anciens et modernes des brahmes sur l'astronomie, l'astrologie et la chronologie, par l'abbé Guérin. *Paris, Impr. roy.*, 1847, in-8, br.
351. Lettre à M. le baron A. de Humboldt, sur l'invention de la boussole, par J. Klaproth. *Paris*, 1834, in-8, br., pl.
352. Recherches sur les fragments d'Héron d'Alexandrie, ouvr. posth. de Letronne, publié par Vincent. *Paris*, 1851, in-4, br.
353. Recherches sur les fragments d'Héron d'Alexandrie, par Letronne, publié par Vincent. *Paris, Imp. nat.*, 1851, in-4, br.
354. Der Dynamische Kreis, von Baehr. *Dresden*, 1861, gr. in-4, br.
355. Della disciplina militare antica e moderna del capitano Cinuzzi Sanese. *Siena*, 1620, gr. in-8, vél.
356. État actuel de l'art et de la science militaires à la Chine

(par Saint-Maurice de Saint-Leu et de Puységur). *Londres,* 1773, in-12, veau, pl.
357. Atlas pour le traité des grandes opérations militaires, par de Jomini, 26 cartes in-fol.

6. *Philosophie occulte.*

358. Gebri Arabis chimia, sive traditio summæ perfectionis; accessit ejusdem medulla alchimiæ Gebricæ, omnia edita a G. Hornio. *Lugd. Bat.,* 1558, in-12, cart.
359. Pistis Sophia, opus gnosticum Valentino adjudicatum, e cod mss. coptico Londinensi, descripsit et latine vertit M. G. Schwartze, edidit J. H. Petermann. *Berolini,* 1851, gr. in-8, perc.
360. Traité sur les apparitions des esprits et sur les vampires ou les revenants de Hongrie, de Moravie, etc., par Dom A. Calmet. *Paris, Debure,* 1751, 2 vol. in-12, veau.
   Édition rare.

7. *Beaux-Arts.*

361. Handbuch der Kunstgeschichte, von Dr. A. H. Springer, mit einem Vorwort von Dr. Vischer. *Stuttgart,* 1855, in-8, perc., 93 fig. et une pl. chromolithogr.
362. De l'art chrétien en Flandre, par l'abbé C. Dehaisnes. Peinture. *Douai,* 1860, gr. in-8, br., fac-simile.
363. Storia delle belle arti in Italia, di Ferd. Ranalli. *Firenze,* 1846, gr. in-8, br.
364. Storia delle arti del disegno di Winckelmann, trad. dal abb. Carlo Fea. *Roma,* 1783, 3 vol. in-4, vélin.
365. Introduzione allo studio delle arti del disegno, e vocabolario compendioso delle arti medesime. *Milano,* 1821, 2 vol. in-8, v. ant. dent., fig.
366. Cours de dessin linéaire, par Le Béalle. *Paris, s. d.,* in-4, broch.
367. Letronne. Lettres d'un antiquaire à un artiste sur l'emploi de la peinture murale, avec appendice. *Paris,* 1835, 2 p. en 1 vol. in-8, d. v. f.
368. Peintures antiques inédites, publiées par Raoul Rochette. *Paris,* 1836, in-4, br., 15 planches.

369. Lettres archéologiques sur la peinture des Grecs, par Raoul Rochette. *Paris*, 1840, in-8, d. v. rose.
370. Storia della pittura italiana di Rosini (Epoca terza, Parte 1). *Pise*, 1843, in-fol., cart.
371. Le opere dei pittore Ferrari, gr. in-4, br., *figures*. Livraisons 16 à 22.
372. La Vita di Jesu Cristo dipinta da Giov. da Fiesole, incisa da Nocchi. *Firenze*, 1843, in-fol., 36 planches.
373. GALERIE DE FLORENCE. *Florence, 1841, et ann. suiv.* (Texte français.) Livraisons 1 à 90, in-fol.
374. — Le même ouvrage. (Texte italien.) Livr. 1 à 42.
375. Peintures et figures chinoises. 16 cah. in-8.
376. MUSÉE DE SCULTTURE ancienne et moderne, par de Clarac. *Paris*, 1841-53, 7 vol. gr. in-8, de texte et 6 vol. in-4 obl. d'atlas.
   En livraisons et en feuilles.
377. Zwölf bas relief, Villa Albani, von Brown. *Roma*, 1845, in-fol. en feuilles, fig.
378. Trattato delle simboliche rappresentanze Arabiche, di Lanci. *Parigi*, 1846, in-4, br. (Tome II.)
379. De l'architecture égyptienne, par Quatremère de Quincy. *Paris*, 1803, in-4, br.
380. Li bassirilievi di Roma, pubblicati da Piranesi. *Roma*, 1808, 2 vol. pet. in-fol., br., 115 planches.
381. Le quattro principali basiliche di Roma, illustrate da Valentini. *Roma, s. d.* Livr. 40 à 52, plus 12 livr. doubles.
382. Piante della Chiesa del Santa Maria del fiore fiorentina. 1755, in-fol. d. r., fig.
383. Architecture monastique, par Albert Lenoir. *Paris, Imp. nat.*, 1852, in-4, br.
384. Monographie de l'église de Saint-Pavin. *Paris, Impr. imp.*, in-fol., br. et atlas de planches coloriées.
385. Description du Louvre et des Tuileries, par de Clarac. *Paris*, 1853, in-8, br., *figures*.
386. Album du petit séminaire de Dorat, par l'abbé Texier. *Paris, Didron*, 1852, in-fol., fig.
387. ROSELLINI. I MONUMENTI DELL'EGITTO et della Nubia. *Pisa*, 1844, 9 vol. in-8, br. de texte et atlas en 15 grandes livraisons.
   L'atlas est incomplet.
388. Essay on the architecture of the Hindus, by Ram Raz.

London, 1834, in-4, gr. pap., cart. n. rogn., avec 148 pl.
Exemplaire du roi Louis-Philippe.
389. Essay on the architecture of the Hindus, by Ram Raz. *London*, 1834, in-4, 48 planches, broch.
390. Illustrations of Indian architecture from the mahumaddan conquest, by Kittoe. In-4, obl. en livraisons.
391. Oriental chess, or specimens of hindoostanee excellence in that celebrated game, exhibited in more than seventy situations, originally published in India..., by W. Lewis. *London*, 1817, 2 vol. in-12 carré, toile, 150 figures.
Rare.

BELLES LETTRES. — LINGUISTIQUE.

1. INTRODUCTION, ORIGINE ET FORMATION DES LANGUES; GRAMMAIRES GÉNÉRALES, ÉCRITURES, ALPHABETS.

392. Leopoldi Ponati Anleitung zur Harmonie der Sprachen. *Braunschweig*, 1713, in-12, v. f., fil.
393. A treatise on language, or the relation which words bear to things, in four parts, by A. B. Johnson. *New-York*, 1836.
394. Zwei sprachvergleichende Abhandlungen von R. Lepsius. *Berlin*, 1836, in-8, br.
395. Sprachvergleichende Untersuchungen, von Dr. A. Schleicher. *Bonn*, 1848-50, 2 part. en 1 vol. in-8, d. v.
396. Zeitschrift fur Vergleichende Sprachforschung von Aufrecht und Kuhn. 1852-62. 10 volumes en 19 parties et la table.
397. Lectures on the science of language, delivered at the Royal Institution of Great Britain in 1861, by Max Müller. 4ᵉ edit. *London*, 1864, in-8, perc., n. coup.
398. Tripartitum, seu de analogia linguarum libellus. *Viennæ*, 1820, in-4, obl.
399. Thrésor de l'histoire des langues de cest univers, par Claude Duret, bourbonnais. Seconde édition. *Yverdon*, 1619, in-4, veau.
Ouvrage curieux et rare. — On y traite de plus de 60 langues, et du langage des oiseaux, des animaux, etc.
400. Mithridates oder allgemeine Sprachenkunde mit dem Vater Unser als Sprachprobe, in beinahe 500 Sprachen und

Mundarten, von J. C. Adelung. *Berlin,* 1806-12, tom. I à III, in-8, v. rac.
L'ouvrage complet forme 4 volumes.

401. Principes de l'étude comparative des langues, par la baron de Mérians ; suivis d'obs. sur les langues sémitiques, par Klaproth. *Paris,* 1828, in-8, br.

402. Die Personennamen, insbesondere die Familiennamen und ihre Entstehungsarten auch unter Berücksichtigung der Ortsnamen. Eine sprachliche Untersuchung von A. F. Pott. *Leipzig,* 1853, in-8, br.

403. Grammaire générale, ou exposition raisonnée des éléments nécessaires du langage, par Beauzée. *Paris, Barbou,* 1767, 1 vol. in-8, v. rac.

404. Hermès, ou recherches philosophiques sur la grammaire universelle, trad. de l'anglais de J. Harris, par F. Thurot. *Paris, Impr. de la République,* an IV, in-8, v. rac.
Bel exemplaire sur papier vélin.

405. — Le même, pap. ordinaire. In-8, d. v. f.

406. De l'accentuation dans les langues européennes tant anciennes que mod., par Louis Benlœw. *Paris,* 1847, in-8, br.

407. Pauthier. De l'origine et de la formation des différents systèmes d'écritures. Août 1838. = Sinico Ægyptiaca, par le même, 1842. = 2 part. en 1 vol, gr. in-8.
Rare.

408. De l'origine et de la formation des différents systèmes d'écritures orientales et occidentales, par G. Pauthier. *Paris,* 1838, in-4, br.
Estimé et rare.

409. Origine de la forme des caractères alphabétiques de toutes les nations, des clefs chinoises, des hiéroglyphes égyptiens, etc., par Moreau de Dammartin. *Paris,* 1839, in-4 obl., broch.

410. Recueil d'alphabets, imprimés à la Propagande, en 1 vol. in-8, vél.
Alphabetum Illyricum D. Hieronymi. — Idem divi Cyrilli. — M. Caraman in alphabetum Illyricum expositio. — 3 Alfabeti detti di Adamo. — 3 Alfabeti Ebrei. — Lettere cavate da una pietra scolpita a'piedi del monte Oreb, con analisi. — Alf. Samaritano, Estranghelo.—Chaldaeo.—Alphabetum Ibericum sive georgianum. — Alph. Æthiopicum sive Abyssinum. — Armenum. — Græcum. — Coptum. — Chaldaicum. — Chaldaicum antiquum. — Arabicum. — Persicum.

Quelques-uns de ces alphabets sont rares.

411. Mémoire sur la propagation des chiffres indiens, par Wœpcke. *Paris,* 1863, in-8, br.

2. Langues européennes.

A. *Histoire, origine, Dictionnaires polyglottes.*

412. J. A. Comenii janua linguarum reserata, sive compendiosa methodus linguas perdiscendi. *Amstel., Janssonius,* 1642, pet. in-8, bas.
En français, latin, allemand.

413. — Autre édition, sous la même date. 1 volume pet. in-8, parch.
En français, latin, hollandais.

414. — Édit. de 1643. *Amstel., Elzevir,* petit in-8, parch.
En français, grec, latin.

415. — Édit. de 1644. *Lugd. Bat., Elzevir,* pet. in-8, veau.
En latin, allemand, français italien.

416. — Édit. de 1661. *Amstel., Elzevir,* pet. in-8, veau.
En latin, français, italien, espagnol, allemand.

417. — Édit. de 1665. *Amstel., Elzevir.*
En français, latin, grec.

418. Traittez des langues estrangères, de leurs alphabets et des chiffres, composez par le sieur Colletet. *Paris,* 1660, in-4, bas.

419. Analogies constitutives de la langue allemande avec le grec et le latin expliquées par le sanskrit, par C. Schœbel. *Paris,* 1846, gr. in-8, br.

420. Die Kaukasischen Glieder des Indoeuropäischen Sprachstamms, von F. Bopp. *Berlin,* 1847, in-4, br.

421. Grundriss der Grammatik des indisch-europäischen Sprachstammes, von Moriz Rapp. *Stuttgart,* 1852-55, 3 tom. en 1 vol. in-8, d. r.

422. Guide de conversation français, anglais, arménien, turc, allemand, italien, par le P. Ph. Giamgy, mékhithariste. *Vienne,* 1848, in-12, d. rel.

B. *Langues osque et umbrienne.*

423. Rudimenta linguæ oscæ, scripsit Grotefend. *Hanoveræ,* 1839, in-4, br.

424. Glossarium italicum (umbricum, oscum, volscum, etc.)

cura Fabretti. *Aug. Taurinorum*, 1859-64. Livraisons 3 à 12.
425. Rudimenta linguæ Umbricæ scripsit Grotefend. *Hanoveræ*, 1835, in-4, d. r.
426. Die Umbrischen Sprachdenkmäler, ein Versuch zur Deutung derselben von Th. Aufrecht und A. Kirchhoff. 1er Bd. *Berlin*, 1849, in-4, cart., av. 10 pl. lithogr.

C. Langue et littérature grecque ancienne.

427. Théorie de la grammaire et de la langue grecque, par C. Minoïde Mynas. *Paris*, 1827, in-8, m. v., tr. dor.
428. Grammaire grecque, par C. Minoïde Mynas. *Paris*, 1828, in-8, br.
429. Ueber den Æolischen Dialekt zwei Bücher von Dr. Alb. Giese. *Berlin*, 1837, in-8, cart., n. r.
430. Synonymes grecs, avec des exemples recueillis dans les meilleurs auteurs, par A. Pillon. *Paris*, 1847, in-8, d. veau fauve.
431. THESAURUS græcæ linguæ, ab Henrico Stephano constructus. Editio nova auctior et emendatior. *Londini, in ædibus Valpianis*, 1816-28, 9 vol. in-fol., pap. vél., d. m. vert.
432. Dictionarium latinum, græco-barbarum et litterale, auctore Simone Portio. *Lut. Paris.*, 1635, in-4, d. r.
433. Dictionnaire grec-allemand, par J. G. Schneider. *Leipzig*, 1797, 2 vol. in-8, bas.
434. Dictionnaire grec-français, par J. Planche. *Paris*, 1817, in-4, v. rac.
435. Joannis Scapulæ lexicon græco-latinum.... cum indicibus auctis et correctis, item lexicon etymologicum et Meursii glossarium contractum indici græco inseruntur. *Oxonii, e typ. Clarend.*, 1820, in-fol., br.
436. Lexicon græco-latinum manuale. *Lipsiæ*, 1832, in-12, chagr.
437. Novum Lexicon græcum, auctore Damm. *Glasguæ*, 1833, 2 vol. in-8, cart.
438. Greek and english Lexicon, by J. Donnegan. *London*, 1837, gr. in-8, cart.
439. Lexicon græcum, auct Bentotès. *Athènes*, 1837, in-8, broch.

440. — Le même, d. rel.
441. Dictionnaire grec-français, par Alexandre, *Paris*, 1858, gr. in-8, toile.
442. Anthologia græca, cum versione latina Hugonis Grotii, edita ab Hieronymo de Bosch. *Ultrajecti*, 1795-1822, 5 vol. in-4, cart., non rogn.
443. Di Esiodo Ascreo i lavori e le giornate. Hésiode, texte grec, avec trad. en latin et en vers italiens (par L. Lanzi). *Firenze*, 1808, in-4, d. mar. v.
444. Odes d'Anacréon et poésies de Sapho, trad. en vers français, avec le texte en regard, par Veïssier des Combes. *Paris*, 1839, gr. in-8, br.
445. Sophoclis tragœdiæ superstites et perditarum fragmenta, ex recens. et cum comment. G. Dindorfii. *Oxonii*, 1860, 2 vol. pet. in-8, perc.
446. Æschili tragœdiæ superstites et deperditarum fragmenta, ex rec. Dindorfii. *Oxonii*, 1851, in-8, perc.
447. Euripidis tragœdiæ. *Venetiis, apud Aldum*, 1503, 13 pièces in-8. Chaque pièce est reliée séparément en vél.
Il manque Hécube, Médée, Rhésus, Ion, Troyennes.
448. Euripidis tragœdiæ superstites et deperditarum fragmenta, ex recens. G. Dindorfii. *Oxonii*, 1832-33, 2 vol. in-8, perc.
449. Euripidis Phœnissæ, ed. Geel. *Lugd. Bat.*, 1846, in-8, broch.
450. The geographical system of Herodotus examined and explained, by James Rennell. *London*, 1830, 2 vol. in-8, toile, cartes.
451. Thucydides chiefly from the translation of Hobbes of Malmesbury, with various readings. *Oxford*, 1841, in-8, perc.
452. Manuel d'Épictète, tableau de Cébès, hymne de Cléanthe. *Paris*, 1826, in-8, v. f. fil., tr. dor.
453. Traduction des Caractères de Théophraste, par Coray. *Paris*, 1799, in-8, d. rel.
Dans les marges, quelques notes manuscrites de Gail.
454. Isocratis Antidoseus, edidit J. K. von Orelli. *Zürich*, 1814, in-8, gr. pap. vél., n. rogn., d. maroq.
455. Lycurgi orationes, gr., curante Coray. *Parisiis*, 1826, in-8, d. r.
456. Flavii Josephi opera omnia, gr. et lat., cum notis et

nova versione Hudsoni, ed. Havercamp. *Amstel.*, 1726, 2 vol. in-fol., vél. bl., cordé.

Bel exemplaire. Édition la plus complète et la plus recherchée.

457. — Autre exemplaire, relié en veau.
458. The works of Flavius Josephus. Transl. by W. Whiston. *London,* 1820, 4 vol. in-8, m. viol., fig.
459. Plutarchi Chæronensis Moralia, id est opera, exceptis vitis, reliqua ; græca emendavit, notas et animadversiones copiosas adjecit D. Wittenbach. *Oxonii, e typ. Clarend.*, 1795-1800, 5 vol. in-4, d. mar. rouge.

Bel exemplaire de cette excellente édition. L'ouvrage complet forme 8 volumes ; les tomes VI à VIII, qui nous manquent, renferment les *Animadversiones.*

460. Politique de Plutarque, publ. par Coray. *Paris,* 1824, in-8, d. rel.
461. Appiani Anazarbei de piscatu lib. V, de venatione lib. IV (gr. et lat.). *Parisiis,* 1555, 2 part. en 1 vol. in-4, vél.
462. L'Enlèvement d'Hélène, poëme de Coluthus, trad. par Stanislas Julien. *Paris,* 1823, in-8, v., tr. dor.
463. Le général d'armée d'Onosander, suivi du premier chant de Tyrtée (grec et français). *Paris,* 1822, in-8, br., fig.
464. Nicanoris reliquiæ emendatiores, edit. Lud. Friedlænder. *Regimont. Pruss.,* 1850, in-8, br.
465. D. Catonis disticha de moribus ad filium, cum notis variorum. *Amstelæd.,* 1759, in-8, vél. doré, belles fig. grav.
466. Synesii Cyrenæi orationes et homiliarum fragmenta, recogn. S. G. Krabinger. *Landishuti,* 1851, in-8, br.
467. Diogenis Laertii de vitis, decretis, et responsis celebrium philosophorum lib. X, nunc primum excusi (græce). *Basileæ,* 1533, in-4, veau.

Première édition.

468. Manuelis Philæ carmina, e codd. div. nunc primum edidit E. Miller. Vol. I. *Parisiis. e typ. imp.*, 1855, in-8, br.
469. Aristenæti epistolæ, ed. Boissonade. *Lutetiæ,* 1822, in-8, broch.
470. Eusebii chronicon, ed. Aucher. *Venetiis,* 1818, in-fol., broch.
471. L'Histoire romaine de Nicéphore Grégoras. Texte grec inédit, trad. par V. Parisot. 1851, in-4, br.

472. Anecdota græca, auctore Boissonnade. *Paris,* 1829-33, 5 vol. in-8, br.
   Un volume; est très-rogné.
473. Anecdota graeca e codicibus regiis descripsit, annotatione illustravit J. Fr. Boissonade. *Parisiis, e reg. typogr.,* 1829-33, 5 vol. in-8, d. mar. rouge.
474. Essai sur l'Histoire de la critique chez les Grecs, par Egger. *Paris,* 1849, in-8, br.
475. Anecdota medica graeca e codd. mss. expromsit F. Z. Ermerins. *Lugd. Bat.,* 1840, in-8, br.
476. Varia Sacra græca, ad rem ecclesiasticam spectantia. *Lugd. Bat.,* 1685, 2 vol. in-4, vélin.
477. Imitation de Jésus-Christ, en grec et en latin, par G. Mayr. *Paris,* 1824, in-12, veau ant. fil., tr. dor.

D. *Langue et littérature grecque moderne.*

478. Grammatica, dizionarj e colloquii per imparare le lingue italiana, greca-volgare, e turca, e varie scienze, da B. Pianzola. *Venezia,* 1801, 4 part. en 1 vol. in-4, cart.
479. Neugriechische Sprachlehre, von J. A. E. Schmidt. *Leipzig,* 1808, in-8, cart. = Grammaire en grec moderne. *Vienne,* 1806, in-8, cart.
480. Grammaire grecque (en grec moderne), par J. Pitzïpios. *Odessa,* 1834, in-8, br.
481. — La même. *Hermopolis,* 1841, in-8, br.
482. Syntaxe de la langue grecque ancienne (en grec moderne), par Bamba. *Corfou,* 1828, in-8, br.
483. Grammaire française, en grec moderne, par G. Bentotès. *Venise,* 1810, in-8, cart. = Grammaire allemande, en grec moderne. *Pesth,* 1792, in-8, d.-rel.
484. Dictionnaire en trois langues, français, grec et latin, par G. Bentotès. *Vienne,* 1790, 3 vol. in-4, veau.
485. Thesaurus Encyclopædicæ basis quadrilinguis (grec moderne, latin, italien, français), a P. Gerosimo Vlacho. *Venetiis,* 1801, in-4, cart.
486. Dictionnaire français-grec moderne, par Zalicoglo. *Paris,* 1807, in-8, cart.
487. Dictionnaire grec-moderne-français, par F. D. Dehèque. *Paris,* 1825, in-12, d. m. vert.
488. Dictionnaire français, grec moderne, allemand et *vice*

versâ, par J. A. E. Schmidt. *Leipzig*, 1837, 3 vol. in-12 à 3 col., br.

489. Dictionnaire grec-moderne-allemand et *vice versâ*, par Kind. *Leipzig*, 1841, in-12, d. veau.

490. De vera pronuntiatione graecae linguae liber (en grec moderne). *St-Pétersbourg*, 1830, in-8, br.

491. Méthode pour apprendre le grec vulgaire, en trois langues (français, latin et italien), par le P. Thomas. *Paris*, 1709, in-12, veau.

492. Dialogues en quatre langues, grec moderne, français, anglais et italien. *Athènes*, 1858, pet. in-8, br.

493. Dialogues en grec moderne, français, anglais et italien. *Athènes*, 1858, in-12, br.

494. Corpe's guide to modern greek. *London*, 1851, in-8, perc. — Negris' grammar of the modern greek language. *Boston*, 1828, in-12, perc.

495. Praxeis apostolorum. *Venise*, 1663, in-4, rel. (161 ff. y compris le titre, impr. en rouge et noir.)
Edition rare.

496. Vie du saint martyr Grégoire, patriarche de Constantinople (en grec moderne). *Athènes*, 1853, in-8, br. = Sur l'union de l'Église grecque. *Athènes*, 1857, in-8, br.

497. Réponse aux attaques de M. Renan contre la divinité de Jésus-Christ (en grec moderne), par P. Soutsos. *Athènes*, 1864, in-12, br.

498. Odes nouvelles de Kalvos de Zante, suivies d'un choix de poésies de Chrestopoulo, traduites par l'auteur des Helléniennes. *Paris, Renouard*, 1826, in-12, veau fauve fil., non rogn.
Bel exemplaire.

499. Divers ouvrages en grec moderne, par Zalocosta, Blastos, etc. *Athènes*, 1844-59. = 6 vol. in-8, br.

500. Histoire d'Athènes = sur le climat d'Athènes = et autres ouvrages en grec moderne, par Typaldos Maurocordato, Papadopoulo Vreto, etc. *Athènes*, 1841-1859. = 5 volumes in-8, br.

501. Jeanne Grey, roman en grec moderne, par Lampisés. *Athènes*, 1864, in-12, br. = Ivanhoé, de Walter Scott, en grec moderne. *Smyrne*, 1847, 2 vol. in-8, br. = Mœurs des Israélites, trad. en grec. *Venise*, 1814, in-8, cart. = Maximes de La Rochefoucauld. *Paris*, 1828, in-8, br.

502. Essai d'une analyse de la pensée (en grec moderne), par Philippidès. *Leipzig*, 1817, in-8, cart. = Éléments de philosophie, par Braïla. *Corfou*, 1862, in-8, br. = Essai sur la grandeur de l'ancienne Grèce, par Typaldos. *Athènes*, 1839, in-8, rel.
503. L'Orpheline de Chios, ou le Triomphe de la Vertu, par J. Pitzipios. *Athènes*, 1863, 2 part. en 1 vol. in-12, br.
504. Recueil de proverbes (en grec moderne), par Arabantinos. *Janina*, 1863, in-8, br.
505. Recueil de divers chants turcs, européens et grecs, mis en musique par Toussaint Georgiados. *Constantinople*, 1859, in-12, br. = Les Chants byzantins. *Athènes*, 1857, in-8, broché.
506. Poésies (en grec moderne), par Parmenidès. *Athènes*, 1858, in-8, br., et autres ouvrages grecs, par Ballianos, Zampelios, etc. *Athènes*, 1854-61. = 5 vol. in-8, br.
507. Lot de 40 volumes ou broch. relatifs au grec ancien et moderne.

E. Langue et littérature latine.

508. Th. Ruddimanni institutiones grammaticæ latinæ, curante G. Stallbaum. *Lipsiæ*, 1823, 3 part. en 1 vol. in-8, d. r. dos et coins de cuir de Russie.
509. Alphabetum Tironianum, ed. Carpentier. *Lut. Par.*, 1847, in-fol., d.-rel.
510. Théorie générale de l'accentuation latine, suivie de recherches sur les inscriptions accentuées et d'un examen des vues de Bopp sur l'histoire de l'accent, par H. Weil et L. Benloew. *Paris*, 1855, in-8, cart.
511. Collection de classiques, imprimés par Barbou. *Paris*, 1754-93, 68 tom. en 66 vol. in-12, veau rac., fil., tr. dor.
 Belle conservation.
512. Lucretii de rerum natura libri VI. *Birminghamæ*, 1772, in-4, cart., n. rogn.
513. Di Tito Lucrezio Caro della natura delle cose, libri VI, tradotti da Aless. Marchetti. *Firenze*, 1820, in-12, v. fauve fil., n. rogn.
 Bel exemplaire.
514. Virgilii Æneis, ed. Peerlkamp. *Leidæ*, 1843, 2 vol. in-8, cart.

515. Le Bucoliche, Georgiche e l'Eneide di P. Virgilio Marone, tradotte in versi dal P. Antonio Ambrogi. *Roma,* 1770, 4 vol. in-8, v. éc., fil.
516. Études grecques sur Virgile, par Eichhoff. *Paris,* 1825, 3 vol. in-8, br.
517. Quintus Horatius Flaccus. *Lutetiæ, Rob. Stephanus,* 1613, in-12, bas., fil., tr. dor.
   Bel exemplaire.
518. Q. Horatii Flacci opera illustravit Chr. G. Mitscherlich. *Lipsiæ,* 1800, 2 forts vol. in-8, d. mar. rouge.
   Bel exemplaire.
519. Quintus Horatius Flaccus, recens. et emendavit F. G. Pottier. *Parisiis,* 1823, gr. in-8, pap. vél., d. m. v.
520. C. V. Catulli, Tibulli, A. Propertii opera omnia quæ exstant, cum notis variorum. *Lutetiæ,* 1604, in-fol., vélin cordé.
521. Plinii Secundi epistolæ, cum notis variorum. *Amstel.,* 1734, in-4, veau fauve.
522. P. Papinii Statii opera, cum notis variorum. *Lugd. Batav., ex off. Hackiana,* 1672, in-8, vél.
   Bel exemplaire. — Édition très-estimée et l'une des moins communes de l'ancienne collection *Variorum*.
523. Satire de Pétrone, trad. par Durand. *Paris,* 1803, 2 vol. in-8, d. rel.
524. Valerius Maximus. Factorum dictorumque memorabilium libri, ed. Torrenius. *Leidæ,* 1726, in-4, vél.
525. Théâtre de Hrotswitha, trad. par Magnin. *Paris,* 1845, in-8, br., pap. vélin.
526. Epistolæ clarorum virorum selectæ de quamplurimis optimæ ad indicandam nostrorum temporum eloquentiam. *Venetiis, P. Manutius, Aldi filius,* 1556, in-12, d. r.
   Première édition.
527. Lettres inédites de Juste Lipse, par Delprat. *Amst.,* 1858, in-4, br.
528. Brusonii facetiarum exemplorumque, lib. VII. *Romæ, per J. Mazochium,* 1518, pet, in-fol., vél.
   Édition originale et très-rare, conforme à la description de Brunet.
529. Telemachiada, e gallico sermone de Fénelon, in gallicum carmen transtulit St Bernardus Viel. *Parisiis,* 1814, in-12, v. m. fil., tr. dor., fig.

F. Langues romanes.

A. Roman.

530. Dictionnaire roman, walon, celtique et tudesque, par un religieux bénédictin de la Congrégation de S. Vannes, (Dom François). *Bouillon,* 1777, in-4, vél.
    Rare.
531. Ueber die Jetzigen Romanischen, Schriftsprachen von Diefenbach. *Leipzig,* 1831, in-4, d. rel.
532. Grammatik der romanischen Sprachen, von Fr. Diez. *Bonn,* 1836-44, vol. 1 à 3, in-8, d. r.
533. Deutsch romanisches Wörterbuch, bearbeitet von G. Baritz und G. Munteanu. *Kronstadt,* 1853-54, 2 volumes in-8, br.

B. Langue et littérature française.

534. J. Perionii dialogi de linguæ gallicæ origine, ejusque, cum græca, cognatione. *Parisiis,* 1555, in-12, cart.
535. L'éclaircissement de la langue française, par Jean Palsgrave, suivi de la grammaire de Giles du Guez, publiés pour la première fois en France, par F. Génin. *Paris, Impr. nat.,* 1852, in-4, cart.
    De la collection des *Documents sur l'histoire de France.*
536. Origine et formation de la langue française, par Chevallet. *Paris,* 1857, in-8, br. (tom. 3).
537. Grammaire de la langue d'oïl, ou grammaire des dialectes français aux xiie et xiiie siècles, suivie d'un glossaire contenant tous les mots de l'ancienne langue qui se trouvent dans l'ouvrage, par G. F. Burguy. *Berlin,* 1853-54. Vol. 1 et 2, in-8, br.
    L'ouvrage complet forme 3 volumes.
538. Grammaire bretonne, par G. de Rostrenen. *Rennes,* 1738, pet. in-8, veau. — Colloque français et breton. *Quimper,* 1778, pet. in-8, d. r.
539. Lou trimfe de la lengouo gascouo, par J. G. d'Astros. *Toulouso,* 1762, in-12, veau.
540. Trésor des origines et dictionnaire grammatical raisonné de la langue française, par Ch. Pougens. Spécimen. *Paris, Impr. roy.,* 1819, in-4, br.
    Tout ce qui a paru.

541. Glossaire de l'ancienne langue française, depuis son origine jusqu'au siècle de Louis XIV. In-fol., d. m.
>> Commencement du grand dictionnaire de La Curne de Sainte-Palaye qui devait former 10 vol. in-fol. — Ce fragment, de 1470 colonnes, s'arrête au mot *Asseureté;* c'est tout ce qui a été publié. Fort peu d'exemplaires ont échappé à la destruction.

542. Ethnogénie gauloise, ou mémoires critiques sur l'origine et la parenté des Cimmériens, des Cimbres, des Ombres, des Belges, des Ligures et des anciens Celtes, par Roget de Belloguet. Première partie. Glossaire gaulois. = Deuxième partie. Types gaulois et celto-bretons. *Paris,* 1858-61, 2 t. en 1 vol. in-8, d. mar.
>> La première partie est épuisée et très-rare.

543. Ethnogénie gauloise, par de Belloguet, 2ᵉ partie. *Paris,* 1861, in-8, br.

544. Nouveau dictionnaire de la langue française, par J. Ch. Laveaux. *Paris,* 1820, 2 vol. in-4, v. ant., fers à froid.

545. Dictionnaire de l'Académie française, 5ᵉ édit. *Paris,* 1825, 3 vol. in-4, d. rel.

546. Dictionnaire celto-breton ou breton-français, par A. Le Gonidec. *Angoulême,* 1821, in-8, br.

547. Dictionnaire de la langue romane, ou du vieux langage françois (par La Curne de Sainte-Palaye.) *Paris,* 1768, in-8, v. rac.

548. Die Werke der Troubadours, hrsgg. von Mahn. *Berlin,* 1855, 5 part. in-12, br.

549. Ly Myreur des Hystors, chronique de Jean des Preyss, publié par Borgnet. *Bruxelles,* 1864, in-4, br. (Tome Iᵉʳ.)

550. L'Apparition de Jean de Meun, ou le Songe du prieur de Salon, par Honoré Bonet. *Paris, Silvestre,* 1845, in-4, br. *10 pl.*
>> Réimpression à petit nombre, de la Société des Bibliophiles.

551. Complainte et enseignements de François Garin. *Paris, Silvestre,* 1832, in-4, br.
>> Réimpression à petit nombre d'un opuscule gothique en vers.

552. Complainte et enseignements de François Garin. *Paris,* 1832, in-4, goth., d. mar.

553. Sermon inédit de Jean Gerson sur le retour des Grecs à l'unité, prêché en présence de Charles VI, en 1409, publié pour la première fois par le prince Aug. Galitzin. *Paris,* 1859, in-4, pap. vél., d. mar. rouge.
>> Tiré à 200 exemplaires.

554. Introduction à la Chanson de Roland suivie du manuscrit de Valenciennes, par F. Génin. *Paris, Impr. nat.*, 1850, in-8, br.

555. La chanson de Roland, traduction nouvelle avec une introduction et des notes, par Ad. d'Avril. *Paris,* 1865, in-8, br.

556. Poésies de Malherbe, avec sa vie. *Paris, Barbou,* 1776, in-12, v. rac., fil., tr. dor., portr.

557. L'histoire tragique de la Pucelle d'Orléans, par le P. Fronton du Duc, représentée à Pont-à-Mousson, le 7 sept. 1580, devant Charles III, duc de Lorraine, et publiée en 1581, par J. Barnet. *Pont-à-Mousson,* 1859, in-8, br.
> Réimpression à 105 exempl. par les soins d'un bibliophile (M. Durand de Lançon).

558. OEuvres complètes du seigneur de Brantôme, accompagnées de remarques historiques et critiques. *Paris, Foucault,* 1822, 7 vol. in-8, v. porph.
> Manque le vol. VIII.

559. OEuvres de Molière, avec des remarques grammaticales, des avertissements et des observations sur chaque pièce, par Bret. *Paris,* 1786, 8 vol. in-18, br.

560. Les trois fabulistes, Esope, Phèdre et La Fontaine, par Chamfort et Gail. *Paris,* 1796, 4 vol. in-8, bas. rac.

561. Fables de La Fontaine, avec notes et 75 figures. *Paris,* 1830, 2 vol. in-12, br.

562. Les OEuvres de théâtre de M. de Brueys. *Paris,* 1735, 3 vol. pet. in-8, d.-r. = Théâtre de Boursault. *Paris,* 1725, 3 vol. in-12, d. r. Ens. 6 vol.

563. Lettres chinoises, indiennes et tartares, à M. Paw, par un bénédictin (Voltaire). *Paris,* 1776, in-8, veau.

564. Académie française. = Discours prononcés dans les années 1803-59. 6 vol. in-4.

565. Académie française. Discours. = 14 vol., doubles du n° précédent.

566. Mélanges de littérature, par Patin. *Paris,* 1840, in-8, br.

567. Théâtre de Clara Gazul, par Prosper Mérimée. *Paris,* 1830, in-8, br.

568. Dernières chansons de Béranger (1834-54). *Paris, Perrotin,* 1857, in-8, br.

569. Les sophistes et la critique, par Gratry. *Paris,* 1864, in-8, br.

570. Affaires de Rome, par M. F. de La Mennais. *Paris,* 1836-37. = De la Servitude volontaire, par Estienne de la Boetie, avec les notes de M. Coste et une préface de F. de La Mennais. *Paris,* 1835, in-8, veau rac.

571. Instructioneu Santell,..... Instructions saintes (en breton). *Vannes,* 1768, in-12, v.

C. Langue et littérature italienne.

572. Nouvelle méthode de grammaire italienne, par Cardelli. *Paris,* 1834, in-8, d.-rel.

573. Saggio sui dialetti gallo-italici. Part. I. Dialetti Lombardi. — Part. II. Dialetti Emiliani. — Part. III. Dialetti Pedemontani. *Milano,* 1853-54, 3 vol. in-8, br.

574. Dictionnaire italien, latin, et français, par Antonini. *Paris,* 1738, in-4, veau.

575. Nuovo dizionario italiano-inglese, inglese-italiano, con traduzione francesa di St. Egidio Petroni e G. Davenport. *Londra,* 1824, 2 t. en 1 vol. in-8, cuir de Russie.

576. Dictionnaire français-italien, et italien-français, par Barberi. *Paris,* 1856, in-18, br. = Vocabulario della lingua italiana, da A. Bazzarini. *Venezia,* 1839, in-18, veau violet. Ensemble, 2 vol.

577. Vocabolario italiano-sardo, compilato dal C. Giov. Spano. *Cagliari,* 1852, 2 vol. gr. in-8, br.

578. Corticelli. Della Toscana eloquenza discorsi. *Bologna,* 1752, in-4, cart.

579. Degli ammaestramenti di letteratura di F. Ranalli libri quattro. *Firenze, Le Monnier,* 1857, 3 vol. in-12, br.

580. L'Inferno di Dante. *Firenze,* 1817, in-fol., d. rel., *figures.*

581. La Divina Commedia di Dante Alighieri, col comento di Paolo Costa, accresciuto da Brunone Bianchi. *Firenze, Le Monnier,* 1846, in-12, br.

582. Commento di Francesco da Buti sopra la Divina Comedia di Dante Allighieri. *Pisa,* 1858-62, 3 vol. gr. in-8, br.

583. Le rime di Francesco Petrarca, con note di F. Soave. *Milano,* 1805, 2 vol. in-8, d. rel., portr.

584. La Gerusalemme e l'Aminta di Torquato Tasso, con note di diversi per diligenza e studio di Ant. Buttura. *Parigi,* 1823, 2 vol. in-8, d.-rel.

585. Il Decameron di G. Boccaccio. *Firenze*, 1827, in-12, cart., fig.
586. La Secchia rapita di Al. Tassoni. *Parigi*, 1768, in-12, portr., br.
587. Le opere di Agnolo Firenzuola, corredate di note da B. Bianchi. *Firenze, Le Monnier*, 1848, 2 vol. in-12, br.
588. Rime di Michelagnolo Buonarroti il Vecchio, col comento di G. Biagioli. *Parigi*, 1821, in-8, d. m. r.
589. Filippo Strozzi, tragedia di G. B. Niccolini. *Fizenze, Le Monnier*, 1847, in-12, br., portr.
590. Commedie di G. Cecchi. *Firenze, Le Monnier*, 1856, 2 vol. in-12, br.
591. Le sei giornate di messer Erizzo. *Milano*, 1805, in-8, broch.
592. Poesie volgari di Lorenzo de' Medici. *Vinegia, Aldi*, 1554, in-8, vélin.
593. Versi e prose di Giuseppe Parini. *Firenze, Le Monnier*, 1846, in-12, br., portr.
594. L'Asino Sogno di F. D. Guerrazzi. *Torino*, 1857, in-4, br., portr.
594 bis. — Le même. *Torino*, 1857, in-8, br., portr.
595. Opere scelte di Ugo Foscolo. *Parigi*, 1837, in-8, portr., d. rel.
596. Canti del popolo Veneziano, per la prima volta raccolti ed illustrati da Angelo Dalmedico. *Venezia*, 1848, in-8, br.
596 bis. — Le même, 2ᵉ édition. *Venezia*, 1857, in-8, br.

D. Langues et littératures espagnole et portugaise.

597. Gramatca de la lengua castellana. *Madrid*, 1771, in-8, parch. = Liccionario de la lengua castellana, compendiado por don Cristoval Pla y Torres. *Madrid*, 1838, in-8, br. Ens. 2 vol.
598. Diccionario enciclopedico de la lengua española. *Madrid*, 1862, 2 vol. in-4, br.
599. Ancient poetry of Spain, translated by John Bowring. *London*, 1824, in-12, cart.
600. History of Spanish literature, by George Ticknor. *London*, 1863, 3 vol. in-8, perc.
601. Dictionnaire français-portugais et portugais-français, par

F. S. Constancio. *Paris,* 1830, 2 t. en 1 vol. pet. in-8, v. rac.
602. Adagios, proverbios, na lingua portugueza. *Lisboa,* 1780, in-8, rel.
   Proverbes, la plupart empruntés aux Orientaux.

G. Langues basque et celtique.

603. Histoire des Cantabres, ou des premiers colons de toute l'Europe, avec celle des Basques, leurs descendants, et leur langue asiatique basque, par l'abbé d'Iharce de Bidassouet. *Paris,* 1825, vol. I (seul paru), in-8, br.
604. The eastern origin of the celtic nations, proved by a comparison of their dialects, with the sanscrit, greek, latin, and teutonic languages, by J. Cowles Prichard. *London,* 1831, in-8, cart.

H. Langues teutoniques.

a. Langue et littérature allemande.

605. Ueber das westgothische Gesetzbuch, von Karl Türk. *Rostock,* 1829, in-8, d. r., avec une lithogr.
606. Die natürliche Entstehung der Sprache aus dem Gesichtspuncte der historischen oder vergleichenden Sprachwissenschaft. Eine Einleitung in die deutsche Sprachlehre, von Dr J. K. Fr. Rinne. *Erfurt,* 1834, in-4, d.-r.
607. Mittelhochdeutsches Lesebuch, mit Anmerkungen und einem Glossarium, von K. A. Hahn. *Frankfurt,* 1847, in-8, cart.
608. Kurzer Abriss einer Formenlehre der Indogermanischen Ursprache, von Aug. Schleicher. *Weimar,* 1862, in-8, br.
609. Panini's acht Bücher grammatischer Regeln, hrsggb. und erläutert, von Dr Otto Böhtlingk. *Bonn,* 1839-40, 2 vol. in-8, br.
610. Neuhochdeutsche Grammatik, von Hahn. *Frankfurt,* 1848, in-8. = Althochdeutsche Grammatik mit einigen Lesestücken und Glossen, von Hahn. *Prag,* 1852, in-8. = Elemente der altböhmischen Grammatik, von P. J. Schefarik. *Leipzig,* 1847, in-8. — Verstehen und sprachen die neueren Völker ihre Sprachen noch richtig? oder Nachweisung

der Enstehung und Bedentung der Person-Zeit.... und Leidensformen der Verba in den indogermanischen und vorzugsweise in den deutscher Sprachen, von C. W. Bock. *Berlin*, 1846, in-8. Les 4 ouvr. en 1 vol. in-8, d. r.

611. A new method of learning the German, by Ollendorff. *London*, 1846, 3 vol. in-8, cart.

612. Vocalismus oder sprachvergl. Kritiken über Grimm's deutsche Grammatik und Graff's althochdeutschen Sprachschatz, von Fr. Bopp. *Berlin*, 1836, in-8, cart.

613. Manuel de conversation française et allemande, par Ed. Coursier. *Stuttgart*, 1857, in-12, br.

614. Taschenwörterbuch der romanisch-deutschen Sprache, hrsggb. von Mathias Conradi. *Zürich*, 1823, 2 part. en 1 vol. in-12, d.-v. rose.

615. Glossar zum Altdeutschen Lesebuch, von Wilhelm Wackernagel. *Basel*, 1840, in-8, d.-cuir de Russie.

616. Vergleichendes Wörterbuch der gothischen Sprache, von Dr Lorenz Diefenbach. *Frankfurt*, 1846-51, 2 vol. in-8, br.

617. Nouveau Dictionnaire français-allemand et allemand-français, par A. Thibaut. 25e édition. *Brunswick*, 1856, 2 t. en 1 vol. in-8, d.-v. fauve.

618. English and german pocket dictionary, by Lewis Albert. *Leipzig*, 1860, in-12, br.

619. Anmerkungen zu der Nibelungen Noth, durch F. H. von der Hagen. *Frankfurt*, 1824, in-8, cart.

620. Mythologie der alten Teutschen und Slaven, in Verbindung mit dem Wissenswürdigsten aus dem Gebiethe der Sage und des Aberglaubens, nach alphabet. Folge der Artikel, herausgegeben, von Ant. Tkany. *Znaim*, 1827, 2 tom. en 1 vol. in-8, d. r.

621. Faust. Eine tragædie, von Goethe. *Stuttgart*, 1853, in-fol., cart. Tome I et tome II, fasc. 1, 3, 4.

622. Schiller's sammtliche Werke. *Stuttgardt*, 1834, gr. in-8, cart.

623. Haus-Bibliothek. *Leipzig*, 1855, 24 vol. pet. in-8, br.

b. Langues et littératures hollandaise et flamande.

624. Le grand dictionnaire français et flamand, par Halma. *La Haye*, 1781, 2 vol. in-4, rel.

625. Dictionnaire français-hollandais et hollandais-français,

par J. Kramers. *Gouda,* 1862, 4 vol. gr. in-8, à 2 col., cart.
626. Dictionnaire de poche français-hollandais, et hollandais-français. *Leipzig,* 1864, in-12, d.-v. f.
627. Dictionnaire de poche anglais-hollandais, et hollandais-anglais, par A. Jaeger. *Gouda,* 1864, in-12, perc.

I. Langues scandinaves.

Suédois, danois, islandais.

628. Abrégé de la grammaire suédoise, suivie de dialogues français et suédois. *Stockholm,* 1846, pet. in-8, br.
629. Dictionnaire portatif français-suédois, et suédois-français. *Leipzig,* 1864, in-12, br.
630. Dictionnaire finlandais-suédois, et suédois-finlandais, par Carl. Helenus. *Abo,* 1838, in-8, d. r.
631. Saemund den Vises Edda. Sänger af Nordens äldsta Skalder. Efter Handskrifter från Skandinaviska fornspräket ofversatte af A. A. Afzelius. *Stockholm,* 1818, in-8, cart. n. r.
632. Edda Saemundar hinns Froda. Collectio Carminum veterum Scaldorum Sæmundiana dicta, ex recens. Er. Chr. Rask; curavit Afzelius. *Holmiæ,* 1818, in-8, cart. n. r.
633. Edda Saemundar hinns Froda..... Edda rhytmica seu antiquior, vulgo Saemundina dicta. Pars I, odas mythologicas, a Resenio non editas, continens, islandice ac latine; acced. specimen glossarii, et index rerum et nominum propriorum. *Hafniæ,* 1787, 2 part. en 1 vol. in-4, v. gr. fil., fac-simile.
634. — Le même, en 2 vol. in-4, d. r.
635. Les Eddas, traduites de l'ancien idiôme scandinave, par Mlle R. Du Puget. *Paris,* s. d., in-8, br.
636. Trois chants de l'Edda : Vaftrudnismal, Thrymsquida, Skirnisfor, traduits en vers français, accompagnés de notes explicatives des mythes et allégories..., par W. E. Frye. *Paris,* 1844, in-8, br.
637. Éléments de la langue danoise, avec un abrégé des curiosités de la ville de Copenhague et des environs de cette capitale, en danois et en français, par Yanssens des Campeaux. *Copenhague,* 1787, in-8, d. r.
638. Dictionnaire danois (en danois), par Chr. Molbech. *Riöbenhavn,* 1833, 2 vol. in-8, br.

639. **Nordens mythologi** eller Sindbilled-Sprog historisk-poetisk udviklet og oplyst, af N. F. S. Grundtvig. *Copenhague,* 1832, in-8, br.
640. **Old danish ballads,** translated from Grimm's collection, by an amateur. *London,* 1856, in-8, perc.
641. **A grammar of the Icelandic or Old Norse tongue;** translated from the Swedish of Erasmus Rask, by G. W. Dasent. *London,* 1843, in-8, br.
642. **Lexicon islandico-latino-danicum,** Biörnonis Haldorsonii, ex mss. legati Arna-Magnæani, cura R. K. Raskii editum ; præfatus est P. E. Müller. *Havniae,* 1814, 2 tom. en 1 vol. in-4, d. r.
643. **Frithiofs Saga** af Esaias Tegner. *Stockholm,* 1831, in-8, d.-r., fig.
644. **Kormaks Saga,** sive Kormaki Oegmundi filii vita, islandice, cum interpret. latina et indicibus personarum, locorum ac vocum rariorum. *Hafniæ,* 1832, in-8, d.-r.
645. **Faereyinga Saga,** oder Geschichte der Bewhoner der Färöer im Isländischen Grundtext mit Färöischer, Dänischer und Deutscher Uebersetzung, hrsggb, von C. C. Rafn und C. F. Mohnike. *Kopenhagen,* 1833, gr. in-8, d.-r., facsimile.
646. **Viga Glum's Saga.** The story of Viga Glum, transl. from the Icelandic, by Sir Edmund Head. *London,* 1866, pet. in-8, perc.

J. Langues anglo-saxonnes.

647. A compendious grammar of the primitive english or anglo-saxon language, by J. Bosworth. *London,* 1826, in-8, perc.
648. **A grammar of the anglo-saxon tongue,** with a praxis, by Erasmus Rask. Transl. from the danish by B. Thorpe. *Copenhagen,* 1830, in-8, cart.
649. **The dialect of Craven,** by Carr. *London,* 1828, 2 vol. in-8, cart.
650. **A new english-welsh dictionary,** by W. Evans. *Carmarthen,* 1771, in-8, bas.
651. **A galic and english, english and galic dictionary,** containing all the words in the scotch and irish dialects of the celtic, that could be collected from the voice, and old books

and mss., by W. Shaw. *London*, 1780, 2 tom. en 1 vol. in-4, v. rac.

652. A dictionary of the english language, by Johnson. *London*, 1785, 2 vol. in-4, d.-rel., v. f.

653. Grand dictionnaire français-anglais, et anglais-français, rédigé d'après la 6ᵉ édition du dictionnaire de l'Académie française, et d'après les meilleurs dictionnaires anglais et français, par les professeurs Fleming et Tibbins. *Paris, Firmin Didot*, 2 vol. gr. in-4, d. veau.

654. The will of King Alfred, reprinted from the Oxford edition of 1788, with a preface and additional notes. *London*, 1828, in-8, cart.

655. Analecta anglo-saxonica. A selection in prose and verse, from anglo-saxon authors of various ages, with a glossary, by Benj. Thorpe. *London*, 1834, in-8, cart.

656. Essays on subjects connected with the literature, popular superstitions and history of England in the middle ages, by Th. Wright. *London*, 1846, 2 vol. in-8, perc.

657. Ballads and songs of Brittany, by Tom Taylor. Translated from the *Barsaz-Breiz* of vicomte Hersart de la Villemarqué, with some of the original melodies harmonized by Mrs. Tom Taylor. *London*, 1865, in-4, élégante reliure en perc. orange dor., tête dorée, n. rogn., belles illustrations.

658. Sir Gawayne and the Green Knight, an alliterative romance poem, edit. by Richard Morris. *London*, 1864, in-8, br.

659. Popular treatises on science, written during the middle ages, in anglo-saxon, anglo-norman and english, edit. from original mss. by Th. Wright. *London*, 1841, in-8, perc.

660. Lives of the most eminent english poets, with critical observations on their works, by Sam. Johnson, with notes by P. Cunningham. *London*, 1854, 3 vol. in-8, perc.

661. Baudry's collection of British authors. Environ 200 vol. in-8, br.

662. Shakespeare's works. *Paris, Baudry, w. y.*, 15 vol. in-8, d.-rel.

Bel exemplaire.

663. Œuvres complètes de Shakespeare, traduites de l'anglais par Letourneur. Nouvelle édition revue et corrigée

par Guizot. *Paris*, 1821, 13 volumes in-8, veau rac.

    Manque le 5e vol. Titre et quelques pages du premier vol. mouillés.

664. A Glossary illustrating the works of Shakespeare and his contemporaries. *London*, 1822, in-4, v. f.

665. Lettres de lord Chesterfield, trad. par Remi. *Paris*, 1842, 2 vol. in-12, br.

666. The letters and works of lady Mary Wortley Montagu, edited by lord Wharncliffe. *London*, 1837, 3 vol. in-8, perc., fig.

667. Baudry's collection of ancient and modern British Novels et romances. Walter Scotts Novels, 24 vols. in-8, veau fauve, filets.

    Bel exemplaire. — Manque le tome IV et le tome VI.

668. Select novels of Sir Walter Scott. *Paris, Baudry*, 1840, gr. in-8, cart.

669. The poetical works of Sir Walter Scott, comprising the two series, with all the notes and the illustrations. *Paris, Baudry*, 1838, in-4, portr. et fig.

670. Baudry's collection. = Cooper's works. 29 vol. in-8, d. rel., dor. et coins de v. f.

    Bel exemplaire.

671. Tales from Blackwood. *London*, w., y., 8 vol. in-12, cart.

672. Miscellanies of literature, by d'Israelis. *London*, 1840, gr. in-8, cart.

673. The philological essays of Rev. Richard Garnett. *London*, 1859, in-8, perc.

674. Elegant extracts in poetry, prose and epistles. *London*, w., y., 5 vol. in-8, cuir de R.

675. Heath's book of beauty. *London*, 1833-1834, 3 vol. in-8, mar. bl., fig.

K. *Langue ouralienne (laponne).*

676. Grammatica Lapponica, opera H. Ganandri. *Holmiæ*, 1743, pet. in-8. br.

L. *Langues slaves.*

Généralités. — Langues illyrienne, russe, polonaise, bohémienne.

677. Theoretisch-praktische Anleitung zur schnellen und gründlichen Erlernung der cechisch-slawischen Sprache, von

J. N. Konecny. *Wien*, 1846-49, 2 tom. en 1 vol., in-8, d. r.

678. Anleitung zur schnellen Erlernung der vier slawischen Hauptsprachen (böhmische, polnische, ilirische und russische Sprache); mit einer Wörtersammlung, von R. A. Fröhlich. *Wien*, 1847, in-8, d. v. f.

679. Vergleichende Lautlehre der slavischen Sprachen, von Fr. Miklosich. *Wien*, 1852, in-8, br.

680. Histoire de la langue et de la littérature des Slaves, considérées dans leur origine indienne, leurs anciens monuments et leur état présent, par Eichhoff. *Paris*, 1839, in-8, d. v. f.

681. Mélanges sur l'affinité du grec avec les langues slaves, par G. Dankovsky. 1 vol. in-8, cart.

Die Griechen als Stamm-und-Sprach-verwandte der Slawen. *Presburg*, 1828. — Matris Slavicae filia erudita, vulgo lingua graeca, seu grammatica cunctorum slavicorum et graecorum dialectorum. *Posonii*, 1836-37, 2 part. — Homerus slavicis dialectis cognata lingua scripsit. *Vindobonae*, 1829-31, 5 part.

682. Légendes slaves du moyen âge (1169-1237). Les Némania, vies de saint Siméon et de saint Sabba. Traduction du paléoslave en français, avec texte *fac-simile*, en regard, par A. Chodzko. *Paris*, 1858, in-4, br.

683. Lexicon linguæ slovenicæ, edidit Miklosich. *Vindobonæ*, 1850, in-4, br.

684. Grammatica illirica. *Ragusa*, 1808, in-8, rel.

685. Russische Grammatik. 1784, in-8, d.-rel. et autres. = 8 vol. in-4 et in-8.

686. Russische Sprachlere, von J. Heym. *Riga*, 1804, in-8, d. cuir de Russie.

687. Grammaire russe, par Hamonière. *Paris, Impr. roy.*, 1817, in-8, d.-r.

688. English russian grammar, by Ch. Ph. Reiff. *Paris*, 1857, in-8, br.

689. Grammaire russe, précédée d'une introduction sur la langue slavonne, par Ch. Ph. Reiff. *Saint-Pétersbourg et Paris*, 1851, in-8, perc.

690. English-russian grammar, or principles of the russian language for the use of the english, by Ch. Ph. Reiff. *Paris*, 1862, in-8, br.

691. Deutsch-russisches und russisch-deutsches Wörterbuch, von J. Heym. *Riga*, 1795-1800, 2 vol. gr. in-8, v. ant. (*Duplanil.*)

692. Dictionnaire russe, français et allemand, par Heym. *Moscou,* 1799, 2 vol. in-4, v.
693. Dictionnaire italien-russe. *Moscou,* 1838-39, 2 vol. pet. in-8, br.
694. Nouveaux dictionnaires parallèles des langues russe, française, allemande et anglaise, par Ch. Ph. Reiff. 2e partie, Dictionnaire français; explications des mots français en russe, allemand et anglais. *Carlsruhe,* 1853, in-8, br.
694 bis. — Le même. 2e édition. *Carlsruhe,* 1861, in-8, br.
695. De la Bibliothèque russe. *Paris, Franck,* 1862, 10 fasc. in-12, br.
696. Dictionarium Polono-latinum, ex thesauro G. Cnapii. *Calissii,* 1683, in-12, veau.
   Ex libris de La Condamine.
697. Grammaire abrégée de la langue polonaise, consistant en tableaux, règles et exemples, par J. S. Vater. *Halle,* 1807, in-8, cart.
698. Dictionnaire latin-polonais. *Wilna,* 1825, 2 vol. in-4, broch.
699. Dictionnaire polonais, allemand et français. *Wroclawiu,* 1834, in-8, d.-r.
700. Dictionnaire polonais-allemand, par Mrongovius. *Kœnigsberg,* 1835, in-4, br.
701. Dictionnaire portatif français-polonais et polonais-français, par Schmidt. *Leipzig,* 1863, in-12, d.-rel.
702. Sophiowka, poëme polonais par Stanislas Trembecki. Trad. en vers français, par le comte de Lagarde. *Vienne,* 1815, in-4, belles fig. grav., pap. vélin, mar. vert dent., tr. dor.
03. Böhmisch-deutsch-lateinisches Wörterbuch, von G. Palkowitsch. *Prag,* 1820, et *Presburg,* 1821, 2 vol. in-8, d.-r.
704. Practische Böhmische Grammatik, von J. Negedly. 3tte Ausgabe. *Prag,*1821, in-8, cart.

M. Langues hongroise, valaque, serbe.

705. Grammatica ungherese. *Roma,* 1827, in-8, br.
706. Handbuch der ungrischen Poesie, von Toldy. *Pesth,* 1828, 2 t. en 1 vol. in-8, rel. = Essai sur la Pologne, par

Malesewski. 1832. = Essai sur l'Église chrétienne chez les Slaves, etc. = 7 vol. in-8, rel.

707. Dictionnariu franceso-romanu, publicatu de Theodoru Codresco. *Jasii,* 1859, 2 vol. in-8, br.

708. Kurze Grammatik der serbischen Sprache, von A. Fröhlich. *Wien,* 1854, pet. in-8, d.-v. f.

709. Lexicon serbico-germanico-latinum, ed. Karadschitsch. *Berolini,* 1852, in-4, br.

710. Chants populaires de la Servie, publiés par Vuk Steph. Karadschitsch. *Vienne,* 1841-46, 3 vol. in-8, d.-v. f.

<small>Tout en serbe.</small>

3. Langues asiatiques.

A. *Généralités.*

a. Grammaires et dictionnaires polyglottes, collections asiatiques.

711. Abrégé de grammaire orientale, par Nassif Mallouf. *Smyrne,* 1854, in-8, br.

712. Guide de la conversation en langues orientales, par Nassif Mallouf. *Smyrne,* 1853, in-4, obl.

713. Alphabets orientaux anciens. 25 planches in-folio, contenant un grand nombre d'alphabets, en caractères originaux. 1 vol. in-fol., br.

714. Proposals for a missionary alphabet, by Max Müller. *London,* 1854, in-8, br. = Select papers on the subject of expressing the languages of the East in the english character. *Serampore,* 1834, in-8, perc. = L'alphabet européen appliqué aux langues asiatiques, par Volney. *Paris,* 1818, in-8, br. = The hindee-roman orthoepigraphical ultimatum, by J. Gilchrist. *Calcutta,* 1804, in-8, d.-r. Ens. 4 ouvrages.

5. J. H. Hottingeri etymologicum orientale, sive lexicon harmonicum heptaglotton. *Francofurti,* 1661, in-4. = Ejusdem smegma orientale; de usu linguarum orientalium in rebus sacris. *Heidelbergæ,* 1658, in-4. = Les 2 ouvr. en 1 vol. in-4, parch.

716. De fatis linguarum orientalium. *Viennæ,* 1780, in-fol., broché.

<small>Préface de la 2e édition de Meninski.</small>

717. De fatis linguarum orientalium, arabicæ nimirum, per-

sicæ, et turcicæ, commentatio. *Viennæ*, 1780, in-fol., cart., n. r., pl.

718. Lexicon turcico-arabico-persicum, auct. F. à Mesgnien Meninski. *Viennæ*, 1680-86, 3 vol. in-fol. = Complementum thesauri linguarum orientalium, seu Onomasticon..... *Viennæ*, 1687, in-fol. Ens. 4 vol. in-fol., v. gr. fil.
Bel exemplaire. L'Onomasticon se trouve difficilement.

719. Thesaurus linguarum orientalium, auct. F. à M. Meninski. *Viennæ Austriæ*, 1680, 3 vol. in-fol., veau. (*Qqs. mouillures.*) = Complementum, in-fol., v.

720. Meninski. Thesaurus linguarum orientalium. *Viennæ*, 1680, 4 vol. in-fol., vélin.

721. Meninski. Lexicon arabico turcico-persicum. *Viennæ*, 1780, in-fol., br.

722. Lexicon heptaglotton : hebraicum, chaldaicum, syriacum, samarit., æthiop., arab. conjunctim et persicum separatim, auct. Edm. Castello. *Londini*, 1669, 2 vol. gr. in-fol., d. chagrin.
Célèbre dictionnaire qui se joint ordinairement à la Bible Polyglotte de Walton.

722 *bis*. — Autre exemplaire, parch.

723. Bibliothèque orientale, par d'Herbelot. *Paris*, 1699, in-fol., v.
Exemplaire de Petis de La Croix, avec des notes autographes.

724. Bibliothèque orientale, par d'Herbelot, avec supplément. *Maëstricht*, 1776, in-fol., v.

725. Bibliothèque orientale, par d'Herbelot. *Paris*, 1781-83, 6 vol. in-8, v. rac.

726. Orientalische Bibliothek, von d'Herbelot. *Halle*, 1785-90, 4 vol. in-8, br.

727. J. D. Michaelis orientalische und exegetiche Bibliothek. *Frankfurt*, 1771-79, 24 part. en 8 vol. in-8. = Neue orientalische Bibliothek. *Göttingen*, 1786-91, 9 part. en 3 vol. in-8. Ens. 11 vol., d. v. ant.

728. Archives pour la littérature, l'histoire et la linguistique asiatique (en all.), par J. de Klaproth. *St-Pétersbourg*, 1810, in-4, pap. vél., v. m.
Tom. Ier, seul publié.

729. JOURNAL ASIATIQUE. 1re série, 1822-27, 6 vol. in-8, rel. et le reste en livraisons. = 2^e série, 1828-35, 16 vol. in-8, c. de Russie, n. rog. = 3^e série, 1836-42, 14 vol. in-8,

d.-v., violet. = 4ᵉ série, 1843-52, 20 vol. in-8, d.-r., v. f. = 5ᵉ série, 1853-62, 20 vol. in-8, d.-rel. v. f. = 6ᵉ série, 1863, 2 vol. in-8, d. v. f.

729 bis. — JOURNAL ASIATIQUE. Première série, 1822-27. 250 nᵒˢ in-8, br.

> 1 année 1823 complète, 5 années 1824, 2 années 1825, 1 année 1827, etc.

729 ter. — JOURNAL ASIATIQUE. 1828 et 1841. 2 années et des nᵒˢ séparés.

730. Rapports annuels faits à la Société asiatique, par J. Mohl. Années 1840 à 51, en 2 vol. in-8, d. v. f.

731. Zeitschrift der deuschen morgenländischen Gesellschaft, herausgegeben von den Geschäftsführern. *Leipzig,* 1846-65, 19 vol. en nᵒˢ in-8, br.

> Nous n'avons du vol. XV que la livr. 2, et du vol. XVI que la livr. 4.

731 bis. — Le même journal, 39 numéros divers, parmi lesquels se trouvent les années complètes 1851, 1853, 1854, 1860, 1863, 1864, 1865, etc.

732. Verhandelingen van het Bataviaasch Genootschap der Kousten en Wetenschappen. *Batavia,* 1779-1847. Tom. 1 à 15 et tom. 21, in-8, br. et rel.

733. Transactions of the royal asiatic society of great Britain and Ireland. *London,* 1824-34, 3 vol. in-4, pap. vél., d. cuir de Russie.

733 bis. — La même collection, 3 vol. in 4, d.-r.

734. Journal of the Royal asiatic Society of Great Britain and Ireland. *London,* 1834-63. Vol. I à XX, in-8, d.-r., nombr. cartes et fig.

> La collection se compose de la manière suivante : Vol. I à X, vol. XI, p. 1 (p. 2 non parue), vol. XII, XIII, XIV, p. 1 (p. 2 non parue), vol. XV, avec un carton de cartes, vol. XVI à XX. — Il nous manque : Tom. XVI, p. 1; XVII, p. 2; XVIII, p. 1; XX, p. 1 et 2. — Les tom. XI, XIV, XVI à XVIII sont brochés.

734 bis. — Le même, 50 nᵒˢ divers, av. fig.

735. Journal of the royal asiatic Society of Great Britain and Ireland. New Series. *London,* 1864-65. Vol. 1 en 2 parties, in-8, br.

736. The asiatic journal and monthly register for British India and its dependencies. *London,* 1823-44. 14 vol. in-8, d. r. et nᵒˢ brochés.

> 1823, vol. XV, 90. — 1824, vol. XVIII, 103. — 1829, vol. XXVII et XXVIII, 157 à 168, moins 161. — New series. 1835-41,

vol. XVIII à XXXV. — 1841, vol. XXXVI, 141, 144. — 1842, vol. XXXVII, 145, 146. — 1843, vol. XXXIX, 156. — XL, 157 à 160. — 3^d series, 1843-44, 1 à 14 ; plus 8 n^{os} doubles.

737. Asiatic researches of the asiatic Society of Bengal. *Calcutta,* 1788-1836, 17 vol. in-4, d.-r., non uniforme.
> Vol. I à X, XIII à XVIII, XX. — Piqûres de vers.

738. — La même collection. Vol. 1 (2 exempl.), vol. XIII, XIV, vol. XVI (2 exempl.). Ensemble 6 vol. in-4, d.-r.

739. Asiatic researches (printed from the Calcutta edition). *London,* 1799-1803. Vol. I à VII, in-4, d.-r., fig.

739 *bis*. — Le même, vol. I à VI, cart., n. r.

740. Prinsep's useful tables, forming an appendix to the journal of Bengal. *Calcutta,* 1834, 2 part. in-8, br.
> Rare. — P. I. Coins, weights and measures of British India. — P. II, containing a series of Indian chronological tables.

741. Journal of the american oriental society. *New-York,* 1851. Vol. I et II, in-8, perc., cart. et fig.
> Ces 2 volumes, outre d'intéressants articles sur les langues de l'Orient et sur le bouddhisme, contiennent des travaux importants sur les langues de l'Afrique.

742. Journal of the Ceylon branch of the Royal asiatic Society, edited by the secretary. *Colombo,* 1847-60. Années 1845, 1847, 1850, 1853 en 2 part., 1855, 1856-58 en 2 p., 1858-59, in-8, br.

742 *bis*. — Le même. = 58 n^{os} in 8, br.

743. Asiatick researches, or transactions of the Society instituted in Bengal for inquiring into the history and antiquities, the arts, sciences, and literature of Asia. *London,* 1806-1807, vol. I à VI, in-8, d.-r.

744. The Calcutta magazine and oriental museum, containing the philosophy, literature, science, history, arts.... Mars 1792 à décembre 1795. *Calcutta,* 2 volumes in-8, bas.

b. Mélanges.

745. Amœnitates exoticæ auct. Kempfero. *Lemgoviæ,* 1712, in-4, vélin, fig.

746. A. Pfeifferi opera omnia, quæ extant, philologica. *Ultrajecti,* 1704, 3 part. en 1 vol. in-4, vél. bl. cordé, planches d'alphabets orientaux.

747. Henr. à Porta de linguarum orient. ad omne doctrinæ genus præstantia. *Mediolani,* 1758, in-4, d.-r.

748. The hindee-roman orthoepigraphical ultimatum, or a systematic view of oriental and occidental visible sounds, for acquiring the most accurate pronunciation of many oriental languages. 2ᵉ édition, *London*, 1820, in-8, d.-r.

749. The explication of the roman alphabet to all the oriental languages contained in a series of papers, written by Trevelyan, Prinsep, Tytler, Duff. *Serampore*, 1834, in-8, cart.

750. Exposé des signes de numération usités chez les peuples orientaux anciens et modernes, par A. P. Pihan. *Paris, Impr. imp.*, 1860, in-8, br.

751. Studi Orientali e linguistici, raccolta periodica di G. J. Ascoli. Fasc. 1 et 2. *Milano*, 1854-55, in-8, br.

752. Zoroastre, Confucius et Mahomet, comparés comme sectaires, législateurs et moralistes, avec le tableau de leurs dogmes, de leurs lois et de leur morale, par M. de Pastoret. *Paris*, 1788, in-8, bas., tr. dor.

753. Poeseos asiaticæ commentariorum libri sex, cum appendice, auctore G. Jones; recudi curavit J. G. Eichhorn. *Lipsiæ*, 1777, in-8, bas.

754. The asiatic miscellany, translations, etc, by Chambers and Sir W. Jones. *Calcutta*, 1787, in-12, veau.

755. The works of Sir William Jones. *London*, 1799, 6 vol. in-4, portr., cart. en toile.

756. The works of Sir William Jones. *London*, 1799, 6 vol, in-4, cart. n. rogn., portr.

757. The works of Sir William Jones, with life, by lord Teignmouth. *London*, 1807, 13 vol. in-8, portr., cart. n. r.

758. Asia Polyglotta, von J. Klaproth. *Paris*, 1823, in-4, d. rel.

759. Klaproth. Mémoires relatifs à l'Asie. 1824, in-8, br. = Magasin asiatique. *Paris*, 1835, 4 part. in-8, br.

760. Mémoires de Klaproth sur l'Asie. 1822, in-8, cart.

761. Mélanges de littérature orientale, trad. de mss. turcs, arabes et persans, par Cardonne. *Paris*, 1770; 2 vol. in-12, v. m.

762. Recherches asiatiques, trad. de l'anglais, par Labaume, avec notes par Langlés, Cuvier, etc. *Paris, Impr. imp.*, 1805, 2 vol. in-4, veau, tr. dor., pl. (*Simier*).
   Bel exempl. sur papier vélin.

763. — Le même, pap. ord., rel. en veau.

764. Réflexions sur l'étude des langues asiatiques, par A. W. de Schlegel. *Bonn, 1832*, gr. in-8, d.-r., n. r.

764 bis. — Le même, broché.

765. Mélanges, par Silvestre de Sacy. = Recueil de brochures sur les langues orientales réunies en 3 vol. in-8, rel.

766. Silvestre de Sacy. Mélanges de littérature orientale, précédés de l'éloge de l'auteur, par le duc de Broglie. *Paris, s. d.*, in-8, br.

767. Mélanges d'histoire et de littérature orientales, extraits des tomes IX et X des Mémoires de l'Institut, par le baron Silvestre de Sacy. *Paris, Impr. roy., 1832*, in-4, d.-r.

768. Nouveaux mélanges asiatiques, par Abel Rémusat. *Paris, 1829*, 2 vol. in-8, d. v. v.

769. Mélanges posthumes d'histoire et de littérature orientales, par Abel Rémusat. *Paris, Impr. roy., 1843*, in-8, broché.

Une piqûre de ver dans la marge supérieure.

770. Ouvrages divers de M. Garcin de Tassy, en 1 vol. in-8, d. v. ant., fig.

Coup d'œil sur la littérature orientale. — Particularités de la religion musulmane dans l'Inde. — Chapitre inconnu du Coran, texte et trad. — Observation de Kazem Beg sur cet ouvrage. — La légende de Krichna. — Notice sur des vêtements avec inscriptions arabes, persanes et hindoustani etc. — La plupart de ces brochures, tirées à petit nombre, sont épuisées et rares.

771. Recueil de brochures relatives à l'Orient, par Amari, Dureau de La Malle, etc. = 7 part. in-8, br. et rel.

772. Oriental fragments, by Moor. *London, 1834*, in-8, perc.

773. Fragmente aus dem Orient von Dr. J. P. Fallmerayer. *Stuttgart, 1845*, 2 vol. in-8, br.

774. Ouvrages divers de C. Schœbel, en 1 vol. in-8, demi-rel. veau fauve.

Le bouddha et le bouddhisme. *Paris, 1857*. — La légende des Pandavas, d'après le Mahabharata. *Versailles, 1833*. — Examen des études d'histoire religieuse, de M. Ernest Renan. *Paris, 1857*. — De l'universalité du déluge. *Paris, 1858*. — Démonstration critique de l'authenticité du Pentateuque. *Versailles, 1858*. — Les stations d'Israël dans le désert. *Paris, 1859*.

775. Mémoires d'histoire et de géographie orientales, par de Goeje. *Leide, Brill, 1862*, 3 part. in-8, br.

776. Oriental repertory. Vol. I, publ. in four numbers, from

april 1791, to january 1793, by Dalrymple. *London*, 1793, gr. in-4, cartes, d.-r., n. r.

777. The oriental collections, consisting of original essays and dissertations, translations and miscellaneous papers, illustrating the history and antiquities, the arts, sciences, and literature of Asia. *London*, 1797-1800, 3 volumes in-4, d.-rel.

<small>Ces trois volumes ont été publiés au prix de 150 fr.</small>

777 *bis*. — Le même, vol. I et II, d.-r.

778. Mines de l'Orient, exploitées par une Société d'amateurs. *Vienne*, 1809, 6 vol. in-fol, d.-rel.

779. Miscellaneous translations from oriental languages. *London, oriental translation fund*, 1831-34, 2 t. en 1 vol. in-8, d. chag.

780. Collection Orientale. *Imprimerie impériale*, 1836, 7 vol. in-fol., cart.

<small>Hist. des Mongols, tome Ier. — Le livre des Rois, tome Ier (2 ex.).— Baghavata Purana, tomes I et II (plus, 2 tomes Ier).</small>

B. Langue des Indes.

a. Généralités.

781. Ueber die Sprache und Weisheit der Indier von F. Schlegel. *Heidelberg*, 1808, pet. in-8, d.-r.

782. Systema brahmanicum liturgicum, mythologicum, civile, ex monumentis indicis musei Borgiani Velitris illustr. Fra Paul. a S. Bartholomæo. *Romæ*, 1791, in-4, br., fig.

783. — Le même, rel. en cart.

784. On the philosophy of the Hindus, by H. T. Colebrooke. *London*, 1824-28, in-4, d.-r.

<small>5 part. extr. des *Transactions of the Royal Asiatic Society of Great-Britain*. — Rare.</small>

785. Institutes of Hindu law : or the ordinances of Menu, according to the gloss of Culluca, comprising the Indian system of duties, religious and civil; translated from the original by Sir William Jones, with notes, by G. C. Haughton. *London*, 1825, in-4, cart. n, r. (Publié à 52 fr.)

786. Vjasa. Uber Philosophie, Mythologie, Literatur und Sprache der Hindu. Eine Zeitschrift von Dr. Othm. Frank. 1er Bd. *München*, 1826, in-4, cart.

787. Gymnosophista, sive Indicæ philosophiæ documenta, collegit Chr. Lassen. *Bonnæ,* 1832, in-4, br.
   Vol. Ier, fasc. 1 (tout ce qui a paru).
788. Two lectures on the religious practices and opinions of the Hindus, by H. H. Wilson. *Oxford,* 1840, in-8, d.-r. dos et coins de cuir de Russie.
789. Symbolæ ad comparandam mythologiam vedicam cum mythologia germanica, scripsit C. de Noorden ; adject. 21 Rigvedæ hymnis (sanscrite). *Bonnæ,* 1855, in-8, br.
   Exempl. sur papier vélin.
790. Histoire de la littérature des Hindous, par L. Énault. *Paris,* 1860, in-8, d.-r.
791. Indische Gedichte, in deutschen Nachbildungen von Alb. Hœfer. *Leipzig,* 1844, 2 part. en 1 volume pet. in-8, cart.
792. The Bohoodurson, or various spectacles, being a choice collection of proverbs and morals, in the english, latin, bengalee, sanscrit, persian and arabic languages, compiled by Neelrutna Haldar. *Serampore,* 1826, in-8, d.-r.
793. Indische Bibliothek, von A. W. von Schlegel. *Bonn,* 1823-27, 2 volumes in-8, d.-r., dos et coins cuir de Russie, non rognés.
   Bel exemplaire.
794. — Autre exemplaire, d. v. f.
795. Weber. Indische Studien. Zeitschrift für die Kunde der Indischen Alterthums. *Berlin,* 1849 et ann. suiv., 8 volumes in-8, br.
796. Lassen's Indische Alterthumskunde. Bd. IV en 2 part. et Anhang zum III und IV B^{de}. *Leipzig,* 1861-62, 3 fasc. gr. in-8, br.
797. Bibliotheca Indica. A collection of oriental works, published by asiatic society of Bengal. = 348 fasc. in-8 et 17 in-4. = Ensemble 365 fasc.

b. Sanscrit.

1. Grammaires.

798. Sidharubam seu grammatica samscrdamica, auct. Fra Paulino a S. Bartholomæo. *Romæ,* 1790, in-4, br.
799. Vyacarana, seu locupletissima samscrdamicæ linguæ

institutio, a P. Paulino a S. Bartholomæo. *Romæ*, 1804, in-4, v. rac., dent.
: Exemplaire de Klaproth. Le glossaire sanscrit est interfolié et est augmenté de nombr. additions manuscrites.

799 *bis*. — Le même ouvrage, broch.

800. Colebrooke's sanscrit grammar. (*Calcutta*, 1805), in-fol., cart. (p. 1 à 204).
: Sans titre. Les 50 premières pages sont rongées dans la marge inférieure.

801. A grammar of the sungskrit language, by W. Carey. *Serampore*, 1806, in-4, d.-r.
: Une piqûre dans les premières pages.

802. A grammar of the sanskrita language, by Ch. Wilkins. *London*, 1808, in-4, d.-r.

803. An essay on the principles of sanskrit grammar, by H. P. Forster. Part. I (all published). *Calcutta*, 1810, in-4, d.-r. dos et coins cuir de Russie.

804. — Le même, relié en basane.

805. Siddhantakaumudi. Commentary on Panini's grammar, in sanscrit. *Calcutta*, 1811, in-4, d.-r.
: L'ouvrage ne porte pas de titre. —V. Gildemeister. *Bibl. sanscr.* 379.

806. Bopp. Über das Conjugations System der Sanskritsprache in Vergl. mit jenem der griech., lat., und german. Sprache; hrsg. von J. Windischmann. *Frankfurt-a-m.*, 1816, pet. in-8, br.

807. A grammar of the Sunscrit language, by W. Yates. *Calcutta*, 1820, in-8, cuir de Russie gauffré.

808. — Le même, en grand papier, d.-r. dos et coins, cuir de Russie.

809. — Le même, 2e édit., très-augmentée. *Calcutta*, 1845, in-8, perc.

810. Grammatica Sanskrita, edidit O. Frank. *Wirceburgi*, 1823, in-4, d.-r.

811. Grammatica Sanskrita, edidit Othm. Frank. *Wirceburgi*, 1823. = Ejusdem chrestomathia sanskrita. *Monachii*, 1820, = 2 vol. in-4, d.-r., dos et coins de mar. rouge.

812. Théorie du Sloka, ou mètre héroïque sanskrit, par A. L. Chézy. *Paris*, 1827, in-8, gr. pap. vél., d.-r.

813. The Bhasha Paricchheda, and Siddhanta Muktavali, an elementary treatise on the terms of logic, by Viswanatha Panchanana Bhatta. *Calcutta*, 1827, in-8, d. m. v.
: En sanscrit. 103 pages.

814. The Bhasha Paricchheda and Siddhanta Muktavali. Elementary treatise on the terms of logic, with its commentary, by Viswanatha Panchanana Bhatta. *Calcutta,* 1827, in-8, d.-r.
815. The prosody of the telugu and sanscrit languages, explained by Ch. Ph. Brown. *Madras,* 1827, in-4, bas.
816. Ausführliches Lehrgebäude der sanskrita-Sprache, von Fr. Bopp. *Berlin,* 1827, in-4, d.-r.
817. Elements of the sanscrit language, by W. Price. *London,* 1828, in-4, cart.
818. Sahitya Derpana, a treatise on rhetorical composition, by Viswanath Kaviraja. *Calcutta,* 1828, in-8, demi-maroq. rouge.
   Bel exemplaire.
819. Uber den Einfluss der Pronomina auf die Wortbildung im sanskrit, und den mit ihm verwandten Sprachen, von Fr. Bopp. *Berlin,* 1832, in-4, d.-r.
   Autres broch. de Bopp et Humboldt dans le même vol.
820. Kritische Grammatik der Sanskrita-Sprache in kürzer Fassung, von F. Bopp. *Berlin,* 1834, in-8, cart.
821. — Le même. 2ᵉ édit. *Berlin,* 1845, in-8, br.
822. An introduction to the grammar of the sanscrit language, by H. H. Wilson. *London,* 1841, in-8, perc.
823. Radices linguæ sanscritæ, illustr. N. L. Westergaard. *Bonnæ,* 1841, in-4, br. (pr. f. 45 fr.)
824. Grammaire sanscrite française, par Desgranges. *Paris, Impr. Roy.,* 1845-47, 2 vol. in-4, br.
825. Ausführliche sanskrit Grammatik von A Boller. *Wien,* 1847, in-8, br.
826. First lessons in sanskrit grammar (by J. R. Balantyne). *Mirzapore,* 1851, in-8, br.
827. — The same. 2ᵈ edition, together with an introduction to the Hitopadesa. *London,* 1862, in-8, perc.
828. Vollständige Grammatik der Sanskritsprache, von Th. Benfey. *Leipzig,* 1852, gr. in-8, br.
829. Kurze Sanskrit-Grammatik, von Th. Benfey. *Leipzig,* 1855, in-8, br.
830. Sanskrit derivations of english words, by Th. Bellot. *London,* 1856, in-8, br. (pr. f. 10 fr.)
831. Grammatica sanscrita di G. Flechia. *Torino,* 1856, in-8, br.

832. Études sur la grammaire védique. Pratiçakhya du Rig-Véda, par Ad. Régnier. 3ᵉ partie (299 pp.). *Paris, Impr. imp.*, 1859, in-8, br.
833. Méthode de la langue sanscrite, par Em. Burnouf. *Paris*, 1859, in-8, br.
834. Grammaire sanscrite, par Em. Burnouf et Leupol. *Paris*, 1861, in-8, cart.

2. Dictionnaires.

835. Cosha or dictionary of the sanscrit language, by Amera-Sinha, with an english interpretation and annotations, by H. T. Colebrooke. *Serampore*, 1808, in-4, d.-r. dos et coins mar. rouge, tr. dor. (*Exempl. Burnouf.*)
836. — Autre exemplaire, relié en cuir de Russie.
837. — Le même. Seconde édition. *Serampore*, 1825, in-8, d.-r. dos et coins cuir de Russie.

L'exemplaire a une forte piqûre dans le texte, d'environ 50 pages.

838. A sanscrit vocabulary, arranged in grammatical order, with explanations in bengalee and english, by W. Yates. *Calcutta*, 1820, in-8, d.-rel.

Très-rare. — Les marges ont un peu souffert de l'humidité.

839. Corporis radicum sanscritarum prolusio, scripsit Fr. Rosen. *Berolini*, 1826, in-8, br.
840. Hemakandra's Abhidhânak'intâmani, ein systematisch angeordnetes synonymisches Lexicon, hrsgb., übers. und mit Anmerkungen begl. von Böhtlingk und C. Rieu. *Saint-Pétersbourg*, 1847, in-8, d.-r.
841. — Le même, broché.
842. Halayudha's Abhidhanaratnamala, a sanscrit vocabulary, edited with a sanskrit-english glossary, by Th. Aufrecht. *London*, 1861, gr. in-8, perc.
843. Sanskrit Wörterbuch, bearbeitet von O. Böthlingk und R. Roth. *Saint-Pétersbourg*, 1862-65, livr. 24, 25, 28, in-4, br.
844. Indische Sprüche, Sanskrit und deutsch hrsgb. von Otto Böhtlingk. *Saint-Pétersbourg*, 1863-64, 2 vol. in-8, br.

3. Littérature sanscrite.

845. Versuch einer Literatur der Sanskrit-Sprache, von Fr. Adelung. *Saint-Pétersbourg*, 1830, in-8, br.

846. Versuch einer Literatur der sanskrit Sprache, von Fr. Adelung. *Saint-Pétersbourg,* 1830, in-8, br.
847. Monuments littéraires de l'Inde, ou mélanges de littérature sanscrite, par A. Langlois. *Paris,* 1827, in-8, br.
848. Selections from the vernacular boodhist literature of Burmah, by T. Latter. *Maulmain,* 1850, in-4, br.
849. A code of Gentoo laws, or ordinations of the pundits, from a persian translation, made from the original written in the shanscrit language. *London,* 1776, in-4, cart. n. r.
850. Chrestomathia sanskrita Othm. Frank. *Monachii,* 1820-21, 2 vol. in-4, cart.
851. Chrestomathie aus Sanskritwerken, von Th. Benfey. 2ter Th. Glossar. *Leipzig,* 1854, in-8, br.
852. Original sanskrit texts, collected, translated into english and illustrated with remarks, by J. Muir. Part. IV : comparison of the Vedik with the later representations of the principal Indian deities. *London,* 1863, in-8, perc.
853. Anthologia sanscritica, glossario instructa, edidit Chr. Lassen, denuo adornavit J. Gildemeister. *Bonnæ ad Rhenum,* 1865, in-8, br.
854. Chefs-d'œuvre du théâtre indien, traduits de l'original sanscrit en anglais, par H. H. Wilson, et de l'anglais en français, par A. Langlois, avec notes. *Paris,* 1828, 2 vol. in-8, br.
855. Atharva Veda Sanhita, hrsgb. von R. Roth und W. D. Whitney. *Berlin,* 1855-56, Abth. 1 et 2 (formant le vol. I), gr. in-8, br.
856. Bija Ganita, or the algebra of the Hindus, by Edw. Strachey. *London,* 1823, in-4, cart. n. r.
857. Bhagavata Pourana, en sanscrit, caractères bengalis, avec le commentaire de Sridharasvamin, publié par Bhavanicarana. *Calcutta,* 1752 (1830), in-fol. obl., en feuilles.
   450 pages sur papier jaune. — Rare.
857 bis. Le Bhagavata-Pourana, ou histoire poétique de Krishna, trad. par Eug. Burnouf. *Paris, Impr. roy.,* 1840-45, vol. I et II, in-4, br.
858. The Bhaguat-geeta, or dialogues of Kreeshna and Arjoon, transl. from the sanscrit, by C. Wilkins. *London,* 1785, in-4, d.-r.
859. Bhaguat-geeta, ou dialogues de Kreeshna et d'Arjoon, trad. du sanscrit en anglais, par Ch. Wilkins, et en français, par Parraud. *Londres,* 1787, in-8, veau.

860. Bhagavad-Gita, sive Almi Krishnæ et Arjunæ colloquium de rebus divinis, Bharatæ episodium. Ed. et interpret. latinam adjecit. A. G. a Schlegel. *Bonnæ,* 1823, in-8, d.-r.
861. Bhartriharis sententiæ et carmen quod Chauri nomine circumfertur eroticum, edid. sanskr., lat. vertit et comment. instr. P. a Bohlen. *Berolini,* 1833, in-4, br.
862. Malatimadhavæ fabulæ Bhavabhutis actus primus, ex recens. Chr. Lasseni. *Bonnæ,* 1832, gr. in-8, jolie reliure en veau fauve, fil. (*Bauzonnet.*)

862 bis. — Le même, broché.

863. Ueber das Çatrunjaya Mâhâtmyam. Ein Beitrag zur Geschichte der Jaina, von Alb. Weber. *Leipzig,* 1858, in-8, br.
864. Chaitanya-Chandrodaya, or the incarnation of Chaitanya, a drama in ten acts, by Kavikarnapura, with a commentary explanatory of the prakrita passages, by Viswanatha Sastri, edited by Rajendralal Mittra. *Calcutta,* 1854, in-8, d.-r., dos et coins cuir de Russie.

Bibl. Indica, n°s 47, 48, 80.

865. Daya Tatwa, a treatise on the law of inheritance, by Raghunandana Bhattacharya, edited (in sanscrit) by Lakshmi Narayan Serma. *Calcutta,* 1828, in-8, d. cuir de Russie.
866. Devimahatmyan, Markandeyi Purani sectio, edid., latinam interpretat. annotationesque adjecit L. Poley. *Berolini,* 1831, in-4. cart.
867. L'Ezour Vedam, ou ancien commentaire du Vedam, trad. du Samscretan, par un brame (publié par le baron de Sainte-Croix). *Yverdon,* 1778, 2 vol. in-12, veau.

867 bis. — Le même, broché.

868. Nyaya Sutra Vritti, the logical aphorisms of Gotama, with a commentary, by Viswanath Bhattacharya. *Calcutta,* 1828, in-8, br.
869. Gita Govinda, Jayadevæ drama lyricum. Textum ad fid. mss. recognovit, annotat., schol., interpr. lat. adjecit Chr. Lassen. *Bonnæ ad Rh.,* 1836, in-4, cart. (Pr. f. 20 fr.)
870. The Hitopadesa, in the sanskrita language. *London, East India house,* 1810, in-4, d.-r.

C'est le premier livre sanscrit imprimé en Europe.

871. Hitopadesas, id est institutio salutaris; textum recens., interp. lat. et annot. criticas adjecerunt A. G. a Schlegel et Chr. Lassen. *Bonnæ ad Rhen.,* 1829-31, 2 vol. in-4, cart.

La traduction latine annoncée n'a pas paru.

872. Hitopadesas, ediderunt Schlegel et Lassen. *Bonnæ,* 1829-31, 2 tom. en 1 vol. in-4, d. mar. rouge, non rogn.
873. — Le même. Exemplaire sur grand papier vélin. 2 tom. en 1 vol. in-4, mar. rouge dent., tr. dor.
    Exemplaire de Louis-Philippe.
874. Vrihadaranyakam, Kathakam, Iça, Kena, Mundakam, oder fünf Upanishads aus dem Yagur-Sama und Atharva-Veda; hrsggb. von L. Poley. *Bonn,* 1844, in-8, br.
875. The Isa, Kena, Katha, Prasna, Munda, Mandukya Upanishads, with the commentary of Sankara Acharya, and the gloss of Ananda Giri, edit. by E. Roër. *Calcutta,* 1850, in-8, d.-r. dos et coins cuir de Russie.
    Bibl. Indica, Vol. VIII, 6 n°*.
876. Urwasi der Preis der Tapferkeit, ein indisches Schauspiel von Kalidasa, aus dem sanscrit und prakrit übersetzt von K. G. Alb. Hœfer. *Berlin,* 1837, in-8, cart.
877. The Megha Duta, or cloud messenger, a sanscrit poem of Calidasa, transl. into english verse, with notes and illustrations, by H. H. Wilson. *London,* 1814, in-8, cart.
878. Vikramorvasi, or Vikrama and Urvasi : a drama by Kalidasa, with a commentary. *Calcutta,* 1830, in-8, br.
879. Kalidasae Meghaduta et Çringaratilaka, ex rec. J. Gildemeister. *Bonnæ,* 1840, in-8, br.
880. The Birth of the war-god, a poem by Kalidasa; transl. from the sanscrit into english verse, by Ralph Griffith. *London,* 1853, in-8, perc.
881. La reconnaissance de Sacountala, drame sanscrit et pracrit de Calidasa, publié avec une traduction française et des notes, par A. L. Chézy. *Paris,* 1830, in-4, pap. vél., mar. rouge à comp. dor., tr. dor. (*Duplanil.*)
    Exemplaire du roi Louis-Philippe. Une déchirure à la page 95.
882. — Autre exemplaire, sur pap. ordinaire, relié en 2 vol. in-4, d. cuir de Russie.
883. Sacontala, or the fatal ring, an indian drama, by Calidasa. Translat. into english. *London,* 1790, in-4, cuir de Russie.
883 *bis.* — Le même, veau fauve, tr. dor.
884. Kalidasa's Ring-Çakuntala, hrsgb., übers. und mit Anmerk. versehen von Otto Boehtlingkh. *Bonn,* 1842, gr. in-8, d. r.
885. Kammavakya. Liber de officiis Sacerdotum buddhicorum; palice (car. devanagari) et latine primus edidit atque ad-

notationes adjecit Fridericus Spiegel. *Bonnæ*, 1841, in-8, br.
886. Kathaka Oupanichat, extr. du Yadjour Veda, trad. du sanscrit en français, par L. Poley. 1re livr. (seule parue). *Paris*, 1837, gr. in-4 (39 pp.), broch.
887. A chronicle of the family of Raja Krishnachandra of Navadvîpa, Bengal; sanskrit edited. and translated, by W. Pertsch. *Berlin*, 1852, in-8, br.
888. The Kusumanjali, or Hindu proof of the existence of a supreme being, by Udayana Acharya, with the commentary of Hari Dasa Bhattacharya, edited and translated by E. B. Cowell. *Calcutta*, 1864, in-8, br.
889. The Kusumanjali, or Hindu proof of the existence of a supreme being, by Udayana Acharya, with the commentary of Hari Dasa Bhattacharya, edited and translated by E. B. Cowell. *Calcutta*, 1864, in-8, br.
890. Die Sündflut, nebst drei anderen der wichtigsten Episoden des Mahâ-Bhârata. Uebers. von Fr. Bopp. *Berlin*, 1829, pet. in-8, br.
891. Fragments du Mahabharata, trad. par Th. Pavie. *Paris*, 1844, in-8, d. mar. rouge.
892. Le Mahabarata. Onze épisodes tirés de ce poëme épique, trad. en français par Ph. Ed. Foucaux. *Paris*, 1862, in-8, br.
893. Le Mahabharata. Onze épisodes, traduits par Foucaux. *Paris*, 1862, in-8, br.
894. Des portraits de femme dans la poésie épique de l'Inde; fragments d'études morales et littéraires sur le Mahabharata, par Félix Nève. *Bruxelles*, 1858, in-8, br.
Épuisé et rare.
895. Balabarata, extrait du Mahabharata (en grec moderne). *Athènes*, 1847, in-8, d. mar. vert.
896. The Mahawanso, in roman characters, with the translation subjoined, and an introductory essay on pali buddhistical literature, by G. Turnour. *Ceylon*, 1837, in-4, cart.
Tome 1er, seul publié.
897. The Maha Vira Charita, or the history of Rama, a sanscrit play, by Bhatta Bhavabhuti, edited by F. H. Trithen. *London*, 1848, in-8, perc.
898. Malati and Madhava : a drama in ten acts, by Bhavabhuti, with a commentary explanatory of the prakrit passages. *Calcutta*, 1830, in-8, br.

899. Malavika et Agnimitra, edid. O. Fr. Tullberg. Fasc. I, textum sanscritum tenens. *Bonnæ,* 1840, in-8, br.
900. Manava-Dherma-Sastra, or the institutes of Menu, edit. by G. C. Haughton. Sanscrit text and english translation. *London,* 1825, 2 vol. in-4, d. r. (Pr. f. 110 fr.)
901. Mrichchakata, id est curriculum figlinum, Sudrakæ regis fabula, sanskr. edidit A.-Fr.-Stenzler. *Bonnæ,* 1847, in-4, broch. (Pr. f. 32 fr.)
902. Nalus, Maha Bharati episodium. Textus sanscritus cum interpret. latina et annotat. criticis, curâ Fr. Bopp. *Berolini,* 1832, pet. in-4, d. r.
903. Nala and Damayanti, and other poems, transl. from the sanskrit into english verse, with notes by H. H. Milman. *Oxford,* 1835, in-4, perc.
904. Naganandam, a sanskrit drama, by Dhavaka. *Calcutta,* 1864, in-8, br. en cart.
905. Jàska's Nirukta sammt den Nighantavas, hrsggb. von Rud. Roth. *Gœttingen,* 1848-52, 3 cah. gr. in-8, br. (Pr. f. 20 fr.)
906. A synopsis of science, from the standpoint of the Nyaya philosophy. Sanskrit and english. Vol. 1. *Mirzapore,* 1852, in-8, br.
907. Zwei Vedische Texte über Omina und Portenta, von A. Weber. *Berlin,* 1859, in-4, cart.
908. Prabodha Chandrodaya, Krishna Misri comœdia; edidit, scholiisque instruxit. H. Brockhaus. *Lipsiæ,* 1845, in-8, br.
909. Rajneeti, or tales exhibiting the moral doctrines and the civil and military policy of the Hindoos. Transl. from the sanskrit of Narayun pundit, into Brij Bhasha by Sree Lulloo Lal Kub. *Calcutta,* 1809, in-8, d. r.
909 *bis.* — Le même. *Calcutta,* 1827, in-8, br.
910. Rgya-Tch'er Rol Pa, ou développement des jeux contenant l'histoire du Bouddha Çakya-Mouni, publié, trad. sur la version tibétaire du Bkah Hgyour, et revu sur l'original sanscrit (Lalitavistara), par Ph. Ed. Foucaux. *Paris, Impr. roy.,* 1847, 2 part. en 1 vol. in-4, d. r. dos et coins de mar. rouge.
911. — Le même, en 2 vol. in-4, d. m. r.
912. — Autre exempl. d. v. fauve.
   Très-beaux exemplaires.
913. Rigveda-Sanhita, lib. primus, sanskr. et latine, edidit Fr. Rosen. *London,* 1838, in-4, br.

914. Rig-Veda, oder die heiligen Lieder der Brahmanen, hrsgb. von Max Muller. Mit Einleitung. Tom. I, liv. 1 et 2. *Leipzig*, 1856-57, in-4, br.
915. The Sahitya-Darpana or mirror of composition, a treatise on literary criticism, by Viswanatha Kaviraja, the text revised by E. Roer. *Calcutta*, 1851, in-8, d. mar.
  Bibl. Indica; vol. X.
916. Die Hymnen des Sâma-Veda, hrsgb. von Th. Benfey. *Leipzig*, 1848, in-8, br.
917. Sommario di sentenze morali del filosofo indiano Sanakea, trad. dal sanskrit nella lingua greca e italiana, da N. Chiefala. *Roma*, 1825, in-4, bas. vert. dent., tr. dor.
918. Sommario di sentenze morali del filosofo indiano Sanakea, trad. dal sanscrito nella lingua greca e italiana, da N. Chiefala di Zante. *Roma*, 1825, in-4, br.
919. Premier mémoire sur le Sankhya, par Barthélemy Saint-Hilaire. *Paris*, 1852, in-4, br.
  Épuisé et rare.
920. The Mrichchhakati, a comedy by Sudraka Raja, with a commentary of the prakrit passages. *Calcutta*, 1829, in-8, d. mar. rouge.
  Bel exemplaire très-bien conservé.
920 bis. — Le même, broché.
921. The Surya Siddhanta; an ancient system of Hindu astronomy, with Ranganathas exposition, edit. by Fitz Edward Hall. *Calcutta*, 1859, in-8, br.
922. Ukhlaqi Hindee, or indian ethics, transl. from a persian version of Hitoopudes, by Meer Buhadoor Ulee, under the superintend. of J. Gilchrist. *Calcutta*, 1803, in-4, d. r.
923. Urwasi und der Held, indisches Melodram von Kalidasa, aus dem sanskrit und prakrit, metrisch übersetzt von B. Hirzel. *Frauenfeld*, 1838, pet. in-8, d. vél.
924. Uttara Rama Charita, a sanskrit drama, by Bhavabhuti, edit. by Premachandra Tarkabagisa; with a short commentary. *Calcutta*, 1863, in-8, br.
925. Die Philosophie der Hindu. Vaedanta-Sara, von Sadananda; sanskrit und deutsch, mit Anmerkungen, und Scholien des Rama-Krishna-Tirtha, begl. von Othm. Frank. *München*, 1835, in-4, cart.
926. Die Philosophie der Hindu. Vaedanta-Sara von Sadananda; sanskrit und deutsch, mit Anmerkungen und Scho-

lien des Rama-Krishna-Tirtha, begleitet von O. Frank. *München*, 1835, in-4, cart.

927. The Ramayuna of Valmeeki, in the original sungskrit, with a prose translation and notes, by W. Carey and J. Marshman. *Serampore*, 1806-10. Vol. I et III, cuir de Russie gauffré.

<small>Le vol. II, qui nous manque, est d'une grande rareté.</small>

928. Ramayana, id est carmen epicum de Ramae rebus gestis. Text., codd. mss. collatis, recens., interpretat. lat. et annotat. criticas adjecit A. G. Schlegel. Vol. I en 2 p.; vol. II, p. 1 (tout ce qui est publié). *Bonnæ*, 1829-38, 3 vol. in-8, cart. n. rog.

929. Le Ramayana de Valmiki, traduit du sanscrit en hindoui oriental (purbibhakha), par le brahme Tulsi Das. *Calcutta*, 1832, in-4, br.

<small>Édition lithographiée, en caractères nagaris cursifs.</small>

930. Le Ramayana de Valmiki, trad. du sanscrit en français, par V. Parisot. Vol. I (seul paru). Adikânda. *Paris*, 1853, in-8, br.

931. Le Ramayana, poëme sanscrit de Valmiky, traduit en français, par Hipp. Fauche. *Paris*, 1864, 2 vol. in-12, br.

932. Vivada Chintamani : a succinct commentary on the Hindoo law prevalent in Mithila. From the original sanscrit of Vachaspati Misra, by Prossonno Coomar Tagore. *Calcutta*, 1863, in-8, carte, d. r.

933. Neriosengh's sanskrit Uebersetzung des Yaçna, hrsgb. und erläut. von Fr. Spiegel. *Leipzig*, 1861, in-8, br.

934. Yadjnadatta-Badha, ou la mort de Yadjnadatta, épisode extrait et traduit du Ramayana, par A. L. Chézy. *Paris*, 1814, in-8, br.

935. Yadjnadattabada, trad. française, par A.-L. Chézy. *Paris*, 1826, in-4, d. r.

936. Yadjnadattabada, publié en sanscrit avec un épisode du Raghouvansa, par A. Loiseleur Deslongchamps. *Paris*, 1829, in-8, d. r. (interfolié).

937. Yajnavalkya's Gesetzbuch, sanskrit und deutsch hrsg. von Dr A.-F. Stenzler. *Berlin*, 1849, in-8, br.

938. The white Yajurveda, edited by Alb. Weber. *Berlin*, 1849-59. Vol. I à III, in-4, br. en fasc. (Pr. f. 288 fr.)

938 *bis*. — Le même. Tom. I et II, d. r. dos et coins cuir de Russie, n. rogn.

938 *ter*. — Le même. Tom. I et II, broch. en fasc.

4. Pali, prakrit.

939. Essai sur le pali, par Burnouf et Lassen. *Paris*, 1826, in-8, br.
940. Anecdota palica, hrsgb., übers. und erklärt von D^r. F. Spiegel. *Leipzig*, 1845, in-8, br. (Publ. à 5 fr. 35 c.)
941. Alberti Hœfer de prakrita dialecto lib. II. *Berolini*, 1836, in-8, br.
942. Institutiones linguæ pracriticæ scripsit Chr. Lassen. *Bonnæ ad Rhenum*, 1837, gr. in-8, d. r.
943. — Le même, broché.
944. Delii radices pracriticæ. *Bonnæ*, 1839, in-8, br.

C. Dialectes de l'Inde.

1. Bengali.

945. A grammar of the bengal language, by Nath. Brassey Halhed. *Hoogly in Bengal*, 1778, in-4, v. rac.
   Avec la signature d'Anquetil Duperron.
946. A grammar of the bengal language by Nath. Brassey Halhed. *Hoogly in Bengal*, 1778, pet. in-4, d. r.
   Ens. *A specimen of persian poetry, or odes of Hafiz, with an english translation... by J. Richardson. London,* 1774.
947. A grammar of the bengalee language, by W. Carey. 4th edit. *Serampore*, 1818, in-8, bas.
948. A grammar of the bengalee language, by W. Carey. 2^d edition. *Serampore*, 1805, in-8, cart.
949. Rudiments of bengali grammar, by G. C. Haughton. *London*, 1821, in-4, d. r.
   Rare.
950. Bakyabolee, or, idiomatical exercises, english and bengalee, with dialogues on various subjects, by J. D. Pearson. *Calcutta*, 1825, in-8, cart. n. rogn.
950 bis. — Le même, d. r.
951. Introduction to the bengali language, by W. Yates, edit. by J. Wenger. *Calcutta*, 1847, 2 vol. in-8, perc.
   Le tome I, pag. 125 à 428, contient un choix de lectures bengalies, analyse grammaticale. Le tome II se compose d'une chrestomathie bengalie.
952. Dialogues, in bengalee language. *Serampore*, 1806, in-8, cart. n. r.

953. A vocabulary bengalee and english, and *vice versâ,* by H. P. Forster. *Calcutta,* 1799-1802, 2 vol. in-4, v. rac.

954. A vocabulary in two parts, english and bengalee, and *vice versâ,* by H. P. Forster. *Calcutta,* 1799, in-4, cuir de Russie, gauffré.
   Très-bel exemplaire.

955. A vocabulary of the bengalee language, by Ram Chondro Sorma. *Calcutta,* 1820, pet. in-8, obl., cart.
   Piqué au commencement et à la fin.

956. A vocabulary english, latin and bengalese, transl. and printed by Ramkissen San. *Calcutta,* 1821, in-4, v. rac.
   Ens. : A vocabulary english, french and bengalee.

957. A dictionary in english and bengalee, translated from Todd's edition of Johnson's english dictionary, by Ram Comul Sen. *Serampore,* 1834, 2 vol. in-4, d. r. dos et coins de mar. rouge.

958. Buttrish Singhasum, in bengali. *Serampore,* 1802, in-8, cuir de Russie (208 pp.; la fin semble manquer). Première édition.

959. The Buttris Singhasum or the tales of the 32 images, being a series of amusing anecdotes of the celebrated hindoo prince Sree Vicrumaditiu; translated from the bengali into english, by Cheedam Chunder Das. *Calcutta,* 1817, in-8, d. r.

960. The Tootee Nama, or tales of a parrot (in bengali), by Haidari. *Fredericksnagore,* 1803, in-8, cart.

961. Hitopadesa, trad. en bengali, par Sri Bhavani Chandra Vandyopadhyaya. *Calcutta,* 1745 (1824), in-8, d. r. (345 pp).

962. Hitopadesa, en bengali. *Serampore,* 1801, in-8, cuir de Russie (247 pp.).

962 bis. — Le même. *Serampore,* 1821, in-8, cart. (146 pp.).

963. The Vidvun-Moda-Taranginee, or fountain of pleasure to the learned, translated into english, by Maha-Raja Kalee-Krishna Bahadur. *Serampore,* 1832, in-8, d. v. f. (avec texte bengali).

964. Treatise on astronomy and geography, transl. into bengalee, 2^d édit. *Serampore,* 1819, in-8, cart. n. r.

965. The abridgment of Dr Goldsmith's history of Greece, translated into Bengalee, by Khettro Mohun Mookerjea. *Calcutta,* 1833, in-8, cart.

966. A System of polite learning : being an introduction to the arts and sciences, and other branches of useful knowledge, compiled and translated in bengali, by Maha-Raja Kalee-Krishna Behadur. *Calcutta*, 1833, in-8, br.
  En bengali et en anglais, en regard.
967. Dialogues between a master and his pupil concerning the creation of the world, and other particulars. (9 cahiers imprimés dans l'Inde.) In-8, br.
  En bengali et en anglais. — Quelques piqûres.
968. Catéchisme suivi de trois dialogues et de la liste des éclipses de soleil et de lune calculées pour le Bengale, à partir de 1836 à 1840. (En bengali.) *Pondichéry*, 1836, in-8, perc.

2. Hindoui, hindoustani.

969. The hindee manual, or casket of India, publ. under the superintend. of J. Gilchrist. *Calcutta*, 1802, in-4, bas.
970. The stranger's East-Indian guide, by J.-B. Gilchrist. 3^d edition. *London*, 1820, in-8, cart. n. r.
971. The stranger's East-Indian guide, by J.-B. Gilchrist. 3^d edit. *London*, 1820, in-8, cuir de Russie gauffré.
972. Elements of hindi and braj bhakha grammar, by J.-R. Ballantyne. *London*, 1839, in-4, perc.
973. Rudiments de la langue hindoui, par Garcin de Tassy. *Paris, Impr. roy.*, 1847, in-8, br.
974. Chrestomathie hindie et hindouie, par Garcin de Tassy. *Paris, Impr. nat.*, 1849, in-8, d. mar. rouge.
975. Krichna et sa doctrine. Bhagavat Dasam Askand, dixième livre du Bhagavat Pourana, trad. sur le manuscrit hindoui de Lalatch Kab, par Th. Pavie. *Paris*, 1852, in-8, d. mar. rouge.
976. Alphabetum Brahmahnicum seu Indostanum. *Romæ*, 1771, pet. in-8, br.
977. B. Schulzii grammatica hindostanica, ed. H. Callenberg. *Halae Sax.*, 1745, pet. in-4, d. r. dos et coins cuir de Russie.
  Hindoustani, en car. arabes, avec la transcription.
978. — Autre exemplaire, relié en veau.
979. Grammatica indostana a mais vulgar. *Roma*, 1778, pet. in-8, br.
980. Grammatical remarks on the dialect of the indostan

language, commonly called Moors, with a vocabulary english and moors, by G. Hadley. *London,* 1784, in-8, d. r.

981. A compendious grammar of the current corrupt dialect of the jargon of Hindostan, commonly called Moors, with a vocabulary, by G. Hadley. 4th edit. *London,* 1796, in-8, bas.

982. — Le même, 7th edit. *London,* 1809, in-8, cart.

983. A grammar of the three oriental languages, hindoostanee, persian and arabic, by Price. *London,* 1823, in-4, cart. = A new theory of persian verbs, by Gilchrist. *Calcutta,* 1801, in-4, d. r.

984. The British Indian monitor, or the antijargonist, strangers guide, oriental linguist, and various other works on the hindoostanee language, etc. *Edinburgh,* 1806-1808, 2 vol. in-8, d. rel.

985. A compendious grammar of the current dialect of Hindostan .... by G. Hadley. *London,* 1809, in-8, bas.

986. A grammar of the hindustani language, by J. Shakespeare. *London,* 1813, in-4, d. r.

987. — Le même, 2e édit. *London,* 1818, in-4, v. gr.

988. Gilchrist's Oordoo Risaluh, or rules of hindoostanee grammar. *Calcutta,* 1820, in-8, br.

989. A grammar of the three principal oriental languages, hindoostanee, persian, and arabic, with dialogues by W. Price. *London,* 1823, in-4, cart. n. r.

990. The hindoostanee interpreter, containing the rudiments of hindoostanee grammar, dialogues, and a vocabulary, by W. Carmichael Smyth. *London,* 1824, in-8, d. r.

991. Dialogues english and hindoostanee (roman type), by J. B. Gilchrist. 4th edit. *London,* 1826, in-8, cart. n. r. Notes dans les marges.

992. Introduction to the hindoostanee language, by W. Yates. *Calcutta,* 1827, in-8, v. rac.

993. A new grammar of the hindoostanee language, with selections from the best authors, by W. Price. *London,* 1828, in-4, cart.

994. Rudiments de la langue hindoustani et appendice à cet ouvrage, par Garcin de Tassy. *Paris, Imp. roy.,* 1829-33, 2 part. en 1 vol. in-4, d. rel.

995. A new self-instructing grammar of the hindustani tongue in the oriental and roman character, by Sandford Arnot. *London,* 1831, in-8, cart., n. r.

996. Gilchrist's Oordoo Risaluh, or rules of hindoostanee grammar. *Calcutta*, 1831, in-8, cart. n. r.

997. Chrestomathie hindoustani (Urdû et Dakhnî), par Garcin de Tassy. *Paris*, 1847, gr. in-8, br.

998. A dictionary english and hindostan, hindostan and english, with an hindoostanee grammar, by J. Fergusson. *London*, 1773, in-4, v. gr.

> Très-rare. — La presque totalité de l'édition a été envoyée aux Indes, et une grande partie a été perdue ou gâtée pendant le trajet. — Notre exemplaire a d'importantes annotations.

999. The Indian vocabulary (english and hindustani in roman type). *London*, 1788, in-12, bas.

> Notes mss. de Langlès.

1000. J. Taylor's hindostanee and english dictionary, revised and prepared, by W. Hunter. *Calcutta*, 1808, 2 vol. in-4, d. rel.

> Bel exemplaire.

1001. — Autre exemplaire. 2 vol. in-4, d. r.

> Quelques légers raccommodages.

1002. — The same, abridged from the 4th edition, by W. Carmichaël Smyth. *London*, 1820, in-8, d. mar.

1003. — Autre exempl., cart. n. rog.

1004. — Autre exempl., cart. n. rogn.

> Incomplet du titre.

1005. A dictionary, hindustani and english, by J. Shakspear. *London*, 1817, in-4, v. f., dent.

> Bel exemplaire.

1006. A vocabulary, english, persian and hindoostanee, by Ch. Egan. *Calcutta*, 1818, in-4, v. rac.

1007. Hindoostanee philology, comprising a dictionary english and hindoostanee, with a grammatical introduction, by J. B. Gilchrist. *London*, 1825, in-4, cuir de Russie.

> Le dos de la reliure est cassé. Le vol. 1er, contenant le dictionnaire anglais-hindoustani complet, est le seul qui ait été publié. L'hindoustani est en caractères latins.

1008. A dictionary of the hindee language, compiled by M. T. Adam. *Calcutta*, 1839, in-8, cart.

1009. An introduction to the hindustani language, comprising a grammar, and a vocabulary, english and hindustani..... by J. Shakspear. *London*, 1845, in-8, perc.

1010. A pocket dictionary of english and hindustani, by

captain Rob. Shedden Dobbie. *London,* 1847, pet. in-8, perc.

1011. Araïsh-I Muhfil, being a history, in the hindoostanee language, of the Hindoo princes of Dihlee from Joodishtur to Pithoura, compiled from the Khoolasut-ool-Hind and other authorities, by Meer Sher Ulee Ufsos. *Calcutta,* 1808, in-4, d.-r.

> Titre anglais. — Titre hindoustani. — 310 pp. — Index, 21 pp. — Piqûre dans le texte de la page 301 à la page 310. — Notes au crayon.

1012. The Bagho-Buhar (in hindustani by Mir Amman). *Cawnpore,* 1832, in-8, br., lithographié.

1013. Bagh o Bahar, consisting of entertaining tales in the hindustani language, by Mir Amman of Dihli. 3^d edit., with a vocabulary of all the words occurring in the work, by Duncan Forbes. *London,* 1851, in-8, rel. angl.

1014. The Barah-Masa, a poetical description of the year in hindoostan, by Mirza Cazim Ali Jawan. *Calcutta,* 1812, in-8, cart., n. r.

1015. Buetal Pucheesee, being a collection of 25 stories, transl. into hindoostanee from the Brij Bhakha of Soorut Kubeeshwur, by Muzhur Ulee Khani Vila and Shree Lulloo Lal Kub. *Calcutta,* 1805, in-4, br. (en caractères nagaris).

> Quelques piqûres.

1016. — Autre exemplaire, d.-r. mar. bleu.

> Titre monté, du reste très-bel exemplaire.

1017. Bytal Pachisi ou Vetala Panchavinsati. *Calcutta,* 1806, in-8, br.

1018. Bytal-Puchisi, or the twenty five tales of Bytal, translated from the brujbhakha into english, by Rajah Kalee Krishen Behadur. *Calcutta,* 1834, portr. = Extraits du Bétal-Patchisi, par Ed. Lancereau. *Paris,* Imp. nat., 1851. Les 2 ouvr. en 1 vol. in-8, d.-r. cuir de Russie.

1019. Bytal-Puchisi, or the 25 tales of Bytal, transl. from the brujbhakha into english, by Rajah Kalee Krishen Behadur. *Calcutta,* 1834, in-8, portr. = Vidyun-Moda-Taranginee transl. into engl. by the same. *Ibid.,* 1834. Les 2 part. en 1 vol. in-8, perc., tr. dor.

1020. Idiomatical sentences in the english, hindostanee,

goozratee and persian languages by Dossabhaee Sorabjee. *Bombay,* 1843, in-fol., broché, lithographié.

1021. Gooli Bukawulee, a tale transl. from the persian (into hindoostanee), by Moonshee Nihal Chund, under the superintendence of J. Gilchrist. *Calcutta,* 1804, in-4, d.-r.

1022. Gooli Mughfirut or the flower of forgiveness, being an account in the hindoostanee language of those Moosulmans called Shoohuda or Martyrs, from the time of Moohummud to the death of Hoosuen At Kurbula, by Meer Huedur Bukhsh Hueduree. *Calcutta,* 1812, in-8, d.-r.

1023. Les séances de Haidari, récits historiques et élégiaques sur la vie et la mort des principaux martyrs musulmans. Trad. de l'hindoustani, par l'abbé Bertrand; suivi de l'élégie de Miskin, trad. par Garcin de Tassy. *Paris,* 1845, in-8, br.

1024. Hikayautool Jaleelah, translation of the Arabian Nights, in hindustanee, by Moonshy Shumsoodden Uhmed. *Port-Saint-George,* 1836, in-8, bas. gauffrée.

1025. The Khirud Ufroz, transl. into hindoostanee by Muoloovee Hufeez Ood-Deen Uhmud, from the Ayar Danish..... compared with the original persian and edit. by captain Th. Rœbuck. *Calcutta,* 1815, 2 vol. in-8, cuir de Russie, dent.
Livre rare. — Très-bel exemplaire, provenant de la vente Langlés.

1026. — Le même, 2 vol. in-8, d.-r.

1027. The Lutaifi Hindee or Hindoostanee jest book, edit. in Hindoo, with engl. translation, by W. C. Smyth. *London,* 1840, in-8, br. (Publié à 13 fr.)

1028. Muntakhabat-i-hindi, or selections in hindustani, with translations, vocabularies and grammatical analysis, by J. Shakespear. *London,* 1817-18, 2 vol. in-4, d.-r.

1029. — Le même, 2ᵉ édition. *London,* 1824-25, 2 vol. in-4, d.-rel.

1030. — Le même. Vol. I, 3ᵉ édit.; vol. II, 2ᵉ édit. *London,* 1834-25, 2 tom. en 1 vol. in-4, cart., n. r.

1031. — Le même. Vol. I, 4ᵉ édit.; vol. II, 3ᵉ édit. *London,* 1840-38, 2 tom. en 1 vol. in-4, cart., n. r.

1032. Nusri Benuzeer, or a prose version, by Meer Buhadoor Ulee of the Sihr Ool Buyan, an enchanting fairy tale in hindoostanee verse, by Meer Husun. *Calcutta,* 1803, in-4, grandes marges, dt cuir de Russie.
Très-rare.

1033. — Le même, cart., court de marges.
1034. Shoolue ishq, the flame of love, a hindoostanee poem, by Meer Moohummud Tuqee. edit. by W. Carmichael Smyth. *London*, 1820, in-8, br.
<small>En caractères romains.</small>

1035. Sihr-ool-Buyan, or Musnuwee of Meer Husun, being a history of the prince Be Nuzeer, in hindoostanee verse. *Calcutta*, 1805, in-4, bas.

1036. Singhasun Butteesee, or anecdotes of the celebrated Bikrmajeet, by Soondur Kubeeshwur, transl. into hindoostanee. *Calcutta*, 1805, gr. in-4, br.
<small>Un clou a traversé plusieurs feuilles. Déchirures à la première et à la dernière page.</small>

1037. Sukoontula Natuk, being an appendix to the english and hindoostanee dialogues, by J. B. Gilchrist. *London*, 1826, in-8, bas. (Caractères romains.)

1038. Tarikh-i-Asham. Récit de l'expédition de Mir-Djumlah au pays d'Assam, trad. sur la version hindoustani de Mir-Huçaini, par Théod. Pavie. *Paris*, 1845, in-8, d. mar. rouge.

1039. Tota Kuhanee, a translation in hindoostanee of persian tales, entitled Tootee Namu, by Sueyud Huedur Bukhshi Hueduree, under the superintend. of J. Gilchrist. *Calcutta*, 1810, in-4, d. r.

1040. Unwari Soheilee, a translation into the dukhnee (hindustani) tongue of the persian Unwari Soheilee, by Muhammad Ibrahim Moonshee. *Madras*, 1824, in-fol. de 441 pages, bas. (Sans titre.)

1041. Ballantyne's hindustani and persian translator. *London*, 1843, in-8, perc.

1042. Ballantyne's hindustani selections. 2^d edition. *London*, 1845, in-8, perc.

1043. The oriental fabulist or polyglot translations of Esop's and other ancient fables, from the english language into hindoostanee, persian, arabic, etc., in the roman character, by J. Gilchrist. *Calcutta*, 1803, in-8, d.-r.

1044. Specimens of hindoo literature, consisting of translations from the tamoul language..... by N. E. Kindersley. *London*, 1794, in-8, d.-r., n. r., fig.

1045. Hindee and hindoostanee selections, to which are prefixed the rudiments of hindoostanee and Bruj Bhakha grammar, also Prem Sagur, with vocabulary...... 2ᵈ édition lithogr. *Calcutta*, 1830, 2 vol. in-4, cart., n. r.

1046. Tytlers elements of general history ancient and modern, with considerable additions, by Edw. Nares. Translated into hindoostanee, by Lewis Dacosta. *Calcutta*, 1829-30, 3 tom. en 1 vol. in-4, d.-v. fauve.

> Rare. — Vol. Iᵉʳ. Titre, ɪᴠ et 283 pp. — Vol. II, titre, 2 ff. non numérotés, 446 pp. — Vol. III, titre, ɪɪɪ et 3 ff. non numérotés, 374 pp.

1047. Description des monuments de Dehli, en 1852, d'après le texte hindoustani de Saiyd-Ahmad Khan, par Garcin de Tassy. *Paris, Impr. imp.*, 1861, in-8, br.

3. Tamoul.

1048. Adissouvadi. (Livre d'école pour les commençants.) Alphabet, syllabaire en tamoul, suivi de quelques fables comme exercice. *Pondichéry*, s. d., in-12, br.

1049. Collection de livres d'éducation, en tamoul. *Press of the american mission, Manepy*, 1835, in-12, toile, fig. sur bois.

> Manuel de géographie, d'histoire, de religion, etc. 3 parties. — First lessons in english and tamoul, designed to assist tamoul youth in the study of the english language. 2 part. = 5 part. en 1 vol.

1050. Grammatica latina, tamulice scripta, ad usum indigenorum orae Coromandelicæ, auct. Cl. Bonnand. Pet. in-8, veau rouge. (*Aux armes d'un cardinal.*)

1051. Grammatica Damulica, concinnata a Barth. Ziegenbalg. *Halæ Sax.*, 1716, in-4, cart.

1052. A grammar of the Shen-Tamil (high dialect of the Tamil) language, by C. J. Beschi; transl. from the latin, by Guy Babington. *Madras*, 1822, in-4, d.-rel. dos et coins cuir de Russie.

> Rare.

1053. Lindley Murray's english grammar, with a translation in the high and low dialect of Tamil, by Gnanapragasa Moodeliar. *Madras*, 1826, pet. in-4, bas.

1054. The adventures of the Gooroo Paramartan, a tale in the tamul language, with a translation and vocabulary, by B. Babington. *London*, 1822, pet. in-4, d.-r., dos et coins en cuir de Russie.

1055. Maximes populaires de l'Inde méridionale, traduites et expliquées par Ph. van der Haeghen. 1ʳᵉ série, cent proverbes tamouls. *Paris*, 1858, in-8, br.

1056. Katha Manjari, stories transl. into tamoul, by Tandaviya Mudaliyar. *Madras*, 1821, pet. in-4, cart.

1057. Der Kural des Tiruvalluver, ein gnomisches Gedicht über die drei Strebeziele des Menschen, übersetzt und erkl. von Karl Graul. *Leipzig*, 1856, in-8, br.
   Bibliothecæ tamulicæ, tom. III.

1058. Pantcha Tantra Kathai. Fables de Brahma Vichnou Sarma, trad. en tamoul. *Madras, s. d.*, in-fol., cart. n. r.

1059. Tirouvallouvar, poëte tamoul. Entretiens moraux. = Elégies. = Principes des chants sacrés. = Kandjipouram (en tamoul). *Madras*, pet. in-8, cart.

1060. Valmiki. Râmâyanam Outtarakânda. (7ᵉ et dernier chapitre du Ramayana, trad. en tamoul.) *S. l. n. d.*, pet. in-4, bas.

1061. The ladder to learning. A select collection of fables, with a tamil version by Camiyappa Mudeli. *Madras*, 1749, pet. in-4, d. mar. rouge.

1062. Centum adagia Malabarica, cum textu originali et versione latina, a P. Paulino a S. Bartholomæo. *Romæ*, 1791, in-4, v. rac.

1063. J. Arndtii de vero christianismo liber primus, ex germanico in tamulicum convertit B. Schulzius. *Halæ Magdeb.*, 1751, pet. in-8, cart.

1064. Aesop's fables containing intructive morals, translated into tamil by A. Th. Pillay, and revised by Soobboroya Moodeliar. *Madras*, 1853, in-8, d. cuir de Russie.
   En tamoul et en anglais.

1065. Hymnologia damulica, sive ex germanico in Damulorum idioma translatorum 160 hymnorum spiritualium fasciculus, a B. Schultze. *Tranquebariæ*, 1723, pet. in-8, d. cuir de Russie.
   Fort rare.

1066. Hymnologia tamulica, sive 308 hymnorum spiritualium fasciculus, quos colleg. missionarii danici. *Trangambariæ*, 1779, in-8, bas.
   Rare.

1067. Compendiosa legis explanatio omnibus christianis scitu necessaria, malabarico idiomate. *Romæ*, 1772, in-8, d. cuir de Russie.
   Bel exemplaire.

1068. — Autre exemplaire, d.-rel.
1069. Spiritual Songs (in tamil). *American mission press, Manepy*, 1836, in-16, cart.

4. Punjab, mahratte, etc.

1070. A grammar of the Punjabee language, by W. Carey. *Serampore*, 1812, in-8, cart.
1071. Eastern monachism : an account of the origin, laws, discipline, sacred writings, mysterious rites, religious ceremonies, and present circumstances of the order of mendicants, founded by Gotama Budha, compiled from Singhalese mss. and other original sources..... by R. Spence Hardy. *London*, 1860, in-8, br.
1072. A grammar of the Mahratta language, with familiar dialogues, by W. Carey. *Serampore*, 1805, in-8, d. cuir de Russie.
Exemplaire interfolié de papier blanc.
1073. A dictionary of the maratha language, in two parts, maratha and english, english and maratha, by lieutenant colonel Vans Kennedy. *Bombay*, 1824, in-fol., d. v. ant.
1073 *bis*. — Le même, broché.
1074. A dictionary murathee and enghlish, by captain J. T. Molesworth, assisted by lieutenants Thomas and George Candy. *Bombay*, 1831, in-4, d.-r., dos et coins cuir de Russie (1162 pp.).
1075. Gramatica marastta a mais vulgar que se pratica nos reinos do Nizamaxa e Idalxa. *Lisboa*, 1805, pet. in-8, br.
1076. Bunyan's pilgrim's progress, in Murathi. *Bombay*, 1849, in-8, bas.
1077. A dictionary of the Bhotanta, or Boutan, language, by F. C. G. Schrœter, ed. by J. Marshman; to which is prefixed a grammar of the Bhotanta language, by Schrœter, ed. by W. Carey. *Serampore*, 1826, in-4, d.-r., dos et coins de mar. rouge, tr. dor.
1078. — Autre exemplaire, cart., n. rogn.
1079. Muzhubi Ishq, or the Gooli Bukawulee, written in the Oordoo dialect, by Moonshee Nihal Chund..... publ. by J. B. Gilchrist, revised by T. Roebuck. *Calcutta*, 1815, in-8, br.
1080. A vocabulary Khuree Bolee and english of the principal

words occurring in the Prem Sagar. *Calcutta,* 1825, in-4, d.-r.

1081. A dictionary of the teloogoo language, by A. D. Campbell. *Madras,* 1821, in-4, bas.

1082. The Tales of Vikramarka (in teloogoo), by Raveepatee Gooroomoortee. 2ᵈ edit. *Madras,* 1828, in-8, bas.

D. Langues transgangétiques.

(Annamique, siamois, birman, tibétain.)

1083. Alphabetum Barmanum seu Bomanum, regni Avæ finitimarumque regionum. *Romæ,* 1776, pet. in-8, cart.

1084. Alphabetum Barmanorum, seu regni Avensis. *Romæ,* 1787, pet. in-8, br.

1085. Elementa grammaticæ latinæ, ad usum Cocincinensium. Index vocabulorum cocincinensium. *Annam,* 1838, in-4, br.

1086. Vocabulaire français-annamite et annamite-français, précédé d'un traité des particules annamites, rédigé par les soins de M. Aubaret. *Bangkok,* 1861, in-8, d.-rel.
Rare. N'a pas été mis dans le commerce.

1087. Luc-van-Tien, poëme populaire annamite, traduit par G. Aubaret. *Paris, Impr. imp.,* 1864, in-8, br.

1088. Thanh Giao Yeu Ly quoe ngu. Cathéchisme en langue annamite. *Bang Coc,* 1855, in-12, cart.

1089. A grammar of the t'hai, or siamese language, by capt. J. Low. *Calcutta,* 1828, in-4, cart.
Rare.

1090. Dictionarium linguæ thai, sive siamensis, interpret latina, gallica et anglica illustr. auct. J. B. Pallegoix. *Parisiis, Typ. imp.,* 1854, in-fol., bas.

1091. Dictionarium linguæ Thai sive Siamensis interpr. latinâ, gallicâ et anglicâ illustratum, auct. J. B. Pallegoix. *Paris, Impr. imp.,* 1854, in-fol., br.

1092. Alphabetum Tibetanum, editum studio et labore A. A. Georgii. *Romæ,* 1762, in-4, d.-r.

1093. Alphabetum Tangutanum sive Tibetanum. *Romæ,* 1773, pet. in-8, d.-r.

1094. Grammatik der Tibetischen Sprache verfasst von J. J. Schmidt. *St-Pétersbourg,* 1839, in-4, d.-r., dos et coins cuir de Russie.

1094 bis. — Le même, broché.

1095. Grammaire tibétaine, par Foucaux. *Paris, Impr. imp.,* 1858, in-8, br.

1096. Spécimen du Gya-Tcher-Rol-Pa, partie du chapitre VII contenant la naissance de Çakya-Muni. Texte tibétain et trad. française, par Ph. Ed. Foucaux. *Paris,* 1841, in-8, d.-rel., dos et coins veau fauve.

1097. Le Trésor des belles paroles, choix de sentences composées en tibétain, par le Lama Saskya Pandita, suivies d'une élégie tirée du Kandjour; traduites pour la première fois en français par Ph. Ed. Foucaux. *Paris,* 1858, in-8, broché.

1098. Der Index des Kandjur, hrsgb. von J. J. Schmidt. *St-Pétersbourg,* 1845, in-4, br. (en tibétain).

1099. Dsanglun oder der Weise und der Thor.... Le Sage et le Fou, texte tibétain et traduct. allemande, par J. J. Schmidt. *St-Petersbourg,* 1843, 2 tom. en 1 vol. in-4, br.

E. Langues persanes.

a. Assyrien, écriture cunéiforme.

1100. Die Assyriche Keilschrift erlaütert durch zwei jaspis-Cylinder aus Niniveh und Babylon.... hrsggb. von Dorow. *Wiesbaden,* 1820, in-4, cart., pl.

1101. Die Altpersischen Keilinschriften von Persepolis. Entzifferung des Alphabets, und Erklärung des Inhalts, von Chr. Lassen. *Bonn,* 1836, in-8, cart. = Examen critique de cet ouvrage, par M. Jacquet. *Paris, Impr. roy.,* 1838, in-8, br. Ens. 2 vol.

1102. Mémoire sur deux inscriptions cunéiformes trouvées près d'Hamadan, par Eug. Burnouf. *Paris, Impr. roy.,* 1836, in-4, d.-rel.

1103. Lettres de M. Botta sur ses découvertes à Khorsabad, près de Ninive, publiées par J. Mohl. *Paris, Impr. roy.,* 1845, in-8, d. v. bleu, avec 55 grandes planches.

    Bel exemplaire. — Ce recueil de lettres de M. Botta, seules pièces authentiques qui aient été publiées relativement à l'histoire des découvertes de Khorsabad, est devenu très-rare.

1104. — Autre exemplaire, broché.

1105. Ueber die Keilinschriften der ersten und zweiten Gattung von Chr. Lassen und Westergaard. *Bonn,* 1845; in-8, br., planche.

1106. Essai de déchiffrement de l'écriture assyrienne, pour servir à l'explication du monument de Khorsabad, par Is. Löwenstern. *Paris,* 1845, gr. in-8, d. v. f., pl.
<blockquote>Bel exemplaire. — Dans le même volume : Exposé des éléments constitutifs du système de la troisième écriture cunéiforme de Persépolis, par Is. Löwenstern. *Paris,* 1847. (101 pp.) — Études sur Ninive et Persépolis, et Supplément, par F. G. Eichhoff. *Lyon,* 1852 (95 pp.).</blockquote>

1107. Die Persischen Keilinschriften, mit Uebersetzung und Glossar, von Th. Benfey. *Leipzig,* 1847, in-8, br.

1108. Exposé des éléments constitutifs du système de la troisième écriture cunéiforme de Persépolis, par Isid. Löwenstern. *Paris,* 1847, gr. in-8, br.

1109. Inscriptions assyriennes de Van, par F. de Saulcy. *Paris,* 1848, in-4, br.

1110. Mémoire sur l'écriture cunéiforme assyrienne, par Botta. *Paris, Impr. nat.,* 1848, in-8, br.

1111. Recherches sur l'écriture cunéiforme assyrienne. Inscriptions des Achéménides, par F. de Saulcy. *Paris,* 1849, in-4, br., lithograph.

1112. Die dritte Gattung der achämenischen Keilinschriften, erläutert von M. A. Stern. *Göttingen,* 1850, in-8, br., pl.

1113. On the inscriptions of Assyria and Babylonia, by major H. C. Rawlinson. — Note on the persian inscriptions at Behistun, by the same. *London,* 1850, in-8, br. = Memoir on the Babylonian and Assyrian inscriptions, by Rawlinson. — Analysis of the Babylonian text at Behistun, by the same. *London,* 1851, in-8, br. = Memoir on the scythic version of the Behistun inscription, by E. Norris. *London,* 1853, in-8, br. Ens. 3 vol. accompagnés de nombr. planches.
<blockquote>Journal of the R. As. Soc. XII p. 2, XIV p. 1, XV p. 1.</blockquote>

1114. On the Khorsabad inscriptions, by Edw. Hincks. *Dublin,* 1850, in-4, br. (From the Transact. of the R. Irish Acad.).

1115. Recherches analytiques sur les inscriptions cunéiformes du système médique, par F. de Saulcy. *Paris, Imp. nat.,* 1850, in-8, br.

1116. Inscriptions in the cuneiform character, by Lajard. *London,* 1851, in-fol., cart.

1117. Études sur Ninive et Persépolis, par F. G. Eichhoff.

Lyon, 1852, in-8, br. = Ninive und sein Gebiet mit Rücksicht auf die neuesten Ausgrabungen im Tigristhale von H. Weissenborn. *Erfürt,* 1851, in-4, br., pl.

1118. Nahumi de Nino vaticinium explicavit Otto Strauss. *Berolini,* 1853, in-8, br.

1119. On the personal pronouns of the Assyrian and other languages, especially hebrew, by Edw. Hincks. *Dublin,* 1854, in-4, br. (Extr.)

1120. A popular account of discoveries at Nineveh, by A. H. Layard. *London,* 1854, in-8, cart., fig.

1121. Delle scoperte di Ninive, descrizione di A. E. Layard, volgarizzamento del conte Tortorelli. *Bologna,* 1855, in-8, br., fig.

1122. Les écritures cunéiformes, exposé des travaux qui ont préparé la lecture et l'interprétation des inscriptions de la Perse et de l'Assyrie, par J. Ménant. *Paris,* 1860, gr. in-8, d. v. f.

1123. Rawlinson. The Cuneiform Inscriptions of Western Asia. *London,* 1861, in-fol., cart.

Tome Ier, seul publié.

b. Zend, pehlvi, parsi.

1124. Zend original language? by Römer. *London,* 1855. = Fragments relatifs à la religion de Zoroastre, in-8. = Avesta, von Spiegel. (Pars. 1), in-8.

1125. R. Rask über das Alter und die Echtheit der Zend-Sprache und des Zend-Avesta, und Herstellung der Zend Alphabets.... übersetzt von F. H. von der Hagen. *Berlin,* 1826, in-12, d. vél.

1126. A brief outline of zend grammar compared with sanskrit for the use of students, by Mobed Sheheryarji Dadabhai of Broach. *Bombay,* 1863, in-4, br.

1127. Zend Alphabet, von Lepsius. *Berlin,* 1863, in-4, cart.

1128. Vendidad Sadé, autographié d'après le manuscrit zend de la Bibliothèque du roi, par Eug. Burnouf. *Paris,* 1829-32, en 1 vol. in-fol., d.-r.

Rare. — L'ouvrage forme 10 livraisons.

1129. Vendidad Sade. Die heiligen Schriften Zoroaster's, Yaçna, Vispered und Vendidad, nach den lithogr. Ausgaben

von Paris und Bombay, mit Index und Glossar, hrsggb. von H. Brockhaus. *Leipzig*, 1850, gr. in-8, br.
<small>Le zend en caractères romanisés.</small>

1130. Bundeseh, liber pehlvicus, e vetustissimo codice Havniensi, descripsit, duas inscriptiones regis Saporis primi adjecit N. L. Westergaard. *Havniæ*, 1851, in-4, d. cuir de Russie.

1131. Grammatik der Parsisprache, von Spiegel. *Leipzig*, 1851, in-8, br.

1132. Essays on the sacred language, writings, and religion of the Parsees, by Martin Haug. *Bombay*, 1862, in-8, perc.
<small>Ouvrage estimé et rare en Europe.</small>

1133. Avesta. Die heiligen Schriften der Parsen, zum ersten Male im Grundtexte sammt der Huzvaresch-Uebersetzung hrsgb. von Fr. Spiegel. 1er Bd. Der Vendidad. *Wien*, 1853, in-8, d. mar.

1134. Le même, broché.

c. Langue et littérature persanes.

1. Grammaires.

1135. A grammar of the persian language, by Moïses. *Newcastle*, 1792, in-4, cart.

1136. Dissertations on the prosody and rythme of the Persians, by Gladwin. *Calcutta*, 1801, in-4, br.

1137. Gladwin. On the prosody of the Persians. *Calcutta*, 1801, in-4. = Hadley. Remarks on the Persian language. *Bath*, 1776, in-4. = 3 vol. in-4, rel.

1138. A grammar of the persian language, by W. Jones. *London*, 1801, in-4, rel.

1139. Grammatica linguæ persicæ, opera et studio F. de Dombay. *Vindobonæ*, 1804, in-4, br.

1140. Institutiones ad fundamenta linguæ persicæ, cum chrestomathia et glossario locupleti, edidit Fridericus Wilken. *Lipsiæ*, 1805, in-8, veau.

1141. — Le même, d.-rel.

1142. Institutiones linguæ persicæ, ed. Wilken. *Lipsiæ*, 1805, in-8, d.-r. = Chrestomathia Schahnamiana, ed. Vullers. *Bonnæ*, 1833, in-8, cart.

1143. Wilken. Institutiones ad fundamenta linguæ persicæ.

Lipsiæ, 1805, in-8, = et autres ouvrages sur la langue persane, par Gilchrist, Dorn, etc. = 5 vol. in-8, rel. et br.

1144. A grammar of the three principal Oriental languages, by Price. *London,* 1823, in-4, cart. = Vullers. Institutiones linguæ persicæ. *Gissæ,* 1840, in-8. — Rosen. Elementa Persica, 1843. = Vullers. Chrestomathia Schahnamiana. *Bonnæ,* 1833, in-8, cart.

1145. Geschichte der schönen Redekünste Persiens, mit einer Blüthenlese aus zveyhundert persichen Dichtern, von J. von Hammer. *Wien,* 1818, in-4, d. m. vert, portr.

1146. Persian grammar, by Sir William Jones, enlarged by Prof. Lee. *London,* 1828, in-4, cart.

1147. A grammar of the persian language, by Meerza Mohammed Ibraheem. *London,* 1841, in-8, cart.

1148. Principia grammaticæ Neo-Persicæ, auct. Geillin. 1845, in-8, br.

1149. Oriental penmanship; an essay for facilitating the reading and writing of the ta'lik character, by Duncan Forbes. *London,* 1849, in-4, perc.

1150. Recherches sur les dialectes persans, par Bérézine. *Casan,* 1853, in-8, br.

2. Dictionnaires.

1151. Gazophylacium linguæ Persarum, triplici linguarum clavi, italicæ, latinæ, gallicæ, necnon specialibus præceptis ejusdem linguæ, reseratum, auct. P. Angelo a S. Joseph. *Amstelodami,* 1684, in-fol., veau.

1152. — Le même, d.-r., non rogné.

1153. A vocabulary persian, arabic, and english, being the seventh part of the new Hindui grammar and dictionary, by W. Kirpatrick. *London,* 1785, in-4, veau.

1154. A vocabulary persian, arabic, and english, by Kirpatrick. *London,* 1785, in-4, cart., etc. = 4 part. in-fol., cart.

1155. A dictionary, english, persian, and arabic, by J. Richardson, with additions and improvements, by Charles Wilkins. Vol. II. *London,* 1810, gr. in-4, d.-r., dos et coins cuir de Russie.

    Bel exemplaire. — La partie anglais-persan est très-rare, n'ayant pas été réimprimée.

1156. A Vocabulary english and persian. *London, w. y.,* in-4, v.

1157. Vullers. Lexicon persico-latinum, etymologicum. *Bonnæ*, 1855. Tom. 1er, relié. Fasc. 5 et 6 en 2 parties.

3. Littérature.

1158. Practical philosophy of the Muhammadan people, being a translation of the Akhlak-i-Jalaly, from the persian of Fakir Jany Muhammad Asaad, by W. F. Thompson. *London*, 1839, in-8, d. chag.

1159. The political and statistical history of Gujarat, transl. from the Persian of Ali Mohammed Khan, by James Bird. *London*, 1835, gr. in-8, d. v. ant.

1160. Mantic Uttair, ou le langage des oiseaux, poëme de philosophie religieuse, trad. du persan de Farid Uddin Attar, par Garcin de Tassy. *Paris, Impr. imp.*, 1863, gr. in-8, br.
Exemplaire sur grand papier vélin.

1161. Pend-Nameh, ou le livre des conseils de Férid-Eddin Attar, traduit et publié par le baron Silvestre de Sacy. *Paris, Imp. roy.*, 1819, in-8, d. r.

1161 bis. — Le même, cart., n. rogn.

1162. *Cherhi pendi Atthar liccheikh Isma'il...* Commentaire du Pend Namè de Ferid ed-Din Atthar, par le cheikh Isma'il. *Constantinople,* 1250 (1835), in-4, bas. vert., rel. orient. à recouvr.
En turc. — 4 ff. prélim. pour l'avertissement et la table, 660 pages, = 20 lignes, encadr. d'un simple filet.

1663. Ayeen Akbery, or, the institutes of the emperor Akber; translated from the original persian, by Francis Gladwin. *Calcutta,* 1783-86, 3 vol. in-4, bas.
Description de l'empire des Indes écrite par les ordres de l'empereur Akber.

1163 bis. — Autre exemplaire, d'une très-belle conservation, relié en veau racine.

1164. Ayeen Akbery, or, the institutes of the emperor Akber; transl. from the original persian, by Francis Gladwin. *London,* 1800, 2 vol. in-8, d. v. f.

1164 bis. — Autre exempl. rel. en veau rac.

1665. Bahar Danush, or garden of knowledge, an oriental romance, transl. by Scott. 1999, 3 vol. pet. in-8, cart.

1166. The Dabistan, or School of manners, translated from the original persian, with notes and illustrations, by David Shea and A. Troyer. *Paris,* 1843, 3 vol. in-8, d. v. f.
Bel exemplaire.

1167. Liber climatum, auctore el Faresi, curavit Moeller. *Gothæ*, 1830, in-4, cart.
   Fac-simile du manuscrit persan, avec cartes.

1168. The Shah Namu, being a series of heroic poems, on the ancient history of Persia, by the celebrated Abool Kausim i Firdousee, of Toos. Vol. I (all published). *Calcutta*, 1811, in-fol., bas. gr.
   V. pour la description : Cat. Sacy, 3563.

1169. Episodes from the Shah-Nameh, by Weston. *London*, 1815, in-8, cart. = Le Jardin des roses de Sadi, trad. par Gaudin. 1789, etc. = 5 vol. in-8, rel.

1170. Soohrab, a poem, from the original persian of Ferdousee, by Atkinson. *Calcutta*, 1814, in-8, cart.

1171. La rhétorique des nations musulmanes d'après le traité persan intitulé Hadayik Ul-Balagat, par Garcin de Tassy. *Paris, Impr. roy.*, 1844-48, 5 part. en 1 vol. in-8, d. v. f.
   Les exemplaires complets sont rares.

1172. Poésies de Hafiz, en caractère Neskhi. Joli vol. pet. in-8; *figures*.

1173. Hafiz. Select odes from the persian by Nott. *London*, 1787, in-4, v. = etc., ensemble, 8 vol. in-4.

1174. Die Lieder des Hafis, persisch, mit dem Commentare des Sudi, herausgegeben von H. Brockhaus. Vol. I, Heft. 1 et 2. *Leipzig*, 1854, 2 livr. in-4, br. (XII, 152 pp.)

1175. Hatim Ta'ee, a romance in the persian language, revised and corrected under the superintendence of James Atkinson. *Calcutta*, 1818, in-4, d. r.

1176. Salaman u Absal, an allegorical romance of Mulla Jami, edited from the collation of eight manuscripts, by Forbes Falconer. *London*, 1850, in-4, perc.

1177. Joseph und Suleïcha; historisch-romantisches Gedicht, aus dem persischen des Mewlana Abdurrahman Dschami übersetzt und durch Anmerkungen erläutert, von V. E. von Rosenzweig. *Wien*, 1824, in-fol., br.

1178. Joseph und Suleïcha, aus dem Persischen übersetzt, von Rosenzweig. *Wien*, 1824, in-fol., br.

1179. Laili and Majnun, a poem, from the original persian of Nizami, by J. Atkinson. *London*, 1839, in-8, cart. — Abdallah, an oriental poem, by H. Gwynne. *London*, 1824, in-8, cart.

1180. Notice de l'ouvrage persan qui a pour titre Matla-Assaadeïn ou Madjma-Albahreïn, et qui contient l'histoire des deux sultans Schah-Rokh et Abou-Saïd, par M. Quatremère. *Paris, Impr. roy.*, 1843, in-4, mar. rouge, fil., tr. dor.

1181. — Le même, broché.

1182. Notice de l'ouvrage persan qui contient l'histoire de deux sultans, par Et. Quatremère. *Paris*, 1843, in-4, br.

1183. Historia priorum regum Persarum, auct. Mirchond, persice et latine. *Viennæ*, 1782, in-4, d. rel.

1184. Mirchondi historia Samanidarum, persice, ed. Wilken. *Gœttingæ*, 1808, in-4. = Geschichte der Sultane, persisch und deutsch, von Wilken. *Berlin*, 1835, in-4, br. etc. = 5 vol. in-4, et in-8, br. et rel.

1185. Mirchondi Historia Gasnevidarum, persice, edidit Wilken. *Berolini*, 1832, in-4, cart. = Historia Samanidarum, ed. Wilken. *Gottingæ*, 1808, in-8, cart., pap. vél.

1186. Mirchondi Historia Gasnevidarum, persice, illustravit Wilken. *Berolini*, 1832, in-4, mar. bl., tr. dor.

1187. Mirchondi historia Gasnevidarum, persice, illustravit Wilken. *Berolini*, 1832, in-4, d. rel.

Exemplaire interfolié, avec notes par M. de Sacy.

1188. Notice de l'Histoire universelle de Mirkhond, par Jourdain. *Paris, Impr. imp.*, 1812, in-4, cart.

1189. Neh-manzer ou les neuf loges, conte trad. du persan, par Lescallier. *Gênes*, 1808, in 8, br.

1190. Nizami poetæ narrationes et fabulæ, persice. *Lipsiæ*, 1802, in-4, cart.

1191. Nizami poetæ narrationes et fabulæ, persice. *Lipsiæ*, 1802, in-4, br.

1192. Makhzan ul Asrar, the treasury of secrets, being a poem of shaikh Nizami, of Ganjah, edited, from an ancient persian manuscript, by Nath. Bland. *London*, 1844, in-4, perc.

1193. Les Beautés du château, imitation en all. du poëme persan de Nizami (avec le texte), par Franz Erdmann. *Kasan*, 1832, in-4, br.

1194. Anvari Soheili. Paraphrase persane des fables de Pilpay, par Hüsseïn Vaïz Kaschify. *Calcutta*, s. d., in-4, cart., n. rogn.

Édition récente, = 5 et 513 pp.

1195. Anvari Soheili. Autre édition. In-4, d. cuir de Russie.
4 et 404 pp.

1196. The Anvari Soheily of Hussein Vaez Kashefy, published

by captain Ch. Stewart, and Moolvy Hussein Aly. *Hertford*, 1805, in-4, veau.

1197. The first book of the Anvari Suheli, persian, with a literal translation in english, by G. Keene. *Hertford*, 1835, in-8, cart.

1198. The fables of Pilpay, by Th. D. Scott. *London*, 1852, in-12, cart., fig. sur bois.

1199. Persian lyrics. *London*, 1800, in-4, cart.

1200. Sadi Rosarium politicum, persice et lat., a Georgio Gentio. *Amst.*, 1654, in-fol., v.

1201. Sadi Schirazensis rosarium politicum, de persico in latinum versum a G. Gentio. *Amstel.*, 1655, in-12, m. r.

1202. — Le même, édit. de 1658, in-12, veau.

1203. Gulistan de Sadi, en persan. *Boulaq*, in-4, rel.
Belle édition, très-estimée.

1204. Gulistan, or Rose garden of Shaik Sady of Sheeraz. *Calcutta*, 1827, in-12, mar. rouge du Levant, fil., tr. dor.

1205. The Golistaun. 3^d lithogr. edition. *Calcutta and Cawnpoor*, 1830, in-8, br.
266 pages. = Caract. ta'liq.

1206. *Gulistâni Sa'adi*. Le Gulistan de Sadi, en persan, 2e édit. *Boulaq*, 1257 (1842), in-8, veau.
Caractères ta'liqs. — 279 pages, encadr. d'un double filet.

1207. The Rose Garden of Hindoustan, transl. (in hindoostanee) from Persian Goolistan of Sheikh Sady, by Meer Sher Ulee Ufsos. *Calcutta*, 1802, 2 vol. in-8, d. r.

1208. The Gulistan of Sadi, with an english translation, by Francis Gladwin. *Calcutta*, 1806, 2 tom. en 1 vol. in-4, v. f. dent. pet. fers, tr. dor.
Bel exemplaire.

1208 *bis*. — Le même, en 2 vol. rel. en bas.

1208 *ter*. — Le même, seconde édition. *Londres*, 1808-1809, 2 vol. in-8, d. r.
Le volume de texte est interfolié et couvert de notes copiées sur l'exemplaire de Silvestre de Sacy, suivant une indication qui se trouve en tête du volume.

1209. The Gulistan of Sadi. *Calcutta*, 1808, in-8, cart. et autres ouvrages persans ou trad. du persan. = 18 vol. in-8 et in-4.

1210. The Gulistan of Sadi, translated into english by J. Ross, from the persian text of Gentius, with an essay on Sadi's life and genius. *London*, 1823, in-8, pap. vél., v. ant.

1210 *bis*. — Le même, cart.

1211. Musladini Sadi rosarium politicum, sive amænum sortis humanæ theatrum, de persico in latinum versum notisque illustratum a G. Gentio. *Amstelædami*, 1651, in-4, veau.

1212. Gulistan, ou le parterre de fleurs, trad. par Semelet, *Paris*, 1834, in-4, d. rel. mar.

1213. Gulistan, ou l'Empire des roses, traduit du persan de Sadi (par d'Alègre). *Paris*, 1737, 2 part. en 1 vol. in-12, veau.

1214. Le Jardin des roses par Sadi, trad. du persan, par Gaudin. 1789, in-8, d. rel. = Trébutien. Contes persans. 1823, in-8, br. = 20 vol. in-8, br. et rel.

1215. Le Gulistan ou le Parterre de fleurs, par Sadi, trad. par Semelet. *Paris, Impr. roy.*, 1834, in-4, br. = etc. 7 vol.

1216. Gulistan, par Sadi, trad. par Defrémery. *Paris, Didot*, s. d., in-12, br. = etc. 14 vol. in-8 et in-12, rel. et br.

1217. Boostan, by Sheikh Muslahuddeen Saudee of Sheeraz, with a compendious commentary, compiled by Moolvy Jumnuzuddy. *Calcutta*, 1820, in-4, d. r., dos et coins cuir de Russie.

1218. Boostan, by Sadi, with a commentary. *Calcutta*, 1828, in-4, d. rel.

1219. Selections from the Bostan of Sâdi, by Forbes Falconer. *London*, 1838, in-12, cart.

1220. The geographical works of Sadik Isfahani, transl. by J. C., from original persian mss. *London*, 1832, gr. in-8, toile.

   Exemplaire en grand papier.

1221. Tuhfat ul Ahrar, the gift of the noble, a poem of Mulla Jami, edited by Forbes Falconer. *London*, 1848, in-4, perc.

1222. Geschichte Wassaf's, persisch hrsggb. und deutsch übersetzt von Hammer Purgstall. Ier Bd. *Wien*, 1856, in-4, br.

1223. The rose garden of Persia, by Louise Stuart Costello. *London*, 1845, in-8, cart.

   Encadrements rouges variés, têtes de chapitres or et couleur.

1224. Veteris Persiæ monumenta, descripsit Hœck. *Gœttingæ*, 1818, in-4, et autres ouvrages persans. = 10 vol. in-4, rel.

1225. Anthologia Persica. *Viennæ*, s. d., in-4, cart.

1226. Persian miscellanies, by Ouseley. *London*, 1795, in-4, d. r., *fig.*

1227. The flowers of persian literature. *London*, 1801, in-4, rel. = Et autres, = 8 vol. in-4 et in-8, rel.

1228. The Persian moonshee, by Gladwin. *Calcutta*, 1801, in-4, d. rel.

1229. LUMSDEN'S PERSIAN SELECTIONS, for the use of the students of the Persian class. *Calcutta*, 1809-11, 6 vol. in-fol., d. r.
Précieuse collection. — Vol. I comprising a portion of the *Akhlauke Moohsunee and the Zuleekha.* — Vol. II. *Goolistaun and Boostaun.* —Vol. III. *Bahaure Daunish and the Deewaune Saudee.* — Vol. IV. *Inshœ Abool Fuzl and Sekunder Nama.* — Vol. V. *Akhlauke Julalee and the Lylee and Mujnoon.* — Vol. VI. *Rookaaute Jaumee and the Soobputool Abraur.*

1230. A collection of proverbs, and proverbial phrases, in the persian and hindoostanee languages, compiled and transl., by Th. Roebuck. *Calcutta*, 1824, in-8, v. porph.
Vendu 53 fr., vente Klaproth.

1231. A collection of Proverbs and Proverbial phrases in the persian and Hindoostanee languages, compiled by Roebuck. *Calcutta*, 1824, in-8, d. rel.

1232. The Persian reader, from various persian writers. *Calcutta*, 1825, 3 vol. in-8, cart.

1233. Selections descriptive, scientific, and historical, translated from english and bengalee into persian. *Calcutta*, 1827, in-8, cart.

1234. Original persian letters, compiled by Steward. *London*, 1825, in-4, v.

1235. Beauty and heart, translated from the Persian, by W. Price. *London*, 1828, in-4, cart.

1236. Fables of Aesop, translated into persian. *Calcutta*, 1830, in-4, br.

1237. The dynasty of the Kajars, translated from the persian, by Bridges. *London*, 1833, in-8, cart.

1238. Le trône enchanté, conte Indien, traduit du persan, par le baron Lescallier. *New-York*, 1817, in-8, d. v. f., n. rogn.

1239. Le trône enchanté, conte indien trad. du persan, par le baron Lescallier. *New-York*, 1817, 2 vol. in-8. = Le Favori de la fortune, trad. par de Lescallier. 1805, in-8, rel.

1240. Contes indiens, trad. du persan. *Paris*, 1804. = Et autres ouvrages persans. = 16 vol. in-8, et in-12, rel.

1241. Les trente-cinq contes d'un perroquet, contes persans, trad. sur la version anglaise par Mme Marie d'Heures. *Paris*, 1826, in-8. = Le Trône enchanté, trad, du persan, par Lescallier. *New-York*, 1817, 2 t. en 1 vol. in-8, d. r., fig.

1242. Médailles sur les principaux événements du règne de Louis XIV, avec des explications historiques (rédigées par J. Racine, Boileau, Dacier, etc.). *Paris*, 1702, in-4, v. br. fig.

> Cet exemplaire contient, en regard de l'explication française, la traduction en persan, manuscrit autographe de Pétis de la Croix, que le roi de France avait chargé de ce travail pour être présenté au shah de Perse. Le volume est accompagné du certificat par lequel Fabre, envoyé extraordinaire de France en Perse, reconnaît avoir reçu l'ouvrage de Pétis de la Croix, et d'un autre certificat par lequel Michel, qui remplaça Fabre dans sa mission, après la mort de ce dernier, déclare que parmi les présents du roi de France, aucun ne fit plus de plaisir au shah de Perse, que l'ouvrage de Pétis de la Croix.

1243. Les douze livres des Mémoires de l'empereur Marc-Antonin, trad. en persan par J. de Hammer. *Vienne*, 1831, gr. in-8, br.

> Avec le texte grec en regard. — Persan en caractère ta' liq.

d. Afghan, kourde.

1244. Grammatica e vocabolario della lingua kurda, composti dal P. Maurizio Garzoni. *Roma*, 1787, in-8, d. mar. vert.

1245. Forschungen über die Kurden und die Iranischen Nordchaldäer, von Peter Lerch. *Saint-Pétersbourg*, 1857-58, 2 vol. in-8, br.

> 1ste Abth. — Kurdische Texte mit deutscher Uebersetzung. — 2te Abth. Kurdische Glossare mit einer literar-historischer Einleitung.

1246. A grammar of the puk'htoo, pus'htoo, or language of the Afghans, by captain Raverty. *London*, 1860, in-4, perc. = A dictionary of the puk'htoo, pus'htoo, by the same. *London*, 1860, in-4, perc. = The Gulshan-I-Roh, being selections, prose and poetical, in the pus' htoo language, by Raverty. *London*, 1860, in-4, perc. = Ens. 3 vol.

1247. A glossary in Afghan and english, by Bernhard Dorn. *Saint-Petersburg*, 1847, in-4, d. r. dos et coins cuir de Russie.

1248. A chrestomathy of the Pushtu or Afghan language, to which is subjoined a glossary in Afghan and english, edited by Bern. Dorn. *Saint-Pétersbourg*, 1847, in-4, d. r. dos et coins en cuir de Russie.

1249. A Chresthomathy of the Afghan language, edited by Dorn. *Saint-Petersburg*, 1847, in-4, br.

F. Langue et littérature arméniennes.

1250. Puritas haygica, seu grammatica Armenica, a J. Agop composita. *Romæ, typ. s. congr. de prop. fide*, 1675, in-4, br.

1251. Essai sur la langue arménienne, par Bellaud. *Paris, Imp. imp.*, 1812, in-8, v. v. fil.

1252. Grammatica armena. 1815, in-4, cart., et autres grammaires arméniennes. = 9 vol. in-4, et in-8, rel.

1253. Grammatica linguæ armeniacæ, auct. Petermann. *Berolini*, 1837, in-8, br.

1254. Guide de conversation français-arménien, par A. Calfa. *Paris*, 1855, pet. in-8, br.

1255. Dictionarium latino-armenum, compositum per D.-N. E. T. (Dieudonné Nierszesovicz.) *Romæ, typ. S. Cong. de prop. fide*, 1695, in-4, d. r.

1256. J. Schröderi thesaurus linguæ armenicæ antiquæ et hodiernæ. *Amstelodami*, 1711, in-4, vcau.

1257. Dictionarium novum latino-armenium, ex præcipuis armeniæ linguæ scriptoribus concinnatum ; accessit tabula chronologica regum et patriarcharum utriusque Armeniæ, auct. P. J. Villotte. *Romæ*, 1714, in-fol., d. vél.

1258. Dictionnaire littéral arménien. *Venise*, 1769, 4 vol. gr. in-8, br.

1259. A dictionary english and armenian, armenian and english, by Pascal Aucher, with the assistance of John Brand. *Venice*, 1821-25, 2 vol. gr. in-8, br.

1260. Nuovo dizionario Italiano-Armeno-Turco, composto dal P. Emm. Ciakciak. *Venezia*, 1829, gr. in-8, br.

1261. La vita, i costumi, ed i fatti del filosofo imperatore Marco Aurelio (in armeno). *Venise*, 1738, in-8, parch., portr.
Tout en arménien.

1262. Compendio storico di memorie cronologiche concernenti la religione e la morale della nazione armena, da G. de Serpos. *Venezia*, 1786, 3 vol. in-8, d. r.

1263. **Aconz Köver.** Géographie universelle (en arménien). *Venise*, 1802-17, 13 vol. in-12, d. v. v., cart.
    Bel exemplaire. — Incomplet des vol. III, IV, qu'on peut, du reste, se procurer séparément.
1264. Récit de la première croisade, extrait de la chronique d'Edesse et trad. de l'arménien, par Ed. Dulaurier. *Paris*, 1850, in-4, br.
1265. Gessner. La mort d'Abel, trad. en arménien, par le P. Tchaktchak. *Venise*, 1825, in-12, fig., cart.
1266. Paul et Virginie, trad. en arménien. 1856, in-8, br. etc. = 6 vol. in-4 et in-8, en arménien.

G. *Langues sémitiques.*

Généralités.

1267. Paradigmata de quatuor linguis orientalibus, præcipue arabicâ, auctore Caietano Palma. *Parisiis*, 1596, in-4, vélin, et autres ouvrages. = Ensemble 18 vol. in-4, rel. et br.
1268. Histoire générale et système comparé des langues sémitiques, par Ernest Renan. 1re partie, seule publiée. *Paris, Impr. imp.*, 1855, in-8, br.
1269. Histoire des langues sémitiques, par Ern. Renan. 2e édit. *Paris*, 1858, gr. in-8, br.
1270. — Le même, 3e édit. *Paris, Impr. imp.*, 1863, in-8, d. mar. rouge.
1271. Abhandlungen für Semitische Wortforschung, von Dietrich. *Leipzig*, 1844, in-8, br.

a. Langue et littérature arabes.

1. Grammaires.

1272. L'Alfiya, grammaire arabe d'Ibn-Malek. *Boulaq*, 1253 (1838), in-8, cart.
    56 pages.
1273. Commentaire d'Ibn-Akil, sur l'Alfiya d'Ibn-Malek. *Boulaq*, 1252 (1837), gr. in-8, bas. à recouvr.
    290 pages, = 25 lignes, encadr. d'un double filet.
1274. Ibn-Akil's commentar zur Alfiia des Ibn-Mâlik, aus dem Arabischen, zum ersten Male, übersetzt von F. Dieterici. *Berlin*, 1852, in-8, br.
1275. La Kafiiah, grammaire arabe d'Ibn-al-Hhadjib, et les

cent régissants, avec gloses marginales. *Constantinople*, s. d., in-8, cart.

<small>55 pages, 7 pages, = 25 lignes, encadr. d'un double filet.</small>

1276. Grammaire arabe expliquée en persan, par Abdourrahim. In-fol, d. rel.

1277. The Kamil of El-Mubarrad, arab., by Wright. (Part. 1.) *Leipzig*, 1864, in-4, br.

1278. The Kamil of El-Mubarrad, edited from different mss., by W. Wright. 1st part. *Leipzig*, 1864, in-4, br.

1279. Grammatica arabica. *Leidæ*, 1617, in-4, et autres grammaires, par Marcel, Delaporte, Tychsen, Volney, Dugat, etc. = 10 vol. in-8, rel.

1280. Fabrica linguæ arabicæ, auct. Dom. Germano de Silesia. *Romæ*, 1639, in-fol., rel.

1281. Flores grammaticales arabici idiomatis. *Patavii*, 1687, in-4, vél. = et autres ouvrages arabes, = 17 vol. in-4 et in-8, rel. et br.

1282. Grammatica arabica nova. 1733, in-4, = et autres ouvrages arabes, = 10 vol. in-4, rel. et br.

1283. J. F. Hirtii institutiones arabicæ linguæ: adjecta est chrestomathia arabica. *Ienæ*, 1770. — Ejusdem anthologia arabica, cum versione latina et adnotat. *Ienæ*, 1774, 2 vol. pet. in-8, d. r.

1284. — Les mêmes, 2 vol. in-8, cart.

1285. Erpenius. Rudimenta linguæ Arabicæ. *Lugd. Bat.*, 1770, 2 vol. pet. in-4, veau.

1286. Patricio de la Torre. Ensayos sobre la grammatica y poetica de los Arabes. *Madrid*, 1787, in-4, d. rel.

1287. Simplification des langues orientales; grammaire arabe, par Volney. *Paris, an III*, in-8, rel.

1288. Grammatica linguæ mauro-arabicæ, studio de Dombay. *Vindobonæ*, 1800, in-4, veau.

1289. Sixty tables on the grammar of the arabic language, by Baillie. *Calcutta*, 1801, in-fol., d. rel.

1290. Baillie. Sixty tables elucidatory of the arabic grammar. *Calcutta*, 1801, in-fol., d. rel.

<small>Manque le titre et la préface.</small>

1291. Arabisches, syrisches und chaldaisches Lesebuch, hrsggb. mit Wortregistern, von F. Th. Rink und J.-S. Vater. *Leipzig*, 1802, in-8, br.

1292. A grammar of the arabic language, by Richardson.

London, 1810, in-4, cart. = Glossarium arabico-lat. *Lugd. Bat.,* 1769, in-4, rel.

1293. A treatise concerning the permutations of letters in the arabic language, transl. from the persian, by Rob. Tytler. *Calcutta,* 1810, in-8, d. r.

1294. Grammatica linguæ arabicæ, auctore Savary. *Parisiis,* 1813, in-4, d. rel.

1295. Oberleitner. Fundamenta linguæ arabicæ. *Viennæ,* 1822, in-8, br.

1296. Ewald. De metris carminum arabicorum. *Brunswigœ,* 1825, in-8, d. rel.

1297. Arabic and english grammatical exercises and familiar dialogues. *Malte,* 1830, in-8, d. m. vert.

1298. Exposition de l'art métrique des Arabes, en allemand. *Bonn,* 1830, in-8, v.

1299. Grammaire arabe vulgaire, pour les dialectes d'Orient et de Barbarie, par Caussin de Perceval. *Paris,* 1833, in-8, d. rel. = Chrestomatie arabe vulgaire, par Bresnier. *Alger,* 1846, in-8, d. rel. = Grammaire arabe. *Malte,* 1835, in-8, d. rel.

1300. Grammatica arabica à Roorda conscripta, edita à Cool. *Lugd. Bat.,* 1835, in-8, cart.

1301. Principes de l'idiôme arabe en usage à Alger, par Delaporte. 1836, in-8, demi-rel., etc. = 5 vol. in-8, rel. et br.

1302. Principes de l'idiôme arabe en usage à Alger, par Delaporte. *Alger,* 1836, in-8, br.

1303. Leçons de langue arabe. In-4, autographié. = Dialogues français arabes, par Delaporte. 1837, in-4. = etc., ensemble 4 vol. in-4, rel.

1304. Éléments de la langue arabe (en arabe). *Malte,* 1841, in-8, perc.

1305. Arabic and english grammatical exercises and familiar dialogues. *Malta,* 1840, in-8, cart.

1306. Liber As-Sojutii de nominibus relativis, edidit Veth. *Lugd. Bat.,* 1840, in-4, br. = Supplementum, 1851, in-4, broch.

1307. Supplementum annotationis in librum As-Sojutii de nominibus relativis, scripsit Veth. *Lugd. Bat.,* 1851, in-4, broch.

1308. Arabic syntax, from the original arabic. *London,* 1843, gr. in-8, cart. = A concise grammar of the arabic language, by Beamont. *Cambridge,* 1861, in-12, cart.

1309. Flores grammaticales arabici idiomatis. *Romæ,* 1845, in-8, rel.

1310. Éléments de la langue algérienne, par Pihan. *Paris, Impr. nat.,* 1851, in-8, br.
Papier vélin.

1311. Éléments de la langue algérienne, par Pihan. *Paris,* 1851, in-8, br.

1312. Éléments de la langue algérienne, par Pihan. *Paris, Impr. nat.,* 1851, in-8, br.

1313. Grammaire de Lhomond, trad. en arabe, par Soliman-al-Harairi. *Paris,* 1857, et autres ouvrages, = 15 vol. in-4 et in-8, br. et rel.

1314. Dialogues arabes, à l'usage des fonctionnaires et des employés de l'Algérie, par A. Cherbonneau. *Alger,* 1858, in-8, br.

1315. Über die Arabischen Sprachlaute und deren Umschrift, nebst einigen Erlaüterungen, über den Harten i Vocal in den Tartarischen, Slavischen und der Rumänischen Sprache, von R. Lepsius. *Berlin,* 1861, in-4, cart.

1316. Principes de la grammaire arabe, par le P. Abougit. *Beyrouth,* 1862, in-12, br.

1317. Grammaire arabe, par Ch. Schier. *Leipzig,* 1862, in-8, br.

1318. Homonyma, inter nomina relativa, arabice ed. de Jong. *Lugd. Bat.,* 1865, in-8 et autres, = 5 vol. in-8, br.

1319. Freytag. Darstellung der Arabischen Verskunst. *Bonn,* 1830, in-8, br.

1320. Système métrique des Arabes, par Garcin de Tassy. 1832. = Sur la poésie arabe, par Silvestre de Sacy. 1826, in-8. = Descript. de l'Afrique sept. *Impr. imp.,* 1859, in-8, br.

1321. Chrestomathie arabe, ou extraits de divers écrivains arabes, tant en prose qu'en vers, avec une traduction française et des notes, par le baron Silvestre de Sacy. *Paris, Impr. roy.,* 1826-27, 3 vol. in-8, br.

1322. Anthologie grammaticale arabe, avec une traduction française et des notes, par Silvestre de Sacy. *Paris, Impr. roy.,* 1829, in-8, d. mar. rouge.

1323. Humbert. Chrestomathia arabica, 1834, in-8. = Institions de police chez les Arabes, par Behrnauer. 1851, in-8, etc. = 5 vol. in-8, br.

1325. Extrait de Chrestomathie arabe vulgaire, par Bresnier. 1846, in-8 et autres ouv. = 20 br. in-4 et in-8.

1326. Chrestomathie arabe vulgaire, par Bresnier. *Alger*, 1846, in-8, d. rel. = Lexicon arabico-lat., à Jahn. *Vindobonæ*, 1802, in-8, d. rel.

1327. Anthologie arabe, par Bresnier. *Alger*, 1852, in-12, br.

2. Dictionnaires.

1328. EL-KAMOUS. Grand dictionnaire arabe, par Firouz Abadi, avec l'explication et la traduction des articles en turc. *Imprimé à Constantinople. Ans de l'hégire*, 1230-1233 (1814-1817). 3 vol. in-fol., reliure orientale.

1329. El Kamous. Dictionnaire arabe, par Firouz Abadi, trad. en turc par Acim Effendi el Aïntabi. *Boulaq*, 1834, 3 vol. in-fol., rel. orientale.

1330. El Kamous .... *Boulaq*, 1834, 3 vol. in-fol., reliure orientale.

1331. LOGHATI VANQOULY. Dictionnaire de Vanqouly. *Constantinople*, 1170 (1755), 2 vol. in-fol., bas à recouvr.

> Dictionnaire arabe expliqué en turc, traduction faite par Mohammed ben Mustafa Vanqouly sur le dictionnaire de Djuiheri. 2e édition.
> 1er vol., 6 ff. prélim., 372 ff. = 2e vol., 430 ff., — 33 lignes.

1332. MOONTUKHUB-OOL-LOGHAUT, Dictionnaire arabe expliqué en persan, par Allah Daûd. *Calcutta*, 1223 (1808), in-4, d. v. v.

> 871 pages; caract. nesta'liq.

1333. AKHTERI KEBIR. La grande étoile. Dictionnaire arabe-turc, par Akhteri. *Constantinople*, 1242 (1827), in-fol., bas. noire, à recouvrem.

> 709 pages, — 37 lignes, encadr. d'un double filet.

1334. Giggeius. Thesaurus linguæ arabicæ. *Mediolani*, 1632, 4 vol. in-fol., d. rel. n. rogn.

1335. Thesaurus arabico-syro-latinus P. Thomæ a Novaria. *Romæ*, 1636, in-8, v. rac.

1336. Golius. Lexicon Arabico-Lat. *Lugd. Bat., Elz.*, 1653, in-fol., relié.

1337. Glossarium Arabico-Latinum manuale. *Lugd. Bat.*, 1769, in-4. = Dialogues français-arabes, par Delaporte, in-4, etc. = 6 vol. in-4, br.

1338. Lexicon arabico-latinum, scripsit Freytag. *Halis,* 1837, in-4, br.
1339. Vocabulaire français-arabe, par Marcel. *Paris,* 1837, in-8, d. rel. = Duval. Dict. arabicum, 1632, in-4, vélin. = Développement des principes de la langue arabe moderne. 1803, in-4, br. = Specimen of arabian poetry, by Carlile. 1796, in-4, d. rel.
1340. Dictionnaire français-berbère. *Paris, Impr. roy.,* 1844, gr. in-8, br.
1341. Zamachscharii lexicon arabicum-persicum, e codd. mss. ed. Wetzstein. *Lipsiæ,* 1850, in-4, br.
1342. Dictionnaire français-arabe (par le P. Henry). *Beyrouth,* 1857, in-8, d. r.
1343. Dictionnaire de poche arabe-français et français-arabe, par Hélot. *Alger,* 1865, in-12, perc.

3. Littérature.

1344. De origine et compositione suratum Qorani, scripsit Noeldeke. *Gottingæ,* 1856, in-4, = et autres ouv. arabes, 10 vol. in-4, rel. et br.
1345. Alcorani textus universus, arabice et latine, edidit Lud. Marraccius, cum refutatione, vità Mahumetis, prodromo et notis. *Patavii,* 1698, 2 vol. in-fol., vél.
1346. — Autre exemplaire, relié en veau.
1347. Mohammedis pseudo-prophetæ fides islamitica, id est Alcoranus, ex arab. in lat. versus per L. Marraccium, cum animadversionibus et notis Chr. Reineccii. *Lipsiæ,* 1721, pet. in-8, v. rac.
1348. Der Koran, aus dem arabischen Original in das englische übersetzt, von George Sale, wieder ins teutsche verdollmetschet von Th. Arnold. *Lemgo,* 1746, in-4, carte et pl., d.-r.
1349. Extraits du Coran. Texte arabe. 1816, in-12, v. bl.
1350. Corani textus arabicus, ed. Fluegel. *Lipsiæ,* 1858, in-4, cart.
1351. Concordantiæ arabicæ Corani, disposuit Fluegel. *Lipsiæ,* 1842, in-4, cart.
1352. Machumetis ejusque successorum vitæ, doctrina, ac ipse Alcoran, quæ D. Petrus, abbas Cluniacensis, ex arab. in latin. transferri curavit; adjectæ sunt confutationes multo-

rum authorum. Hæc omnia in unum volumen redacta sunt opera et studio Theod. Bibliandri. *Basileæ, Oporinus,* 1543, 5 part. en 1 vol. in-fol., bas. rouge.

> Première traduction latine de l'Alcoran. Cette édition est plus rare et plus complète que celle de 1550. Dans cet exemplaire, la préface de la 3e partie : *Historia de Saracenorum origine,* est de Ph. Mélanchton.

1353. — Autre exemplaire de la même édition, mais où la préface de la 3e partie est de Martin Luther. 1 vol. in-fol., veau.

1354. — Le même, en 1 vol. in-fol., rel. en bois.
> Mouillures.

1355. L'Alcoran de Mahomet, traduit d'arabe en français, par le sieur du Ryer. *La Haye,* 1683, in-12, v. fil., tr. dor.

1356. — Le même. *Anvers,* 1717, pet. in-8, veau.

1357. — Le même. *Amsterdam,* 1775, 2 vol. in-12, v., carte et fig.

1358. Le Koran, trad. de l'arabe, par Savary, avec une notice sur Mahomet, par Collin de Plancy, suivi des doctrines et devoirs de la religion musulmane tirés du Coran, et de l'Eucologe musulman, trad. de l'arabe, par Garcin de Tassy. *Paris,* 1826-40, 3 vol. in-18, br.

1359. L'Alcoran, trad. française par Fatma Zaïda. *Lisbonne,* 1861, in-8, br.

1360. Der Koran, aus dem arabischen übersetzt, von Dr. L. Ullmann. *Crefeld,* 1840, in-12, br.

1361. The Koran, translated from the arabic, the Suras arranged in chronological order, with notes and index, by J. M. Rodwell. *London,* 1861, in-8, perc.

1362. Selections from the Coran, by W. Lane. *London,* 1843, in-8, cart.

1363. NOUDJOUM AL FOURQAN. Les astres du Coran. Composé par Ibn Mohammed Saïd Effendi, afghan de Bénarès. *Calcutta,* 1811, gr. in-4, d.-rel.

> Cet ouvrage est une concordance du Coran, par ordre alphabétique, avec la préface en persan.

1364. Muhammedanus precans, id est liber precationum Muhammedicarum, arabicus manuscriptus in Bibl. Gottorpiana inventus, nunc latinitate donatus et notis illustratus, auct. H Henningi. *Sleswigæ,* 1666, pet. in-8, parch.

1365. Der Koran und die Osmanen, in Jahre 1826, von Alex. Müller. *Leipzig,* 1827, pet. in-8, br.
1366. Scriptorum arabum loci de Abbadidis editi à Dozy. *Lugd. Bat.,* 1863, in-4, br. (Vol. III.)
1367. Le Livre d'Abd-el-Kader, intitulé: *Rappel à l'intelligent, avis à l'indifférent,* trad. par G. Dugat. *Paris,* 1858, in-8, d. v. bl.
1368. Les dix soirées malheureuses; contes d'Abd-Errahman, trad. de l'arabe par J. J. Marcel. *Paris,* 1829, 3 vol. in-8, cart., fig.
1369. Géographie d'Aboulféda, traduite en grec, avec le texte arabe en regard, par Dém. Alexandridès. *Vienne,* 1807, in-8, d.-r.
1370. Géographie d'Aboulféda. Texte arabe, publié par Reinaud et Mac Guckin de Slane. *Paris, Impr. roy.,* 1840, 2 p. en 1 vol. in-4, d.-r.
1371. Géographie d'Aboulféda, en arabe, par Schier. *Dresde,* 1841, in-fol. 4 livraisons.
1372. Abulfedæ annales moslemici, ed. Reiske. 1754, in-4. = Tabulæ geographicæ ed. Rinck. *Lipsiæ,* 1781, in-8, etc. = 4 vol. in-8, br. et rel.
1373. Abulfedæ annales moslemici, ex arab. vertit Reiske. 1854, in-4. = Arabiæ descriptio. *Gottingæ,* 1802, in-4, v. = Descriptio Ægypti, edidit Michaelis. *Gottingæ,* 1776, in-4.
1374. Ismael Abu'l-Feda, de vita, et rebus gestis Mohammedis, Moslemicæ religionis auctoris et imperii Saracenici fundatoris, arab. edid., latine vertit, præfatione et notis illustr. J. Gagnier. *Oxoniæ,* 1723, in-fol., parch.
1375. Abulfedæ historia anteislamica, arabice edidit, versione latina, notis et indicibus auxit H. Orthobius Fleischer. *Lipsiæ,* 1831, in-4, d. v. f.
1376. Abdollatiphi historiæ Ægypti compendium. Arab. et Lat. ed. White. *Oxonii,* 1800, in-4, cart.
1377. Caroli Rieu. De Abul Alae, poetæ arabici, vitæ et carminibus. *Bonnæ,* 1843, in-8, br.
1378. Voyages d'Abdallah, en arabe, *Singapure,* 1838, in-8, d.-r. et autres ouvrages arabes. = 18 vol. in-8, d.-r. et br.
1379. Abu'l Mahasin Ibn Tagri Bardii annales, arabicè editi a Juynboll et Matthes. *Lugd. Bat.,* 1852, 2 tom. en 4 part. broch.

1380. AKRABADIN. Pharmacopée. Traité de la préparation des remèdes, traduit du français en arabe, par Yacoub. *Boulaq,* 1252 (1837), in-8, cart.

<small>Prélim. et table, 4 pages. — Texte, 82 pages, = 21 lignes, encadr. d'un double filet.</small>

1381. AKRABADIN, ou pharmacopée, traduit en arabe, par le Khodja Yacoub. *Boulaq.,* 1253 (1838), in-8, bas. à recouvr.

<small>1re part., 126 pages; 2e p., 59 pages.</small>

1382. KOLAÏD ELOKIAM. Le collier d'or pur, ou série d'hommes illustres de l'islamisme, par Abou Nasser El Fatah Ben Grakan. *Paris,* 1864, gr. in-8, br.

<small>Tout arabe.</small>

1383. Abul Farajii historia Arabum. *Oxoniæ,* 1650, et autres ouv. en arabe, = 5 vol. in-8, rel.

1384. Liber expugnationis regionum, auctore Al-Beladsori, edid. de Gœje. *Lugd. Bat., Brill,* 1865, in-4 (2e partie).

1385. Alfiyah. Carmen didacticum grammaticum, auctore Ibn-Mâlik, edidit Dieterici. *Lipsiæ,* 1861, in-4, br.

1386. Sententiæ Ali-Ebn-Abi-Talebi, arabice et lat., ed. Van Waenen. *Oxonii,* 1806, in-4, d.-r., mar.

1387. Alii Ispahanensis liber Cantilenarum magnus, illustratus à Kosegarten. *Gripesvoldiæ,* 1840. Tome 1er en 6 fasc. in-4, br.

1388. Kitabo'l Boldan, sive liber regionum, auct Al-Jaqubi, edidit Juynboll. *Lugd. Bat., Brill,* 1861, in-8, br.

1389. Descriptio Al-Magribi, sumpta e libro regionum Al-Jaqubi, ed. de Gœje. *Lugd. Bat., Brill,* 1860, in-8. br.

1390. Al Kindi genannt « der Philosoph der Araber, » von Dr G. Fluegel. *Leipzig,* 1857, in-8, br.

1391. Traité de météorologie, de physique et de galvanoplastie, rédigé en arabe, par Soliman Al-Harairi. *Paris,* 1862, in-8, br.

1392. Analectes sur l'histoire et la littérature des Arabes d'Espagne, par Al-Makkari, publiés avec une introduction et des notes, par Dozy, Dugat, Krehl et Wright. *Leyde,* 1855-61, 2 vol. in-4, perc. n. rogn.

<small>Excellente et magnifique édition du texte arabe d'Al-Makkari; elle remplace parfaitement l'édition de Boulaq, difficile à se procurer.</small>

1393. AL MANTIK ... La logique de Dumarsais, traduite en arabe, par Rafâa Effendi. *Boulaq,* 1254 (1839), in-8, cart.

<small>Introd. et table, 4 ff. — 60 pag., — 23 lig., encadr. d'un double filet.</small>

1394. Extraits du roman d'Antar. Texte arabe, publié par Caussin de Perceval. *Paris*, 1841, in-8, d.-r.

1395. Avicenna. Libri V canonis medicinæ, arabice. *Romæ, ex typ. medicea*, 1593, in-fol., d.-r. dos et coins veau fauve, n. rogn. (*Bauzonnet.*)
   Tout arabe. V. Cat. Sacy, 1815.

1396. Az Zamaksarii lexicon geographicum arabicum, ed. de Grave. *Lugd. Bat.*, 1856, in-8, br.

1397. Le guide des égarés, traité de théologie et de philosophie, par Moïse ben Maimoun, dit Maïmonide, publié pour la première fois dans l'original arabe et accompagné d'une traduction française et de notes critiques littéraires et explicatives, par S. Munk. Tom. I. *Paris*, 1856, gr. in-8, broch.

1398. Calila et Dimna versio arabica, sive fabula Bidpaï, ed. Schultens. *Lugd. Bat.*, 1786, in-4, d. rel.

1399. Kalila et Dimna, ou fables de Bidpaï, en arabe. *Boulak*, 1251 (1836), 1 vol. gr. in-8, v. rac.
   2 ff. préliminaires, 109 pages, = 31 lignes, encadr. d'un double filet.

1401. Chronicon Samaritanum, arabice conscriptum, cui titulus est Liber Josuæ, edidit Juynboll. *Lugd. Bat.*, 1848, in-4, br.

1402. Die Chroniken der Stadt Mekka, herausgegeben von Wüstenfeld. *Leipzig*, 1858-1861, 4 vol. in-8, br.

1403. Die Chroniken der Stadt Mekka, herausgegeben von Wüstenfeld. *Leipzig*, 1859-61, 3 vol. in-8 (vol. 2 à 4).

1404. Fructus Imperatorum et jocatio ingeniosorum ed. Ebn-Arabschah. Arab. ed. Freytag. *Bonnæ*, 1832, 2 vol. in-4, br.

1405. Fructus Imperatorum et jocatio ingeniosorum, auctore Ebn-Arabschah. Arabice ed. Freytag. *Bonnæ*, 1832, 2 vol. in-4, br.

1406. Edrisi Africa, edidit Hartmann. *Gottingæ*, 1796, in-8, v. = Hartmann commentatio de geographia Africæ. *Gottingæ*, 1791, in-4, v.

1407. Description de l'Afrique. Texte arabe, publié par A. de Kremer. *Vienne*, 1852, in-8, br.

1408. Le recueil des traditions mahométanes, par El Bokhari, publié par Krehl. *Leyde, Brill*, 1862, 2 vol. in-4, cart.

1409. Vitæ illustrium virorum, auctore Ebn-Navavi, ed. Wüstenfeld. *Gottingæ*, 1832, in-4, br. = Enchiridion studiosi auct. Borhan-ed-Dini, ed. Caspari. *Lipsiæ*, 1838, in-4, br.

1410. Hamasæ carmina, arab. ed. Freytag. *Bonnæ*, 1828, 2 vol. in-4, br.

1411. Hamasæ carmina, ed. Freytag. *Bonnæ*, 1828, 2 vol. in-4, br. (Le tome II en 4 part.)

1412. Hamasæ carmina, ed. Freytag. *Bonnæ*. Tome II, livr. 2, 3 et 4.

1413. Hamasa, oder die ältesten arabischen Volkslieder, gesammelt von Abu Temman, übers. und erlaüt., von Friedr. Rückert. *Stuttgart*, 1846, 2 vol. in-8, perc.

1414. Haririi eloquentia Arabica, ed. Schultens. 1731, in-4, v. f. tr. dor., = et autres, 10 vol. in-4, rel. et br.

1415. Les Séances de Hariri, publiées en arabe, avec un commentaire choisi, par le baron Silvestre de Sacy. *Paris, Impr. roy.*, 1821-22, 2 part. en 1 vol. in-fol., d. mar. Lavallière.

Bel exemplaire de cette excellente édition.

1416. Les Séances de Hariri, publiées en arabe, avec un commentaire choisi, par le baron Silvestre de Sacy. *Paris, Impr. roy.*, 1821-22, 2 vol. in-fol., br.

1417. Haririi narrationes, ex arabico lat. vertit Peiper. *Cervimontii*, 1832, in-4, rel.

1418. Incha-ï Attar. Formulaire de lettres missives, composé par le Cheikh Ahmed el Atthar. *Boulaq*, 1250 (1835), in-8, cart.

En arabe. — 157 pages, = 23 lignes; encadr. d'un filet double.

1419. Commentaire historique sur le poëme d'Ibn-Abdoun, par Ibn-Badroun, publié par Dozy. *Leyde*, 1848, in-8, br.

1420. The travels of Ibn-Batuta, translat. from the Arabic, by Sam. Lee. *London*, 1829, in-4, pap. vél., broch.

1421. The travels of Ibn-Batuta, transl. from arabic manuscript copies, with notes illustrative of the history, geography, botany, antiquities, etc., by Samuel Lee. *London*, 1829, in-4, d.-rel., mar.

1422. Ibn-Coteibas Handbuch der Geschichte, von Wüstenfeld. *Gottingen*, 1850, in-8, br.

1423. Ibn-el-Athiri Chronicon, ed. Tornberg. *Upsaliæ*, 1853, (Vol. VII, XI et XII.) 3 vol. in-8.

1424. Ibn-el-Athiri Chronicon, ed. Tornberg. *Lugd. Bat., Brill*, 1865, in-8, br.

Vol. VII, dernier publié.

1425. The oriental geography of Ebn-Haukal, an arabian traveller of the tenth century. Transl. from a manuscript by W. Ouseley. *London*, 1800, gr. in-4, carte, pap. vél., v. rac., fil.

Exempl. de Sacy.

1426. Iracæ Persiæ descriptio, e codd. Arabicis ed. Ujlenbroek. *Lugd. Bat.*, 1822, in-4, rel.

1427. Ibn-Khalduni narratio de expeditione Francorum in terras Islamico subjectas. *Upsaliæ*, 1840, in-4, br. et autres, = 30 brochures in-4.

1428. Histoire des Berbères et des dynasties musulmanes de l'Afrique Septentrionale, par Ibn-Khaldoun, publiée par le baron de Slane. *Alger*, 1847-51, 2 vol. in-4, d.-r.

1429. Histoire de l'Afrique sous la dynastie des Aghlabites, et de la Sicile sous la domination musulmane. Texte arabe d'Ebn-Khaldoun, accompagné d'une traduction française et de notes, par A. Noel des Vergers. *Paris, F. Didot*, 1841, gr. in-8, d. v. f.

1430. Prolégomènes d'Ebn Khaldoun, texte arabe, publié par M. Quatremère. *Paris*, 1858, 3 vol. in-4, br.

1431. Alfiyah, carmen didacticum grammaticum, auct. Ibn-Malik, ed. Dieterici. *Lipsiæ*, 1851, in-4, br.

1432. Jacut's Moschtarik lexicon geographischer homonyme (arab.) hrsgg. von Wüstenfeld. *Gottingen*, 1845, 3 part. in-8, br.

1433. Commentaire du cheikh Khaled sur l'Adjaroumiah, en arabe. *Boulaq*, 1262 (1847), in-8, cart.

54 pages, = 23 lignes, encadr. d'un double filet.

1434. Kitab fy cénati çabaghat el hharir. L'art de teindre la soie, trad. du français de Macquer en arabe, par le moine Raphaël. *Boulaq*, 1238 (1823), in-4, cart.

Préliminaires et table, 12 pages. — Texte 118 pages, — 28 lignes; sans encadr.

1435. Quatremère. Mémoire sur le Kitab Alagani ou recueil de chansons. *Paris*, 1838, in-8. = Mémoire sur la vie de Ben-Zobaïr. 1832. = Proverbes arabes de Meidani. 1838. = 4 vol. in-8, br.

1436. Mémoire sur le Kitab Alagani, recueil de chansons, par Quatremère. *Paris*, 1837, in-8, br.

1437. Kitab Alif Laïla wa Laïla. Le livre des mille et une nuits, en arabe. *Boulaq*, 1261 (1845), 2 tom. en 1 vol. in-fol., br.

1re p. Titre; 201 ff. — 2e p. 1 ff. n, chiffré, 194 ff. — 34 lignes, encadr. d'un double filet.

1438. The Arabian nights in the original Arabic. *Calcutta*, 1814, 2 vol. in-8, rel. = The same. 1829, in-8, br.

1439. Arabian nights in the original Arabic. *Calcutta*, 1829, in-8, etc., autres ouvrages, = 7 br. in-8 et in-4.

1440. Lexicon geographicum, arabice, ed. Juynboll. *Lugd. Bat.*, 1859, in-8, br. (Vol. 4 et 6).

1441. Fables de Lokman en arabe, publiées par Caussin de Perceval. *Paris, Imp. roy.*, in-4, br.

1442. Fables de Loqman, trad. par Marcel. *Paris*, 1803, in-12, d.-rel.

1443. Mataliú-chémsis-seir. L'aurore ou le lever des soleils errants. *Boulaq*, 1257 (1842), in-8, bas. à recouvr.
> Histoire de Charles XII, de Voltaire, traduite en arabe par Mehemed Moustapha, sous-officier attaché à l'école égyptienne des langues. — Préface et table, 3 ff.; 278 pages, 25 lignes, — encadr. d'un double filet.

1444. Meidanii Proverbiorum Arabicorum pars, ed. Schultens. *Lugd. Bat.*, 1795, in-4, br.

1445. Meidanii proverbiorum arabicorum pars, latine vertit et notis illustravit H. A. Schultens. *Lugd. Batav.*, 1795, in-4, d. v. f.

1446. Moallakah Amrulkeisi. *Lugd. Bat.*, 1748. = Idem, ed. Heugstenberg, 1823. = Tarafæ Moallakah, 1829. = 4 br. in-4.

1447. Amrulkeisi Moallakah. *Bonnæ*, 1822. = Antaræ Moallakah, 1816. = Harethi Moallakah, 1827. = etc. 6 vol. in-4, rel. et br.

1448. Harethi Moallakah, cum scholiis Zouzenii. *Oxonii*, 1820, in-4, rel.
> A la fin : Caabi ben Sohair, carmen ed. Freytag. 1822, in-4.

1449. Septem Moallakat. Carmina antiquissima Arabum, ed. Arnold. *Lipsiæ*, 1850, in-4, br.

1450. Book of religions and philosophical sects, by Muhammad Al-Sharastani, edited (arabic) by W. Cureton. *London*, 1842-46, 2 vol. gr. in-8, perc.

1451. Sojutii liber de interpretibus Korani, edidit Meursinger. *Lugd. Bat.*, 1839, in-4, br.

1452. Pillar of faith of the Sunnites, being a short exposition of the principal tenets of the orthodox Muhammadans, by Hafidh-Uldin Abu'lbarakat Ahmad Alnasafi, edit. by W. Cureton. *London*, 1843, in-8, perc.

1453. Pillar of the Creed of the Sunnites, being a brief

exposition of their principal tenets, edited by W. Cureton. *London*, 1843, in-8, perc.

1454. Taalibii syntagma dictorum acutorum, arabice editum à Valeton. *Lugd. Bat.*, 1844, in-4, et autres ouvr. arabes, = 30 vol. br.

1455. Sententiæ Ali Ebn Abi Talebi, arab. et lat. ed. Cornelius van Waenen. *Oxonii*, 1806, in-4, v.

1456. Carmen Tograi, cum versione latina et notis Ed. Pocockii; accessit tractatus de prosodia arabica. *Oxonii*, 1661, 2 t. en 1 vol. pet. in-8, vél.

1457. Zoheiri Carmen et Amrulkeisi Moallakah ed. Lette. *Lugd. Bat.*, 1748, in-4, mar. citr. = Tharaphæ Moallakah, ed. Reiske. *Lugd. Bat.*, 1742, in-4, v.

1458. Reiske. De Arabum epocha vetustissima. *Lipsiæ*, 1748, in-4, v. = et autres ouvrages arabes, 17 vol. in-4, rel. et br.

1459. Anthologia sententiarum arabicarum, edidit Schultens. *Lugd. Bat.*, 1772, in-4, br.

1460. Specimen of Arabian poetry, by Carlyle Cambridge. 1796, in-4, cart.

1461. Historia Decem Vezirorum. *Gottingæ*, 1807, in-12, vélin, = et autres ouvrages arabes, 20 vol. in-8.

1462. Les voyages de Sind-Bad le marin ou la ruse des femmes. Texte arabe et trad. par Langlès. *Paris, Imp. roy.*, 1814, in-12, v. rac.

1463. Selecta ex historia Arabum e cod. arabico ed. Freytag. *Lut. Par.*, 1819, in-8, br.

1464. Vestigios da lingoa arabica em Portugal, por Souza. *Lisboa*, 1830, in-4, br.

1465. The Anis ul Musharrahin, or Anatomist's vade-mecum; transl. into arabic from the original of Rob. Hooper, by J. Tytler; to which is added an index of scientific terms in english and arabic. *Calcutta*, 1830, in-4, d. v. f., avec une grande planche.

<small>Épuisé et rare. — Préface, 16 pp.; index, 108 pp.; texte, 310 pp.; table des matières (en arabe), 9 pp.; préface en arabe, 12 pp. numérotées en lettres arabes.</small>

1466. INCHA. Manuel épistolaire, en arabe. *Boulaq*, 1250 (1835), in-8, cart.

<small>148 pages (dont les 4 dernières sont chiffrées par erreur 73, 74, 75, 76), = 25 lignes, encadr. d'un filet double.</small>

1467. Traité de Chirurgie, en arabe. *Boulaq*, 1251 (1836), in-8, v. rac.
    552 pp.
1468. Traité d'ophtalmologie, traduit du français en arabe. *Boulaq*, 1256 (1841), gr. in-8, bas. à recouvr.
    465 pages, encadrement d'un double filet.
1470. Médecine des femmes et des enfants, en arabe. *Boulaq*, 1260 (1845), in-8, v. rac.
    651 pp.
1471. Traité des maladies des enfants, en arabe. *Boulaq*, 1261 (1846), in-8, v. rac.
    840 pp.
1472. Bibliotheca Arabo Sicula, publicata da Amari. *Lipsia*, 1856, in-8, br. = Partes 2 et 3.
1473. Opuscula Arabica, collected and edited from mss. in the University library of Leyden, by W. Wright. *Leyden*, 1859, in-8, br.
1474. Beiträge zur Kenntniss der Poesie der Alten Araber, von Th. Noldeke. *Hannover*, 1864, in-8, br.
1475. Arithmétique en arabe. In-4 et autres ouvr. arabes. = 20 vol. in-4, rel.
1476. Hugonis adversus Muhammedanos liber, ab Ed. Pocokio in linguam arabicam translatus. *Halæ*, 1731, in-12, v. f. fil., tr. dor. (*Bozérian*.)
    Dans le même volume : *H. Grotii de Novi Testamenti auctoritate liber ab Ed. Pocokio in ling. arab. transl. Halæ*, 1733.
1476 bis. Le Cid, d'après de nouveaux documents, par R. Dozy. *Leyde*, 1860, in-8, br.
1477. Parafrasis arabe de la tabla de Cebes, traducida en Castellano e ilustrada con notas, por D. Pablo Lozano y Casela. *Madrid*, 1793, in-4, veau, planche.
    Ce volume contient le texte arabe ponctué, avec la traduction espagnole en regard, et à la fin du volume, le texte arabe seul sans points. — Les pp. 169 à 219 renferment 3 centuries de proverbes, également trad. en espagnol.
1478. Basilii Magni, Cæsariensis archiepiscopi, regula ad Monachos, arabice. *Romæ, typ. congr. de prop. fid.*; 1745, in-fol., broch.
    Tout arabe. — Titre, 7 ff. prélim., 301 pages, = 28 lignes, encadr. d'un double filet.
1479. Extrait d'une trad. ms. en langue berbère de quelques parties de l'Écriture Sainte, contenant XII chapitres de S. Luc. *Londres*, 1833, in-8, v. br.

1480. Voyage du Pèlerin de Bunyan, en arabe. *Malte*, 1834, et autres ouvrages. = 20 vol. in-4 et in-8.

1481. Histoire d'Elizabeth (en arabe). *Malte*, 1826, in-12, cart.

b. Hébreu.

1. Grammaires.

1482. Rudimenta linguæ hebraicæ, auct. Ant. Cevallerio. *Excud. J. Crispinus Atrebatius*, 1560, pet. in-8, d. v.

1483. Communes et familiares hebraicæ linguæ idiotismi. *Antverpiæ*, 1572, in-fol., v.

1484. Rudimenta hebraïcæ linguæ. *Genevæ*, 1580, in-4, v. (*Aux armes de De Thou.*)

1485. L'harmonie étimologique des langues, où se démonstre que toutes les langues sont descendues de l'hébraïcque, par Et. Guichart. *Paris*, 1619, in-8, parch.

1486. Racines hébraïques sans points voyelles. *Paris*, 1732, in-8, rel., = et autres ouvr. sur la langue hébraïque, 10 vol. in-8.

1487. Grammaires hébraïques par Franck, Delaporte, Jahn, etc. = 10 vol. in-8, rel. et br.

1488. An Examination of the Ancient Orthography of the Jews, by Wall. *London*, 1835, 2 vol. in-8, rel, et br.

2. Dictionnaires.

1489. Dictionarium chaldaicum, per Seb. Münsterum. *Basileæ*, 1528, in-4, v. fauve.

1490. Dictionarium hebraicum, auct. J. Forstero. *Basileæ*, 1564, in-fol., parch.

1491. Arca Noe, thesaurus linguæ sanctæ novus, Marco Marino Brixiano auctore. *Venetiis*, 1593, 2 vol. in-fol., veau.

Quelques mouillures.

1492. Thesaurus linguæ sanctæ, sive lexicon hebraicum, auct. Sancte Pagnino, recogn. J. Mercerus. *Colon. Allobrog.*, 1614, in-fol., d.-rel.

Quelques mouillures.

1493. Epitome thesauri linguæ sanctæ, auct. S. Pagnino;

accessit lexicon latino-hebraicum. *Antverpiæ, Raphelengius*, 1616, in-8, cart.

Quelques mouillures.

1494. Planta vitis, seu thesaurus sinonimicus hebraico-chaldaico-rabbinicus, auct. J. Plantavitio Pausano. *Lodovæ*, 1644, in-fol., rel.
1495. Lexicon Pentaglotton, hebraicum, chaldaicum, etc. auct. Oederano. *Franc.*, 1653, in-fol., vél.
1496. Glossarium universale hebraicum, quo, ad hebraicæ linguæ fontes, linguæ et dialecti pene omnes revocantur, auct. Lud. Thomassino. *Parisiis, e typ. reg.*, 1697, in-fol.
1497. Lexicon hebraicum et chaldaico biblicum, aut. P. J. Bouget. *Romæ*, 1737, 3 vol. in-fol., parch.
1498. — Autre exemplaire, cartonné.
1499. Lexicon hebraico-chaldaico-biblicum (a Musellio et J. M. a Sancto Josepho). *Avenione*, 1758-65, 2 vol. in-fol., veau.
1500. Simonis lexicon manuale hebraïcum. *Halæ*, 1793, 2 vol. in-8, v.
1501. Th. Dindorfii novum lexicon linguæ hebraico-chaldaicæ commentario in libros Veteris Testamenti locupletatum. *Lipsiæ*, 1801-1804, 2 forts vol. in-8, veau.
1502. A hebrew and English dictionary, without points, by Parkhurst. *London*, 1828, in-8, rel.
1503. Vocabulaire hébreu-français, par l'abbé Giraud. *Vilna*, 1825, in-12, cart.
1504. Lexicon manuale hebraicum et chaldaicum, auct. J. Glaire. *Parisiis*, 1830, in-8, cart.
1505. — Le même. Seconde édition. *Parisiis*, 1843, in-8, d. v. fauve.
1506. An english and hebrew and hebrew-english lexicon, by Selig Newman. *London*, 1832-34, 2 vol. in-8, d. v. ant.
1507. Lexicon manuale hebraicum et chaldaicum in Veteris Testamenti libros, ed., retractavit et auxit G. Gesenius, Editio altera emendatior a Th. Hoffmanno recognita. *Lipsiæ*, 1847, in-8, d. mar.
1508. Lexicon hebraicum, ed. Leopold. *Lipsiæ*, 1851, in-12, broch.
1509. Dictionarium hebraicum, s. d. in-8, rel. et autres ouvrages hébreux, = 9 vol. in-8, rel.

3. Littérature.

1510. De Sacra poesi Hebræorum, à Lowth. *Oxonii*, 1775, 2 vol. in-8, rel.
1511. Lowth. De sacra poesi Hebræorum, ed. Rosenmüller. *Lipsiæ*, 1815, in-8, br.
1512. Leçons sur la poésie sacrée des Hébreux, par Lowth trad. en fr. *Lyon*, 1812, 2 vol. in-fol., d.-rel.
1513. De la littérature des Hébreux, par Salgues. *Paris*, 1825, in-8, br.
1514. Geschichte der poetischen national Literatur der Hebräer, von Meier. *Leipzig*, 1856, in-8, br.
1515. Chrestomathia rabbinica et chaldaica, cum notis grammaticis, historicis, theologicis, glossario et lexico abbreviaturarum, quæ in Hebræorum scriptis passim occurrunt, auct. J. Th. Beelen. *Lovanii*, 1841-43, 3 vol. in-8, d. v. f.
1516. Le livre d'Hénoch sur l'amitié, trad. de l'hébreu, par A. Pichard. *Paris*, 1838, in-8, v. rac.
1517. Mahhzour. Cycle..... Recueil de prières additionnelles des Juifs allemands, pour toutes les fêtes et jeûnes de l'année, en hébreu, avec traduction allemande en caractères rabbiniques. *Amsterdam*, 1768, 9 vol. in-8, bas.
1518. Mahhzour. Cycle ou recueil de prières additionnelles des Juifs pour toutes les fêtes, avec traduct. en allemand Rabbinique. *Lunéville*, 1797, 4 vol. in-4, d.-rel.
1519. Le Jardin enchanté, contes Chaldéens, par Carmoly. *Bruxelles*, 1844, in-8, br.

c. Phénicien, syriaque.

1520. Lettres à M. de Saulcy sur quelques monuments de la langue phénicienne, par A. C. Judas. *Paris*, 1843, in-8, br.
= Mémoire sur la langue phénicienne, par le marquis de Fortia. *Paris*, 1830, in-8, br.
1521. Temple de Baal à Marseille, ou Grande inscription phénicienne, découverte dans cette ville en 1845, expliquée et accompagnée d'observations critiques et historiques, par l'abbé J. J. L. Bargès. *Paris*, 1847, gr. in-8, d. mar. rouge, pl.

1522. Étude démonstrative de la langue phénicienne et de la lanque libyque, par A. C. Judas. *Paris*, 1847, in-4, br.

1523. Zwei Sidonische Inschriften, eine griechische aus christlicher Zeit und eine altphönicische Königsinschrift, hrsggb. und erklärt von F. Dietrich. *Marburg*, 1855, in-8, br., pl.

1524. Phönizische Studien, von Dr M. A. Levy. *Breslau*, 1856-54. Livr. 1 et 3, in-8, br., avec planches.

1525. J. D. Michaelis grammatica syriaca. *Halæ*, 1784, in-4, v. rac.

1526. Lexicon Syriacum, auctore Gutbirio. *Hamburgi*, 1667, in-fol.
    Ex. interfolié.

1527. Lexicon Syriacum, à Carolo Schaf. *Lugd. Bat.*, 1709, in-4, vélin.

1528. Chrestomathia Syriaca, cum lexico syriaco, auct. G. G. Kirsch. *Hofæ*, 1789, pet. in-8, bas.

1529. Anecdota Syriaca, collegit, edidit, explicuit J. P. N. Land. Tom. Ier. *Lugd. Batav.*, 1862, in-4, br., 28, pl. fac-simile.

1530. The third part of the Ecclesiastical history of John Bishop of Ephesus, now first (syriac), edited, by W. Cureton. *Oxford*, 1853, in-4, perc.

1531. The festal letters of Athanasius discovered in an ancient syriac version, and edited by W. Cureton. *London*, 1848, gr. in-8, perc.

H. Langues chinoises.

a. Chinois.

1. Grammaires.

1532. Meditationes Sinicæ, auct. St. Fourmont. *Lut. Paris.*, 1737, in-fol., br.

1533. Linguæ Sinarum grammatica duplex, item sinicorum Regiæ Bibliothecæ librorum catalogus, auct. Steph. Fourmont. *Lut. Paris.*, 1742, in-4, cart.

1534. Lettre de Pékin sur le génie de la langue chinoise (par le P. Amyot). *Bruxelles*, 1773, in-4, veau, pl.

1535. An explanation of the elementary characters of the Chinese, by Joseph Hager. *London*, 1801, in-fol., d. rel.

1536. Elements of Chinese grammar, with a dissertation on

the characters and the colloquial medium of the Chinese, and an appendix containing the Tahyoh of Confucius with a translation, by D. Marshman. *Serampore,* 1814, in-4, v. gr.

1537. Grammatica latina, ad usum Sinensium, a J. A. Gonsalvez. *Macao,* 1828, in-12, cart.
    Rare.

1538. Arte China, constante de alphabeto e grammatica comprehendendo modelos das différentes composiçoens, composta por J.-A. Gonçalvez. *Macao,* 1829, pet. in-4, d. ch.

1539. Notices on Chinese grammar. Part. 1. Orthography and etymology, by Philo-Sinensis. *Batavia,* 1842, in-8, cart.

1540. Anfangsgründe der Chinesischen Grammatik, von Stephan Endlicher. *Wien,* 1845, 2 vol. in-8, br.

1541. Mémoire sur les principes généraux du chinois vulgaire, par Bazin. *Paris,* 1845, in-8, dem. rel.

✗1542. Manuel pratique de la langue chinoise vulgaire, par Louis Rochet. *Paris,* 1846, gr. in-8, br.

1543. Chinese Manual. Recueil de phrases chinoises, composées de quatre caractères (par Thom.). *London,* 1854, in-fol., cart.

1544. A guide to conversation in the english and Chinese languages, by Stan. Hernisz. *Boston,* 1854, in-8, obl., br.

1545. Grammaire mandarine ou principes généraux de la langue chinoise parlée, par A. Bazin. *Paris, Impr. imp.,* 1856, in-8, br.

1546. Grammaire mandarine, ou principes du chinois parlé. *Paris, Impr. imp.,* 1856, in-8, br.

1547. Guide des armées alliées en Chine, en trois langues, français, anglais, chinois avec prononciation figurée, suivi d'un vocabulaire dans les trois langues, par P. Dabry. *Paris,* 1859, in-12, br.

1548. Ueber Chinesische und Tibetische Lautverhältnisse und über die Umschrift jener Sprachen, von Richard Lepsius. *Berlin,* 1861, in-4, cart.

1549. Chinese dialogues literally rendered into english, by Dr Medhurst. *Shanghai,* 1863, in-8, br.

1550. 5 brochures de M. Abel Rémusat, sur la langue chinoise.

1551. 20 brochures in-8, sur différents points de philologie chinoise.

1553. Discussions grammaticales de MM. Julien et Pauthier, sur la langue chinoise. 6 broch. en 1 vol. in-8, d. rel.

2. Dictionnaires.

1554. Dictionnaire chinois, français-latin, par De Guignes. *Paris, Impr. imp.*, 1813, in-fol., br. av. supplément.
1555. Supplément au dictionnaire chinois-latin de De Guignes. *Paris, Impr. roy.*, 1819, in-fol., cart.
1556. A dictionary of the Chinese language, by R. Morrison. Vol. II, p. 1. *Macao*, 1822, in-4, cart.
1557. A dictionary english and Chinese, by R. Morrison. *Macao*, 1822, in-4, cart., n. rogn.
1558. Lexicon manuale latino-sinicum, auctore J.-A. Gonsalvez. *Macao*, 1839, gr. in-8, br.
> Ce volume rare, dont il n'est parvenu en Europe qu'un petit nombre d'exemplaires, contient la traduction chinoise de plus de 10,000 mots latins.

1559. Chinese and english Vocabulary, by Rob. Thom. Part I. *Canton*, 1843, 1 vol. in-8, lithogr., br. à la chinoise.
1560. Vocabularium sinicum, concinnavit G. Schott. *Berolini*, 1844, in-4, br.

3. Littérature.

Ouvrages européens relatifs à la littérature chinoise.

1568. Th. Spizelii de re literaria Sinensium commentarius. *Lugd. Bat.*, 1661, in-12, v. br., fig.
1569. On Chinese literature, by Ant. Montucci. *London*, 1804, in-8. — Lettre à Abel Rémusat sur le génie de la langue chinoise, par G. de Humboldt. *Paris*, 1827, in-8, d. rel.
1570. Bayeri Museum Sinicum. *Petropoli*, 1730, 2 vol. in-8, veau, planches.
1571. Lehrsaal des Mittelreiches, enthaltend die Encyclopädie der chinesischen Jugend und das Buch des ewigen Geistes und des ewigen Materie, hrsgg., übers. und erläut. von C. F. Neumann. *München*, 1836, in-4, br.
1572. Œuvres de Confucius, trad. en allemand, par W. Schott. 1er Theil. Lun Yu. *Halle*, 1826, in-8, br.
1573. Yu le Grand et Confucius, histoire chinoise, par M. Clerc. *Soissons*, 1769, in-4, veau, avec pl.

1574. Ouvrages divers de M. Pauthier, relatifs à la doctrine du Tao. 1 vol. in-8, d. r., fig.

> Mémoire sur l'origine et la propagation de la doctrine du Tao fondée par Lao-Tseu, trad. du chinois, suivi de deux Oupanichads des Védas, avec le texte sanscrit et persan, par G. Pauthier. — Discussion sur le Tao entre MM. Pauthier et Klaproth. — Le Tao-te-King, ou le livre révéré de la raison suprême et de la vertu, par Lao-Tseu, texte chinois, commentaire et trad. par G. Pauthier.

1575. Die Philosophie in Fortgang der Weltgeschichte, von C.-J. Windischmann. *Bonn*, 1827. Vol. I en 4 t. in-8, cart.

> T. Ier, Chine. = T. II à IV, Indes.

1576. Les quatre livres sacrés de la Chine, trad. du chinois, par G. Pauthier. *Paris, Charpentier*, 1854, in-12, br.

1577. Monument de Yu, ou la plus ancienne inscription de la Chine, suivie de trente-deux formes d'anciens caractères chinois, par J. Hager. *Paris*, 1802, in-fol., d. rel.

1578. The Chinese speaker, or extracts from works written in the mandarin language, as spoken at Peking, compiled for the use of students, by Robert Thom. Part. 1. *Ningpo*, 1846, in-8, br. à la chinoise.

1579. Résumé secret pour observer les étoiles et pour découvrir facilement les jours heureux. In-8, br.

> Almanach astrologique, en chinois, publié par Kiang-tou-fé, grand intendant de la cavalerie. — On a ajouté la figure du *Miroir précieux*, nouvellement gravée dans la 24e année du Tao-Kouang. (1841.)

1580. An anglo Chinese calendar for the year 1844. *Macao*, 1844, in-8, br.

1581. Résumé des principaux traités chinois sur la culture des mûriers et l'éducation des vers à soie, trad. par Stan. Julien. *Paris, Impr. roy.*, 1837, in-8, br., planches.

1582. — Le même ouvrage, trad. en italien, par Bonafous. *Turin*, 1837, in-8, cart., planches.

1583. Résumé des principaux traités chinois sur la culture des mûriers et l'éducation des vers à soie, traduit par Stanislas Julien. *Paris, Impr. roy.*, 1837, in-8, d. m. r.

1584. Dictionnaire des noms anciens et modernes des villes et arrondissements de premier, deuxième et troisième ordre compris dans l'empire chinois, par Édouard Biot. *Paris, Impr. roy.*, 1842, in-8, br., carte.

1585. Mémoires sur les contrées occidentales, traduits du sanscrit en chinois, en l'an 648, par Hiouen-Thsang, et du chinois en français, par Stanislas Julien. *Paris, Impr. impér.*, 1857-58, 2 vol. gr. in-8, br. avec cartes.

<small>Le premier vol. est épuisé et rare.</small>

1586. A Chinese chronicle, by Abdalla of Beyza, transl. from the persian with notes by S. Weston. *London,* 1820, in-8, broch.

1587. Chinese romance and tragedy, translated by Davis. *London,* 1829, 2 vol. in-8, cart.

1588. Théâtre chinois, choix de pièces de théâtre composées sous les empereurs mongols, trad. par Bazin. *Paris, Impr. roy.*, 1838, in-8, d. rel.

1589. Théâtre chinois, par Bazin. *Paris,* 1838, in-8, br. = Histoire du Luth, trad. par Bazin, 1841, in-8, br.

1590. The sacred edict, containing sixteen maxims of the emperor Kang-Hi, etc., transl. from the Chinese, by W. Milne. *London,* 1817, in-8, bas.

1591. Traité de peinture (en chinois). Observations préliminaires. Principes. 1 cah. gr. in-8.

1592. Fragments of oriental literature, with an outline of a painting on a curious China-vase, by Stephen Weston. *London,* 1807, in-8, cart.

1593. Narrative of the Chinese embassy to the Khan of the Tourgouth Tartars (1712-15). Transl. from Chinese, by Sir G. Th. Staunton. *London,* 1821, in-8, v. fauve, carte col.

1594. Choix de contes et nouvelles, traduits du chinois, par Th. Pavie. *Paris,* 1839, in-8, d. mar. rouge.

1595. — Autre exemplaire, broché.

1596. Histoire de la ville de Khotan, tirée des annales de la Chine, et traduite du chinois, par A. Rémusat. *Paris,* 1820, in-8, d. rel.

1597. Éloge de la ville de Moukden et de ses environs, poëme de l'empereur Kien-Long, trad. par le P. Amiot. *Paris,* 1770, in-8, veau.

1598. 12 brochures in-8 sur des sujets relatifs à la Chine.

1599. 7 brochures relatives à la philosophie des Chinois.

<small>Esquisse d'une histoire de la philosophie chinoise, par Pauthier. (*Rare.*) — Le Ta-hio, trad. par Pauthier. — Meng-Tseu, latine vertit Stan. Julien. Pars I, etc.</small>

1600. Epitome of christian doctrine (Chinese). *Serampore,* pet. in-8, br.

1601. Lettres de M. de Saint-Martin, évêque de Caradre, vicaire apostolique du Su-Tchuen, à ses père et mère, et à son frère, religieux bénédictin, avec une notice biographique, par l'abbé Labouderie. *Paris*, 1822, in-8, d. rel.

1602. The sermon of Jesus upon the mount, in Chinese, malay and english. *Malacca*, 1842, in-8, br.

1603. An inquiry into the proper mode of rendering the word God in translating the sacred scriptures into the Chinese language, by W. H. Medhurst. *Shanghaï*, 1848, in-8, br.

1604. An inquiry into the proper mode of translating *Ruach* and *Pneuma*, in the Chinese version of the scriptures, by W. H. Medhurst. *Shanghaï*, 1850, in-8, br.

1605. Les instructions précieuses de Jésus (en chinois), 1 cah. in-8.

1606. Miscellaneous notices relating to China, with a few translations from the Chinese language, by Sir G. Th. Staunton. *London*, 1822-28, 2 vol. in-8, cart.

1607. Chinese Miscellany, consisting of original extracts from Chinese authors, in the native character; with translations and philological remarks, by R. Morrison. *London*, 1825, in-4, br.

1608. *Chinese Magazine*. Périodique chinoise, 1837-38, 17 n⁰ˢ in-8, br. à la chinoise.

<small>Manque le n° 10. — Cette collection est extrêmement curieuse. On y trouve des détails sur une foule de sujets d'histoire, de géographie, d'astronomie, de littérature, sur les événements d'Europe aussi bien que sur ceux de l'Asie.</small>

1609. The Chinese Repository. Précieuse collection devenue extrêmement rare, dont la plus grande partie a été détruite par un incendie. *Canton*, 1834-51, 55 n⁰ˢ in-8, br. séparés.

TEXTES CHINOIS ET TARTARES.

1. Livres classiques.

Livres canoniques et moraux. — Livres élémentaires.

1610. *Ou-king-tsi-Tchu.* Les cinq kings, ou livres canoniques, avec les meilleurs commentaires. Édition impériale, 26 vol. gr. in-8, br.

<small>Cette magnifique édition est ainsi divisée : *Y King*, cah. 1, 2; —</small>

Chi King, cah. 3-6; — *Chou-King*, cah. 7-10; — *Li-Ki*, cah. 11-20; — *Tchun-Tsiou*, cah. 21-26.

1611. *Ou-king-Tching-Weï*. Texte correct des 5 livres canoniques (sans commentaire). 16 cah. in-8.

1612. *Sse-chou-sou-tchu-tso-yen*. Les quatre livres classiques avec un commentaire variorum. 20 cahiers in-8.

1613. *Sse-Chou*. Ed. en dix cah., gr. in-8, rel. en 2 vol. d. r. dos et coins, v. ant.

1614. Les *Sse-Chou*. Collection des quatre livres, en mandchou et en chinois. 6 cah. gr. in-8, en une boîte.

1615. *Toung-Pan-sse-chou-tsun-tchou-ho-Kiang*. Les quatre livres, avec la paraphrase impériale conforme au commentaire de Tchou-hi, gravés sur planches de cuivre. 1813. Pet. in-fol., v. ant., fers à froid.

Grande édition en 6 cahiers. — Bel exemplaire.

1615 (²). — Le même broché., 6 cah. pet. in-fol.

1615 (³). — Les *Sse Chou*, autre édition, avec le même commentaire, 2 vol. in-8, d. rel.

1615 (⁴). — Le même, broché en 6 cah. in-8.

1615 (⁵). — Les *Sse Chou*, autre édition, sans commentaire. 1 vol. in-8, d. rel.

1616. *Chou-king-kiang-y-hoeï-pien-tsun-tchou-ta-thsiouan*. Le Chou-king, avec les notes de divers auteurs conformes au grand commentaire de Tchou-hi. 10 cah. gr. in-8, cart.

1617. *Yu-tchi-fan-i-sse-chou*. Les quatre livres classiques traduits en mandchou. 5 cah. pet. in-fol., en une boîte.

1618. *Yu-tchi-fan-i-sse-chou*. Les quatre livres classiques, traduits en mandchou. 6 cah. in-8, en une boîte.

1619. *Y King*, antiquissimus Sinarum liber, quem ex lat. interpret. P. Regis aliorumque ex soc. Jesu Patrum, edidit J. Mohl. Stuttgartiæ, 1834-39, 2 vol. in-8, br.

Épuisé et rare.

1620. *Kien-Pen-I-King*. L'Y-King. 2 cah. gr. in-8.

1621. Le *Lun-Yu*, ou le troisième des quatre livres classiques des Chinois, avec le commentaire de Tchou-hi. 2 cah. gr. in-8.

1622. Le *Ta-Hio* et le *Tchoung-Young*, les deux premiers livres classiques. 1 cah. in-8.

1623. — Le même, avec le commentaire de Tchou-hi. 1 cah. in-8.

1624. Le *Tá-hio* ou la grande étude, ouvrage de Confucius

et de Thseng-Tseu, trad. en français, avec une version latine et le texte chinois, par G. Pauthier. *Paris*, 1837, in-8, d.-r.

1625. *Tchoung-Young.* L'invariable milieu, texte chinois. 1 cah. in-fol.

1626. Le Tcheou-li, ou rites des Tcheou, traduit pour la première fois du chinois, par Ed. Biot. *Paris, Impr. nat.*, 1851, 2 vol. in-8, br., et table analytique.

1627. *San-Tseu-King*, ou le livre de phrases en trois caractères, avec un commentaire perpétuel. 1 cah. in-8.

1628. *Thsian-tseu-wen.* Le livre des mille mots, in-8, cart.

> Les mille caractères dont se compose ce traité, choisis parmi ceux qu'il est le plus utile de connaître, sont disposés de manière à former de huit en huit un sens complet, sans qu'aucun soit répété.

1629. *Thsian-tseu-wen.* Le livre des mille mots. Texte chinois enluminé en rouge.

2. Religion. Philosophie.

1630. *Chin-Thian-Ching-King.* Les livres saints du Ciel spirituel. La Bible, trad. en chinois, par Morrison et Milne, 1823, 17 cah. in-12.

Incomplet du cah. XI.

1631. *Ching-king-chi.* Abrégé de la doctrine chrétienne, en chinois, par le docteur Collie. *Malacca*, in-8, br.

1632. *Chin-kiao-chin-giuen.* Livre de la religion chrétienne. In-8, d. rel.

1633. *Io-chou-ya-tchouen.* Le livre de Josué, en chinois. 1 cah. in-12.

1634. *Sse-mo-tchin-lun.* Discours sur les quatre fins, traduit en chinois par Pe-ing-li (le P. Ch. Couplet, Flamand). In-8, cart.

1635. *Tsin-siao-men-tseou-tcha-lou-kiai-lun.* Explication pour conduire les jeunes gens dans la voie étroite du salut. 1 cahier in-12.

1636. *Miao-fa-lien-hoo-king.* Le livre sacré du lotus de la Bonne Loi, trad. du sanscrit en chinois, l'an 403 de l'ère chrétienne, par Koumaradjiva, religieux bouddhiste du royaume de Koutché. Livr. 4, in-fol. allongé.

1637. *Meng Tseu* vel Mencium inter Sinenses philosophos Confucio proximum edidit, latina interpretatione et perpetuo commentario illustravit Stan. Julien. *Lutet. Paris.*, 1824-29, 3 tom. en 1 vol. in-8, d. mar. rouge.
   Ce volume ne contient pas le texte chinois.
1638. *Kia-yu.* Entretiens domestiques de Confucius. 2 cah. in-12.
1639. *Khan-ing-Pien.* Le livre des récompenses et des peines, suivi de 8 petits traités Tao-tsse, et d'un formulaire médical. 2 vol. in-12 avec 1 fig.
   Cet ouvrage a été traduit par M. Abel Rémusat, et ensuite par M. Stanislas Julien.
1640. *Khan-ing-Pien.* Le livre des récompenses et des peines, suivi de 8 petits traités Tao-tsse, et d'un formulaire médical. 2 vol. in-12, avec 1 fig.
1641. *Ché-li-soui-hing-lo.* Histoire des présages heureux produits par les reliques du roi Açoka, déposées à Ning-po, dans un couvent appelé Ha-hio-wang-sé. 1 cah. in-8.

3. Jurisprudence.

1642. *Ta-tsing-Leu-Le.* Le code pénal. 40 livres. Édition impériale. 23 cah. gr. in-8, br.
1643. *Hoang-Viet-Luat-Le.* Code annamite, lois et règlements du royaume d'Annam, traduits du texte chinois original, par G. Aubaret. *Paris, Impr. imp.*, 1865, 2 vol. gr. in-8, br.
   Exemplaire sur grand papier.

4. Sciences médicales.

1644. *Thsien-thi-sin-pien.* Traité d'anatomie, rédigé en chinois d'après des ouvrages européens. 1 cah. gr. in-8, avec un grand nombre de figures, d'une belle exécution.
1645. *Ouaï-kho-tching-ta-tch'ing.* Manuel de chirurgie. 4 cah. in-12, avec figures.
1646. *Tseng-pou-yo-fin-louï-hong-pao-tchi.* Manuel de pharmacie, par le docteur Louï-Kong. 4 cah. gr. in-8.

5. Littérature.

a. *Dictionnaires*.

1647. *Tseng-pou-kouan-si-tseu-wei.* Dictionnaire chinois composé en 1616, par Meï Yan Seng, et augmenté par Han Mou Lou en 1685. 14 cah. in-8.

> Cette édition a été publiée en 1786, sous le règne de Kien-Long; elle contient un syllabaire mandchou divisé en XII classes, suivant les terminaisons des syllabes. Le nombre des caractères expliqués dans ce dictionnaire est d'environ 34,000.

1647 bis. — Le même, en 5 vol. in-8, cart.

> Légère piqûre dans la marge supérieure des premiers feuillets du 2e vol.

1648. *Kkang hi-tseu-tien* ou Lois des caractères rédigées dans les années nommées *Khang hi*. Dictionnaire chinois imprimé à Péking. Belle édition sur papier jaune. 31 cah. in-12, br.

> C'est le plus complet des dictionnaires chinois par clefs. Il contient l'explication de plus de 40,000 caractères.

1648 bis. — Autre exemplaire de la même édition, incomplet des clefs 65-86, 167-69.

1649. — Le même ouvrage. Édition sur papier blanc. 32 cah. in-12.

1650. — Autre exemplaire de la même édition, incomplet des cahiers 2 et 7.

1651. *San-pien-ho-lan.* Dictionnaire mandchou-chinois-mongol. 12 cah. in-4 en 2 boîtes.

1652. *Thsing-wen-louï-chou.* Dictionnaire classsique de la langue mandchoue expliquée en chinois. 12 cah. gr. in-8 en une boîte. = *Thsing-wen-pou-louï.* Supplément à ce dictionnaire. 8 cah. gr. in-8, en une boîte.

1652 bis. — Le dictionnaire, sans le supplément.

1653. *Thsing-wen-pou-louï.* Supplément au dictionnaire classique de la langue mandchoue expliquée en chinois. 8 cahiers en 1 boîte, gr. in-8.

1654. *Sieou-hou-hien-tchi-to.* Ouvrage sur la rhétorique et le style élégant. 12 cah. in-12.

1655. *Yen-ling-pien-touï.* La chute de la feuille d'oie. Petit poëme chinois dans le dialecte du midi. 1 cah. in-12.

1656. Le Pi-pa-ki, ou l'histoire du Luth, drame chinois de Kao-Tong-Kia, trad. par Bazin, *Paris, Impr. roy.*, 1841, in-8, br.

1657. *Ho-ei-lan-ki*. Histoire du cercle de craie. texte chinois (extrait de la chrestomathie chinoise de Klaproth). In-4, br.

1658. *Tchao-chi-kou-Eul*, ou l'Orphelin de la Chine, drame en prose et en vers, trad. du chinois par Stan. Julien. *Paris*, 1834. = *Hoëi-lan-ki*, ou l'histoire du cercle de craie, drame trad. du chinois par le même. *Londres*, 1832, 2 tom. en 1 vol. in-8, d. mar. rouge.

> Ces 2 ouvrages sont épuisés et rares.

b. *Romans*.

1659. *Fei-Long-Tsiouen-Tchouen*. L'histoire du dragon volant. 16 vol. in-12, av. fig.

1660. *Hao-kieou-Tchouan*, ou l'union bien assortie. Roman chinois célèbre, édit. de 1819. 4 cah. in-12.

> C'est le premier roman chinois traduit dans une langue européenne. Cette traduction fut publiée par l'évêque Hugh Percy sous le titre de *Pleasing history;* elle fut mise en français par Eidous. M. Davis en a donné une nouvelle traduction en anglais, sous le titre de *the fortunate Union*, et M. Guillard d'Arcy, une traduction française, sous le titre de *la Femme accomplie*.

1661. *Hao-khieou-Tchouan*, ou la Femme accomplie. Roman chinois, traduit sur le texte original, par Guillard d'Arcy. *Paris*, 1842, in-8, d. v. bl.

1662. *Hau-kiou-Choaan*, ou l'union bien assortie, roman chinois (trad. par Eidous). *Paris*, 1828, 4 vol. in-12, br.

1663. *Hau-Kiou-Choaan*, histoire chinoise, trad. de l'anglais (par Eidous). *Lyon*, 1766, 4 t. en 2 vol. in-12, veau, fig.

1664. *Iu-kiao-Li*. Roman chinois. Texte autographié par Levasseur. *Paris*, 1829, in-8, br.

1665. *Ing-yun-mong-tchouen*. Roman historique, en 4 vol. in-12.

1666. *Jing-chi-iu-youen*. Roman de mœurs très-estimé. 16 vol. in-8.

1667. *Jou-Lin-waï-sse*. Roman chinois. 12 cah. in-12, br.

1668. *Kin-kou-ki-kouan*. Nouvelles extraordinaires anciennes et modernes. 10 cah. in-12, avec fig.

> Jolie édition sur papier blanc. — Les trois volumes de nouvelles traduites par les missionnaires et publiées par Abel Rémusat dans ses *Contes chinois* sont en grande partie tirés de ce recueil, ainsi

que la nouvelle traduite par M. Rob. Thom et publiée à Canton sous le titre de : *Wang Kiao, or the lasting resentment of miss Kiao-louan-wang*, in-4.

1669. *Pe-che-tsing-ki.* Blanche et bleue, ou les deux couleuvres-fées. Texte chinois. 4 cah. in-12.

1670. *Ou-meï-youen.* Le mariage de cinq belles femmes. 6 vol. avec figures.

1671. *Thsing-tchoung-yin-y.* Roman, en 10 cah. in-18, br.

1672. *Kin-Ping-Meï.* 24 cahiers, gr. in-8, dont un de figures représentant les principales scènes du roman.

<small>Incomplet. Il manque du texte les livr. 1, 28, 29, et les figures 1 à 42.</small>

1673. *Gin Phink Meï Bitkhe.* Le livre *King Ping Meï*, trad. en mandchou. 40 cah. gr. in-8, en 4 boîtes. (1708.)

<small>Ce célèbre ouvrage jouit de la plus haute réputation en Chine. Aucun livre ne peut faire mieux connaître les mœurs et les usages des Chinois ; malheureusement, il est rempli de narrations obscènes qui en rendent impossible la traduction dans une langue européenne. — Le roman contient en cent livres l'histoire d'un riche droguiste et de ses nombreuses amours. L'auteur de cette traduction, qui, pour la beauté du style, ne le cède en rien, au dire des Chinois, à l'original, est le frère même de l'empereur Kkang-hi, dont un décret venait d'interdire la lecture du *King Ping Meï*, comme dangereuse pour les mœurs.=Vendu 720 francs, vente Klaproth, n° 244. — Le cah. 74-75 de notre exempl. contient 25 feuillets raccommodés, et auxquels il manque du texte.</small>

c. *Épistolaires, mélanges.*

1674. *Fei-Siao-hien-tchi-to-loui-siouen.* Manuel du style épistolaire. 12 cah. in-12, br.

1675. — Autre édition du même ouvrage, en 10 cah. in-12.

1676. *Sse-Fa.* Recueil de lettres d'hommes célèbres. 8 cah. in-12. Jolie édition.

1677. *I-yang-hou-lou.* Recueil de lettres de félicitations adressées à des fonctionnaires civils et militaires. 4 cah. in-12.

1678. *Tcheou-chi-kin-nang.* Recueil de lettres et de pièces élégantes adaptées à toutes les circonstances de la vie, avec notes et commentaires. 9 volumes in-12, br.

1679. *Tchang-youan-liang-yeou-siang-lun.* Dialogues entre deux amis. 1 cah. in-12.

1680. *Koue-wen-ping-tchou.* Recueil des chefs-d'œuvre du style antique, composés depuis la dynastie des Tcheou jusqu'à nos jours, pendant un espace de 2,400 ans. Publié en l'année 1832. 10 vol. in-8.

6. Histoire.

a. *Histoire générale et particulière de la Chine, etc.*

1681. *Yu Py Thoung Kian kang Mou.* Histoire universelle de la Chine. Édition impériale. 73 cahiers, pet. in-fol. en 11 boîtes.
> Incomplet.

1682. *Lie-koue-tchi* ou Histoire des principautés de la dynastie des Tcheou. 12 cahiers in-12, avec figures.

1683. *Tso-tchouen-keou-kiai.* Chronique abrégée du royaume de Lou, par Tso-keou-nung, disciple de Confucius, expliquée phrase par phrase, à l'usage des colléges. 6 cah. in-8.
> Belle édition, accompagnée d'un commentaire perpétuel.

1684. *Tso-tchouen-keou-kiai*, ou chronique de Tso-khieou-ming, disciple de Confucius, avec une glose perpétuelle. 6 vol. in-8.

1685. *Haï-chou-ta-hong-pao.* Histoire du ministre Haï-Chouï (style moderne). 10 cah. in-12.

1686. *Tso-kong-soui-tchong-thsiouen-tchouon.* Histoire complète d'une multitude de héros. 6 cah. in-12, br.

1687. *Tsing-haï-feu-ki.* Histoire de la destruction des pirates qui ont infesté les mers de la Chine, de 1807 à 1810. 1 vol. in-12.
> Jolie édition ponctuée. Cet ouvrage a été traduit par M. Neumann, et publiée dans la collection de l'*Oriental translation committee*.

1688. *Tsing-ni-ki.* Histoire de l'insurrection chinoise qui eût lieu en 1814. 2 cah. in-12.

1689. *Li-ki.* Le mémorial des rites. In-4, cart.
> Cet ouvrage est très-précieux pour la connaissance des mœurs chinoises jusqu'à la plus haute antiquité; on y trouve des détails sur tout ce qui regarde les cérémonies publiques et les moindres usages de la vie privée.

1690. *Ta-ing-houe-tchi.* Histoire de l'Angleterre. 2 cah. in-8, avec une petite carte.
> Légères mouillures au premier volume.

b. *Romans historiques relatifs, la plupart, à l'histoire de la Chine.*

1691. *Heou-thang-yen-y-thsiouen-tchouen.* Histoire de la dynastie des Thang. Roman historique. 11 cah. in-12.

1692. *Choue-thang-tsiouen-tchouen.* Roman historique sur les événements de la dynastie des Thang. 14 cah. in-12, dans 1 boîte.

1693. *Ta-thang-thsiouen-tchouen.* Histoire complète de la grande dynastie des Thang. Roman historique. 8 cah. in-12.

1694. *San-thang-tching-si-yen-y.* Roman historique, épisode de la dynastie des Thang. 10 volumes in-12.

1695. *San-thang-tching-si-yen-y.* Roman historique, épisode de la dynastie des Thang. 10 volumes in-12.

1696. *Toung-si-leang-tsin-yen-y.* Roman historique. 12 vol. in-8, av. fig.

1697. *Nan-pe-soung-tchi-tchi-tchouen.* Histoire de la dynastie des Soung du Nord et du Midi. Roman historique en 1 vol. in-12.

1698. *Sieou-siang-fan-thang-thsien-heou-ho-tsi.* Histoire des Thang du sud. 10 cah. in-12, dans une boîte.

1699. *Sieou-siang-tong-si-liang-han-thsiouen-tchouen.* Histoire de la dynastie des Han orientaux et des Han occidentaux, roman historique avec fig. 12 vol. en 1 boîte.

1700. *Sieou-siang-ti-y-thsai-tsu-Chou* ou le *San-Koue-Tchi*, histoire des trois royaumes. Édition de 1820. 20 cah. gr. in-8, av. fig.

> L'auteur de ce roman historique très-estimé est Lo-Kouang-tchoung; un auteur inconnu qui vivait sous les Ming le traduisit en *siao choue* ou style familier. Le célèbre *Kin-chíng than* en a publié une nouvelle rédaction en 1644, beaucoup plus estimée que la première; c'est celle que nous avons ici dans cette édition de 1820. Le *San-Koué-Tchi* a été traduit en français par M. Th. Pavie. (V. sur cet ouvrage : *Cat. Rémusat.* 1638.)

1701. *San-Koué-Tchi.* Jolie édition en 20 vol. pet. in-8, fig.

1701 *bis.* — Le même ouvrage. Plus petite édition en 20 cah. in-12, fig.

1702. *San-Koué-Tchi.* Histoire des trois royaumes, traduite sur les textes chinois et mandchou, par Th. Pavie. *Paris,* 1845-51, 2 vol. in-8, d. mar. rouge.

1702 *bis.* — Autre exemplaire, broché.

1703. *San-koue-heou-tchoun.* Continuation du roman historique *San Koué Tchy.* 3 cah. gr. in-8, fig.

1704. *Ou-hou-ping-si-tsiouen-tchou-en.* Histoire complète de 5 tigres (guerriers) qui ont pacifié l'Occident. 13 cah. in-12, fig.

7. Encyclopédie.

1705. *Wen hian thoung khao.* Examen général des écrits et des sages. 84 cah. gr. in-8.
    Grande encyclopédie chinoise de Ma-touanlin. (V. Cat. Klaproth, 2e part., n° 268; De Guignes, n° 512, et Bailleul, n° 2395.)

---

b. Japonais.

1705 bis. Ars grammaticæ japonicæ linguæ, composita a Fr. Didaco Collado. *Romæ,* 1632, in-4, d. vél.

1705 ter. — Ars grammaticæ japonicæ linguæ, composita a Fr. Didaco Collado. *Romæ,* 1632, in-4, parch.

1706. Éléments de la grammaire japonaise, par le P. Rodriguez, trad. du portugais par Landresse, avec notes d'Abel Rémusat. *Paris,* 1825, in-8, d.-rel.

1706 bis. Introduction à l'étude de la langue japonaise, par L. de Rosny. *Paris,* 1856, in-4, br.

1706 ter. Proeve eener Japansche Spraakkunst van Donker Curtius verbeterd en vermeerderd door J. Hoffmann. *Leyde,* 1857, gr. in-8, perc.

1707. Elements of Japanese grammar, by Rutherford Alcock. *Shanghai,* 1861, gr. in-8, br.

1708. Shopping dialogues in dutch, english and Japanese, publ. by J. Hoffmann. *La Haye,* 1861, in-8, obl., br.

1709. Familiar dialogues in Japanese english and french (by Sir R. Alcock). *Paris,* 1863, in-8, br.

1710. Dictionarium sive thesauri linguæ japonicæ compendium, compositum a Fratre Didaco Collado. *Romæ,* 1632, in-4, cart.

1711. An english and japanese, and japanese and english vocabulary, by W. H. Medhurst. *Batavia,* 1830, in-8, br.

1712. Vocabulaire français-japonais, par Grégoire Soutcovoy. *Paris, Impr. imp.,* 1866, in-8, br.

1713. Recueil de textes japonais, par Léon de Rosny. *Paris,* 1863, in-8, br.
1714. Aperçu général des trois royaumes, trad. du Japonais, par Klaproth. *Paris,* 1832, in-4, br.

I. *Langues tartares.*

a. Mandchou mongol.

1715. Alphabet Mandchou, par L. Langlès. *Paris, Impr. imp.,* 1807, in-8, d. rel.
1716. — Le même, pap. vélin, d. cuir de Russie.
1717. Dictionnaire tartare-mandchou-français, par Amyot, rédigé et publié par Langlès. *Paris,* 1789-90, 3 vol. in-4, broch.
1718. Alex. Castren's Grundzüge einer Tungusischen Sprachlere, nebst kurzem Wörterverzeichniss, hrsggb. von A. Schiefner. *Saint-Pétersburg,* 1856.
1719. Grammatik der mongolischen Sprache, verfasst von J. Schmidt. *Saint-Pétersburg,* 1831, in-4, br.
1720. Mongolisch-deutsch-russisches Wörterbuch, von J. Schmidt. *Saint-Pétersburg,* 1835, in-4, broch.
1721. Institutes political and military written originally in the Mogul language, by the Great Timour, improperly called Tamerlane, first translated into persian, by Abu Taulib Al-Husseini, and thence into english, by major Davy, publ. by J. White. *Oxford,* 1783, in-4, d. m. r., portr.
1722. — Le même, relié en veau.
1723. Forschungen im Gebiete der aelteren religiösen, politischen, und literarischen Bildungsgeschichte der Völker Mittel-Asiens, vorzüglich der Mongolien und Tibeter, von H. J. Schmidt. *Saint-Pétersburg,* 1824, in-8, d. r.

b. Turc et ses dialectes.

1. Grammaires.

1724. Grammatica turcica, 1624, et autres ouvrages. = 11 vol. in-12, rel.

1725. Grammatica turcica, auct. Meninski. *Viennæ*, 1680, in-fol., br.
1726. Grammatica turcica, opera Meninski. *Viennæ*, 1680, in-fol., rel.
1727. Grammaire turque. *Constantinople*, 1730, in-4. = Éléments de la langue turque, par Viguier. 1790. = Grammaire orientale, par Nassif Mallouf. *Smyrne*, 1854, in-8, cart.
1728. Grammaire turque. *Constantinople*, 1730, in-4. = Grammaire turque, avec un dictionnaire français-turc. *Leipsig*, 1857, in-12, cart.
1729. Éléments de la langue turque, par Viguier. *Constantinople*, 1790, in-4, br., etc. = 8 vol. in-4 et in-8.
1730. Grammaires turques, par Viguier et autres. = 7 vol. in-4, rel.
1731. Meninski institutiones linguæ turcicæ. 1756, = et autres ouvrages en langue turque. 6 vol. in-8, rel.
1732. Principi della grammatica turca da Carbognano. *Roma*, 1794, in-4, d. rel. = Viguier. Éléments de la langue turque, 1790, in-4, d. rel. = Arabie, par Noël Desvergers, 1847, in-8, br.
1733. Abhandlung über die Sprache und Schrift der Uiguren, hrsgg. von J. Klaproth. *Paris, Impr. roy.*, 1820, in-fol., broch.
1734. Éléments de la grammaire turque, par Amédée Jaubert. *Paris, Impr. roy.*, 1833, in-4, d. rel.
1735. Éléments de la grammaire turke, par Am. Jaubert. *Paris*, 1833, in-8, cuir de Russie gauffré.
1736. Grammaire turque, par Davids, trad. de l'anglais. *Londres*, 1836, in-4, cart.
1737. Grammatik der türkischen Sprache, von Berswordt. *Berlin*, 1839, in-4, d. rel.
1738. Grammaire turque, ou développement séparé et méthodique de trois genres de styles usités, savoir: l'arabe, le persan et le tartare, par A. Pfizmaier. *Vienne*, 1847, in-8, broch.
1739. A reading book of the turkish language, with a grammar and vocabulary, by W. B. Barker. *London*, 1854, in-8, perc.
1740. Turkish grammar. *Constantinople*, 1857, et autres ouvrages. = 9 vol. in-4 et in-8.

1741. Dialogues en français, grec moderne, anglais et turc, par N. Mallouf. *Paris*, 1859, in-12, d.-r.

2. Dictionnaires.

1742. Vocabolario italiano-turchesco, compilato dal P. F. Bernardo. Tradotto dal francese nell'italiano dal P. Pietro d'Abbauilla. *Roma*, 1665, 3 vol. in-4, cart.

1743. — Le même, relié en veau.

1744. Glossaire turk-français. *S. l. n. d.*, in-8 et autres ouvr., en turc, = 20 vol. in-8, rel.

1745. KITAB-LEHDJET-EL-LOGHAT. Livre du son des mots. *Constantinople*, 1216 (1801), in-fol., bas. dorée, rel. orientale à recouvrements.

> Dictionnaire de la langue turque, donnant les équivalents des mots turcs en arabe et en persan, et fixant la prononciation des voyelles, revu par Mehemmed Es'ad Efendi.
> 8 ff. préliminaires, préface et table, — 851 pages.

1745 *bis*. — Autre exemplaire, in-fol. bas. noire, rel. orientale à recouvrements.

1746. Vocabulaire français-turc, par G. Rhasis. *Saint-Pétersbourg*, 1828, 2 p. en 1 vol., in-4, d. rel.

1747. Dictionnaire abrégé français-turc, par Artin Hindoglu. *Vienne*, 1831, in-8, v. aut.

1748. TOHFETI KHAIRAT. Vocabulaire turc-persan-arabe, en vers, par Haïret-Effendi. *Boulaq*, 1255 (1840), in-8, bas.

> 47 pages, 21 lignes; encadr. d'un double filet. — Dans le même volume : grammaire persane, en arabe, du même auteur (20 p.).

1749. Dictionnaire français-turc, par Bianchi. *Paris*, 1843, in-8, br.

1750. An english turkish, and turkish english dictionary, in which the turkish words are represented in the oriental character, as well as their correct pronunciation and accentuation shewn in english letters, by J. W. Redhouse. *London*, 1856-57, 2 vol. in-8, perc.

1751. Dictionnaire français-turc, avec la prononciation figurée, par N. Mallouf. 2e édition. *Paris*, 1856, in-12, d.-r.

1752. Dictionnaire turc-arabe-persan, par J. Th. Zenker. *Leipzig*, 1862-64, livr. 1 à 8, in-4, br.

3. Littérature.

Textes turcs, la plupart imprimés à Boulaq ou à Constantinople.

1753. KITAB TALKHIS OÇOUL LI EUQLIDES... Livre des éléments d'Euclide de la révision de Khoudjah Naçir Eddin de Thous. (*Rome, Impr. de Médicis,* 1594), in-fol., broché.
    454 pages, dont la dernière non chiffrée. — 36 lignes, encadrement d'un double filet.

1754. Traité d'histoire naturelle en turc. *Constantinople,* 1142 (1727), in-4, cart. à l'orient.
    Préface, 3 ff.; texte, 90 ff.; — 21 lignes, sans encadrement.

1755. GULSHENI KHALIFA.... Histoire des khalifes de Bagdad, par Rasmi Sade Effendi. *Constantinople,* 1143 (1730), in-fol., cart.
    5 ff. préliminaires et 130 ff. — 29, 30 et 31 lignes. — Mouillures.

1756. TAKRIM-UTTE VARIKH, LI-KIATEB-TCHELEBY (Hadji-Khalfa). *Constantinople, de l'impr. d'Ibrahim Moutefarrika,* 1146 (1731), gr. in-8, cart.
    6 ff. prélim., 247 pages. — 27 lignes.

1757. TARIKHI SAMY VE CHAKIR VE ÇOUBHHY.... Histoire de l'empire ottoman, par Sami, Shakir et Subhi, de 1143 à 1156 (1728-41). *Constantinople,* 1198 (1783), 2 tom. en 1 vol. in-fol., bas. noire à recouvr.
    Titre et préface, 2 ff.; table, 6 ff.; texte, 238 ff.; — 33 lignes, sans encadr. — Le numérotage des feuillets se suit dans les deux parties.

1758. TARIKH-I FENAI. Histoire des quatre premières dynasties de la Perse, depuis le règne de Hucheng jusqu'à l'invasion des Arabes, par Fenaï; suivie d'un *mesnevi* ou pièce de vers. *Vienne, Impr. impér.,* 1199 (1784), in-4, bas. à recouvr.
    En turc. — 38 ff. numérotés, 23 lignes. — Encadr d'un ornement.

1759. TARIKH GULSCHEN MEARIF. Chronique universelle. *Constantinople,* 1202 (1787), 2 vol. in-4, bas. noire à recouvr.
    Tom. I. Table, 8 pages; texte, 848 pages. — Tom. II. Table, 4 ff. non numérotés; texte, pages 849 à 1693.

1760. KITAB TEBYANI NAFI'DER TERDJEMI BOURHANI QATHI. Livre de l'explication utile, concernant l'interprétation du Bourhâni Qàthi. *Constantinople,* 1214 (1799), pet. in-fol., bas., rel. orient. à recouvr.
    Traduction et explication en turc, par Ahmed Ainu, du dictionnaire

persan intitulé *Bourhâni Qâthi* (l'argument tranchant), composé par Ibn-Khalef-el-Tebrizi. = 4 ff. préliminaires, — 863 pages.

1761. IMTIHAN EL MUHENDICIN. L'examen ou l'épreuve des géomètres ; traité abrégé de géométrie en turc, par Hussein Rifki. *Constantinople*, 1217 (1802), pet. in-4, d. r. or., pl.

115 pages, — 21 lignes, encadr. d'un simple filet.

1762. TARIKH VACIF EFENDI... Annales de l'empire ottoman, de 1166 à 1188 (1752-1775), par Vacif Efendi, en turc. *Constantinople*, 1219 (1804), pet. in-fol., 2 tom. en 1 vol. bas. noire.

Tom. I. Table, 15 pages; texte, 327 pages. — Tom. II. Table, 6 pages; texte, 305 pages.

1763. — Le même, relié en 2 vol. pet. in-fol., bas. noire à recouvr.

1764. TARIKH'ISOUÏUNUM BIN SEKIZ 'IOUZ BECH SENESY.... Bulletins des événements de la campagne d'Autriche en 1805, trad. par Kieffer. *Paris, Impr. imp.*, 1806, in-4, bas. à recouvr.

En turc. — 275 pages; 15 lignes.

1765. Contes turcs, publ. par Belletête. *Paris*, 1812, in-4, rel.

1766. TARIKH RESCHID EFENDI.... Histoire de l'empire ottoman, par Reschid Effendi. En Turk. Tom. III, comprenant les années 1130-34 (1717-21), in-fol., d. v. fauve.

277 ff., plus le titre.

1767. MIRAET-OUL-EBDAN.... Le miroir des corps dans l'anatomie des membres de l'homme, par Châny-Zâdè Mehemmed Atha oullah. *Constantinople*, 1235 (1820), in-fol., fig., bas. noire, dent., rel. orientale à recouvr.

Traité d'anatomie, de physiologie, de pathologie et de thérapeutique, en turc. (V. Cat. Sacy, 837.)

1768. RECHHAT'AÏN UL-HHAÏAT. Les gouttes de la fontaine de la vie. *Constantinople*, 1236 (1821), pet. in-4, bas. verte, à recouvr.

Traduction turke, par Mohammed Ibn Mohammed, de la biographie persane des illustres cheïkhs de l'ordre des *Nahchibendis*. — 654 pages, — 25 lignes, encadr. d'un filet simple.

1769. KITAB FIL FIQH.... Traité de jurisprudence religieuse, en turc. Collection de fetvas ou décisions juridiques, au nombre de deux mille, recueillies d'après trente et un muftis, par Mohammed-ben-Ahmed-cheykh Moustafa-el-

Kodousi. *Constantinople,* 1237 (1822), in-8, bas. verte, à rec.

<small>4 pages de table, 683 de texte, — 27 lignes.</small>

1770. Recueil de fetvas ou décisions juridiques, par Moustafa Kodousi, en turc. *Constantinople,* 1822, in-4, rel. or.

1771. Ghounyet-oul-moutamalli. Explication de la religion musulmane. *Constantinople,* 1239 (1824), in-8, d.-r.

<small>Traduction turque du commentaire d'Ibrahim-el-Halebi sur le traité de Sedid ed-din el Kachgari, par Ibrahim Babatagui.</small>

<small>2 ff. de table, 278 pages. — 27 lignes, encadr. d'un double filet.</small>

1772. Riadh ul kouteba.... Jardin des secrétaires. Recueil de lettres et de requêtes en tous genres, en turc, par Haïret Effendi. *Boulaq,* 1242 (1826), in-4, bas. noire, rel. orient. à recouvr.

<small>494 pages, plus 1 ff. de table.</small>

1772 *bis.* — Autre exemplaire, auquel il manque le feuillet de table et les pages 221 à 224.

1773. Tarikh Vacif Efendi.... Annales de l'empire ottoman de 1166 à 1188 (1752-1775), par Vacif Efendi, en turc. *Boulaq,* 1243 (1827), 2 tom. en 1 vol. in-4, bas. noire.

<small>Tom. I, 210 pages, plus 7 ff. de table. — Tom. II, 190 pages, plus 4 ff. de table.</small>

1774. Ussi zhafer. Base de la victoire, par Es'ad Efendy. *Constantinople,* 1828, in-8, rel. or.

<small>Relation turque de la destruction des janissaires.</small>

1775. Qaterina tarikh.... Histoire de l'impératrice Catherine II de Russie, précédée d'un aperçu de l'histoire de la Russie depuis son origine, par Castera, traduite du français en turc, par Yacovaki Argyropoulo. *Boulaq,* 1244 (1829), pet. in-fol., cart.

<small>4 ff. prélim., 160 pages, — 35 lignes, encadrement d'un double filet.</small>

1776. Traité de chirurgie, en turc, 5ᵉ livre. *Boulaq,* 1244 (1829), in-4, bas.

<small>134 pages, — 33 lignes, encadrement d'un double filet.</small>

1777. Collection de fetvas, ou décisions juridiques d'Ali Effendi, en turc. *Constantinople,* 1245 (1830), in-fol., bas., ornements à froid, rel. orientale à recouvr.

<small>13 ff. préliminaires, dont 1 blanc, 875 pages, — 35 lignes, encadrement d'un double filet.</small>

1778. Le mémorial de Sainte-Hélène, traduit en turc. *Boulaq,* in-8. cart.

<small>331 pages, — 27 lignes, encadrement d'un double filet.</small>

1779. Dourri iekta. La perle intacte ou unique. Traité dogmatique sur la religion musulmane, selon le rite de l'imam Abou Hanifé. *Boulaq,* 1265 (1830), in-8, bas. à recouvr.

<small>4 ff. prélim. non chiffrés, 90 pages. — Mouillure.</small>

1780. Siari veïsy. Chronique de Veici, vie militaire du prophète, et exposition des miracles qu'il a opérés pour attester sa mission. *Boulaq,* 1245 (1830), 2 part. en 1 vol. in-4, bas. noire, à recouvr.

<small>En turc. — 126 et 114 pages. Encadrement d'un double filet. — 29 lignes.</small>

1781. Dzeïli siari nebevy. Appendice à la vie du prophète. *Boulaq,* 1248 (1832), in-4 long, bas. noire, rel. orientale à recouvr.

<small>En turc. — Cet ouvrage, composé par Fazil Nàby, commence à l'an 3 de l'hégire, et se continue jusqu'à la mort du prophète. — 268 pages, plus 2 pages de table.</small>

1782. Suleiman namêh.... Le livre de Suleimân. *Boulaq,* 1248 (1832), in-4, bas. noire à recouvr.

<small>Histoire des guerres du sultan Soliman, en turc, par Kémal Pàchà Zadeh. = 230 pages, plus 1 ff. de table; — 29 lignes, encadr. d'un double filet.</small>

1783. Tarikh i-Bounaparté.... Histoire de Bonaparte. *Alexandrie,* 1249 (1833), in-4, rel. en cart.

<small>Premier volume (seul paru) de l'Histoire de Bonaparte, traduite du français en turc, par Hassan-Efendi.
331 pages, — 27 lignes, encadr. d'un filet double.</small>

1784. Précis historique de la destruction du corps des janissaires, par le sultan Mahmoud, en 1826; trad. du turc, par Caussin de Perceval. *Paris,* 1833, in-8, d.-r.

1785. Teuhfet-us-sukiouk.... Recueil de diverses formes d'actes juridiques; collection de fetvas, au nombre de six cent soixante-dix, recueillies par Debazadè No'man Efendi. *Constantinople,* 1248 (1833), in-8, bas. verte, à recouvr.

<small>32 pages de table, 417 de texte, — 27 lignes.</small>

1786. Cherhi Soudi.... Commentaire turc du Gulistan de Sadi, composé par Soudi. *Constantinople,* 1249 (1834), in-fol., bas. à recouvr.

<small>2 ff. prélim., 514 pages, — 57 lignes, encadrement d'un filet large.</small>

1787. Houlyet Al-Nadjy... L'ornement du sauvé ou du prédestiné, traité de la prière et des conditions nécessaires à l'accomplissement des devoirs religieux. *Boulaq,* 1251 (1836), in-4, bas. à recouvr.

<small>Introd. et table, 4 ff.; 562 pages, — 29 lignes, encadr. d'un double filet.</small>

1788. Humayoun namèh. Le livre impérial, nom donné à cet

ouvrage, par allusion à la dédicace qu'en fit l'auteur au sultan Soliman I. *Boulaq,* 1251 (1836), in-fol., d. r. or.

<blockquote>
C'est la traduction turque du livre Kalila et Dimna, ou des fables de Bidpay, faite sur la version persane de Hussein Vaez par Ali Tcheleby.

512 pages, — 31 lignes, encadrement d'un double filet.
</blockquote>

1789. Marifet Nameh. Espèce d'encyclopédie, traitant successivement des croyances musulmanes, de la cosmogonie, de la géographie, de l'anatomie, etc., composée par Ibrahim Hakki. *Boulaq,* 1251 (1836), in-fol., fig., bas. à recouvr.

<blockquote>
En turc. — Table, 23 pages; texte, 563 pages; — 39 lignes, encadrement d'un double filet.
</blockquote>

1790. Mesnevi, par Djelal-Eddin-Roumi, poëme persan, composé en vers appelés mesnevi, traduit en turc, avec un commentaire par Kassaoui. Ouvrage de morale et d'ascétisme. *Boulaq,* 1251 (1836), 6 tom. en 3 vol. in-fol., bas. à recouvr.

<blockquote>
Tom. I, 341 pp.; — tom. II, 296 pp.; — tom. III, 416 pp.; — tom. IV, 459 pp.; — tom. V, 458 pp.; — tom. VI, 554 pp.
</blockquote>

1791. Diwani Nefy. Divan, ou recueil des poésies de Néf'y. *Boulaq,* 1252 (1837), gr. in-8, bas. à recouvr.

<blockquote>
149 et 50 pages, encadr. d'un filet double.
</blockquote>

1792. Ilmi hal. La science de l'état religieux et moral. Exposé des principes de la religion musulmane et de morale, avec un sommaire en vers. *Constantinople,* 1252 (1837), in-8, br.

<blockquote>
40 pages, — 21 lignes, encadrement d'un filet.
</blockquote>

1793. Kitab Fossous. Traité des croyances musulmanes et des sentences des prophètes (en turc). 1252 (1837), in-fol., rel. orientale.

1794. Tazkirat Alhokam fy Thabacat-Alomam. Biographies de personnages illustres, en turc. *Boulaq,* 1252 (1837), in-8, bas. à recouvr.

1795. Tazrirat alhokam fy thabacat alomam. Biographie et classification des peuples. *Boulaq,* 1252 (1837), in-8, bas. à recouvr.

<blockquote>
En turc. — 1 ff. de table, 318 pages (les deux dernières numérotées par erreur 713, 813), — 23 lignes, encadrement d'un double filet.
</blockquote>

1796. Les œuvres d'Aboul-Baqa; encyclopédie scientifique. Recueil de sentences et maximes disposées par ordre alphabétique. *Boulaq,* 1253 (1838), in-fol., bas., rel. orientale à recouvr.

<blockquote>
1 ff. préliminaire, 430 pages.
</blockquote>

1797. Diwani cheykh Ghalib.... Divan, ou recueil des poésies du cheykh Ghalib, en turc. *Boulaq,* 1253 (1838), 3 part. en 1 vol. in-4, bas. à recouvr.
Caractère ta'liq. — P. 1, 124 pages; p. 2, 164 pages; p. 3, 92 pages.

1798. Diwani Vehbi. Divan, ou recueil des poésies de Vehbi, en turc. *Boulaq,* 1253 (1838), 7 part. en 1 vol. gr. in-8, relié en carton.
20 p., 17 p., 43 p., 131 p., 16 p., 97 p., 61 p.

1799. Diwani Surouri. Divan, ou recueil des poésies de Surouri. *Boulak,* 1255 (1839), 3 part. en 1 vol. in-4, cart. à l'orientale.
En turc. — Part. 1, 322 pages; part. 2, 76 pages; part. 3, 55 pages; — 25 lignes à 2 col., encadrement d'un double filet.

1800. Hikaïeti Leïla-u-Medjnoun. Histoire de Medjnoun et Leila, en turc. *Constantinople,* 1254 (1839), in-8, cart.
87 pages, — 23 et 24 lignes, encadr. d'un double filet.

1801. Tarikhi Iskender roumi. Histoire d'Alexandre le Grand, en turc. *Boulaq,* 1254 (1839), in-8, bas. à recouvr.
Table, 8 ff., 263 pages, — 27 lignes, encadr. d'un filet double, gloses dans les marges.

1802. Kitab takhlis ul-ibriz... Relation du voyage et du séjour en France du cheykh Refaa-Et-tahtaoui, traduit de l'arabe en turc, par Roustem Effendi. *Boulaq,* 1255 (1840), in-8, bas., rel. orient. à recouvrem.
259 pages, — 25 lignes, encadr. d'un double filet.

1803. Akhlaqi Ahmediy. Traité de morale, entremélé de vers et d'historiettes, en turc. *Constantinople,* 1256 (1841), in-8, cart.
96 pages, — 25 lignes, encadr. d'un filet double.

1804. Diwani Zati. Œuvres poétiques de Zati, ouvrage mystique. *Constantinople,* 1257 (1842), in-8, rel. en carton.
89 pages, encadr. d'un double filet.

1805. Mirat oul Kaïnat. Le miroir des êtres ou des choses créées. Histoire universelle, en turc. *Boulaq,* 1258 (1843), 2 tom. en 1 vol. in-fol., bas. à recouvr.
Vol. I. Table, 20 pages; texte, 399 pages. — Vol. II. Table, 20 pages; texte, 158, plus 203 pages, 1 page blanche, 28 pages. — 39 lignes, encadr. d'un filet double.

1806. Kitab-oul-Mostathraf. Traité de philosophie, trad. de l'arabe en turc. *Constantinople,* 1261 (1846), 2 vol. in-fol., bas. noire à recouvr.
Vol. I, 2 ff. de table, 757 pages, — 37 lignes, encadr. d'un double filet.

1807. Derbend Nâmeh, or the history of Derbend, translated from the turkish version by Kasembeg. *St-Pétersbourg,* 1851, in-4, br.

1808. ENDJUMENI DANICH. La réunion des lettres. Formules de lettres, en turc. *Constantinople,* 1268 (1851), in-8, cart.

Annotations et traduction de la table, de la main de M. Alix Desgranges.

1809. Conseils de Nabi Efendi à son fils, publiés en turc, avec trad. par Pavet de Courteille. *Paris,* 1857, in-8, br.

1810. Conseils de Nabi Efendi à son fils. *Paris, Impr. imp.,* 1857, in-8, d. mar. bleu.

1811. ILM TEDBIRI MILK. The science of the administration of a state, in turkish, by Ch. Wells. *London,* 1860, in-12, perc., tr. dor.

Lithogr. en rouge et noir, encadrements.

1812. Traité de l'art de la guerre de Lafitte, trad. du français en turc. *Constantinople,* 1202 (1787), in-fol., bas., pl.

Sans pagination.

1813. Éléments de castramétation et de fortification passagère, par M. de la Fitte-Clavé. *Constantinople, impr. de l'ambassadeur de France,* 1787, in-4, 2 part. en 1 vol. rel. en cart., fig. et planche.

1814. FENNI LAGHOUMIDÉ VAUBAN RIÇALÉSI... Traité de Vauban sur les mines, les fortifications, l'attaque et la défense des places fortes, trad. en turc. *Constantinople,* 1208 (1793), in-fol., planch., bas.

3 ff. prélimin., 24 ff., — 35 lignes, encadr. — 11 planches.

1815. TELKIS UL ECHKIAL... Traité des mines de guerre, en turc, par Hussein Rifki Tamani. *Constantinople,* 1215 (1800), in-8, rel. en carton, avec planches.

80 pages, — 23 lignes, encadr. d'un double filet.

1816. OUÇOULI HENDÉCÉ... Éléments de géométrie et de trigonométrie rectiligne et sphérique, traduits de l'anglais de Bonney Castle, par Hüssein Rifky. *Constantinople,* 1215 (1801), in-8, bas. à recouvr., pl.

En turc. — 272 pages, — 25 lignes, encadr. d'un double filet.

1817. — Le même, 2ᵉ édition. *Boulaq,* 1246 (1831), in-8, relié en carton, planches.

272 pages, — 25 lignes, encadr. d'un filet double.

1818. Bulletins de la grande armée, en turc, trad. par Kieffer. Histoire de la campagne d'Autriche, en 1805. *Paris, Impr. imp.,* 1806, in-4, d.-r.

1819. — Le même, broché.

1820. Bulletins de la grande armée, en turc, traduits par Kieffer. Histoire de la campagne de Prusse, 1806-1807. *Paris, Impr. imp.*, 1808, 2 vol. in-4, d.-r.

1821. — Le même ouvrage. Exemplaire sur papier vélin. 2 vol. in-4, mar. rouge, dent., tabis intérieur, tr. dor.
Exemplaire de Langlès.

1822. LOGHARITMA. Tables des logarithmes, en turc. *Constantinople*, 1232 (1817), in-8, bas.
273 pages.

1823. Bulletins de la grande armée, en turc, in-4. 6 exempl. et autres ouvr. turcs. = 20 vol. in-8 et in-4.

1824. TELKHIS OUL ECHKIAL... Exposition des figures, ou traités des mines en usage à la guerre : par Husseïn Rifki, en turc. *Boulaq*, 1239 (1824), in-8, cart.
90 pages, — 23 lignes, encadr. d'un double filet. — 7 planches.

1825. TALIM NAMEH-I-PIADEGAN. École du fantassin, en turc. *Boulaq*, 1239 (1824), in-8, cart., pl.
Table, 6 pages; texte, 191 pages et 23 pages; — 23 lignes, encadr. d'un double filet. — 13 planches.

1826. HENDÉCÉ WE MÉSAHÉ RISALESI. Traité de géométrie et d'arpentage, en turc. *Boulaq*, 1241 (1826), gr. in-8, cart., fig. et pl. lithog.
199 pages, — 29 lignes, encadr. d'un double filet. — Le volume se termine par 15 planches.

1827. RISALET OUL MELAHET. Règlements de marine militaire, en turc. *Constantinople*, 1242 (1828), in-8, cart.
Préface, 5 pages; texte, 142 pages; — 23 lignes, encadr. d'un double filet. — 4 planches.

1828. FI TA'LUNUL-HARBA VEL MIZRAQ. Théorie du maniement de la baïonnette et de la lance. *Boulaq*, 1248 (1833), in-8, cart.
En turc. — 24 pages, 25 lignes, encadr. d'un double filet. — Le volume se termine par 21 planches.

1829. RISALÈ FI ILM I KHARR OUL ECHKIAL. Traité de mécanique, trad. du français en turc, par Edhem Bey. *Boulaq*, 1249 (1834), gr. in-8, bas. à recouvr.
203 pages, 25 lignes, encadr. d'un double filet. — Le volume se termine par 10 planches.

1830. KITAB OUÇOULI HENDÉCÉ. Traité de géométrie, en turc, trad. du français, par Edhem Bey. *Boulaq*, 1252 (1837), in-4, v. rac., planches.
362 pages, — 25 lignes, encadr. d'un double filet.

1831. Fenni harbïè daïr riçalèci. Traité de l'art de la guerre, par un ingénieur européen, traduction du français en turc. *Constantinople,* sans date, in-fol., v., rel. orient.
<blockquote>3 ff. prélimin., 40 feuillets, — 35 lignes, avec encadr.</blockquote>

1832. Ta'lim... L'instruction; ouvrage sur l'art militaire, en turc. *Boulaq, s. d.,* in-8, cart.
<blockquote>218 et 55 pages, — 23 lignes, encadr. d'un filet double. — 25 planches.</blockquote>

1833. Traité de la géométrie de Legendre, traduit en arabe, par Ismet Efendi, sur la traduction turque d'Edhem Bey. *Boulaq,* 1255 (1840), in-8, bas. orient.
<blockquote>Préface et table, 3 ff.; 284 pages, — 25 lignes, encadr. d'un double filet. — Le volume se termine par 13 planches.</blockquote>

1834. Medjmouaï ouloum... Collection des sciences mathématiques; ouvrage composé par le Khodja El Hadja Hafiz Ishak Efendi, en turc. *Boulaq,* 1257-61 (1842-46), 4 vol. in-4, v. rac., pl.
<blockquote>Vol. I. Arithmétique et géométrie. Titre et table, 7 pages; texte, 479 pages; 6 planches. — Vol. II. Géométrie et algèbre. Titre et table, 6 pages; préface, 2 ff. non chiffrés; texte, 459 pages; 18 planches. — Vol. III. Mécanique, hydraulique, optique. Table, 8 pages; texte, 573 pages; 15 planches. — Vol. IV. Astronomie et physique. Titre et table, 9 pages; préface, 4 pages; texte, 491 pages; 7 planches. — 25 lignes, encadr. d'un double filet.</blockquote>

1835. Alaï ta 'limi. L'École du régiment et évolutions de ligne, en turc. *Constantinople,* 1263 (1848), in-8, cart.
<blockquote>4 ff. de table, 209 pages, — 25 lignes, encadr. d'un double filet.</blockquote>

J. Langues caucasiennes.

Géorgien, ossète, etc.

1837. Die Völker des Kaukasus und ihre Freiheitskämpfe gegen die Russen, von Fr. Bodenstedt. *Frankfurt,* 1848, in-8, d.-r., fig.

1838. Syntagmatωn linguarum orientalium, quæ in Georgiæ regionibus audiuntur, liber primus complectens Georgianæ seu Ibericæ vulgaris linguæ institutiones, auct. F. M. Maggio. *Romæ,* 1670, 2 part. en 1 vol. pet. in-fol., d.-rel.
<blockquote>Forte mouillure.</blockquote>

1839. Dittionario Giorgiano. *Roma,* 1629, in-4, br., etc. = 4 vol. in-8 et in-4.

1840. Dottrina cristiana, trad. in lingua Giorgiana, da David Tłukaanti. *Roma*, 1741, pet. in-8, cart.
1841. Dottrina cristiana, tradotta dalla lingua italiana in lingua civile giorgiana, da David Tłukaanti Giorgiano. Seconda edizione. *Roma*, 1800, in-8, d.-r.
1842. Chronique géorgienne, texte et traduction par Brosset jeune. *Paris, Impr. roy.*, 1830, in-8, d.-r.
1843. Ossetische Sprachlehre von Sjogren. *St-Pétersb.*, 1844, in-4, br.

4. Langues d'Afrique.

A. Égyptien.

Hiératique, démotique, hiéroglyphique.

1844. Horapollinis hieroglyphica, ed. Caussin. *Parisiis*, 1618, in-4, vélin, etc. = 9 vol. pet. in-4, rel.
1845. J. P. Valeriani Bellunensis hieroglyphica. *Lugduni*, 1626, in-fol., d.-r., fig.
1846. Commentaires hiéroglyphiques ou images des choses de Jean Pierius Valérian, plus deux livres de Cœlius Curio, touchant ce qui est signifié par les diverses images et pourtraits des dieux et des hommes, mis en français, par Gabriel Chappuys. *Lyon*, 1576, 2 tom. en 1 vol. in-fol., fig., d.-r.
1847. Les fables égyptiennes et grecques dévoilées et réduites au même principe, avec une explication des hiéroglyphes et de la guerre de Troye, par A. J. Pernety. *Paris*, 1758, 2 vol. in-8, veau.
1848. — Le même, édit. de 1786, 2 vol. in-8, veau.
1849. P. Ernesti Jablonski Pantheon Ægyptiorum, sive de diis eorum commentarius, cum prolegomenis de religione et theologia Ægyptiorum. *Francofurti ad Viadrum*, 1750-52, 4 part. en 1 vol. in-8, vélin.
1850. P. E. Jablonskii opuscula, quibus lingua et antiquitas Ægyptiorum, difficilia librorum sacrorum loca et historiæ ecclesiasticæ capita illustrantur, edid. et notas adjecit J. G. te Water. *Lugd. Batav.*, 1804-13, 4 vol. in-8, d.-r.
1850 *bis*. — Le même, broché.
1851. Rossii Etymologiæ Ægyptiacæ. *Romæ*, 1808, in-4, br.
1852. Nouvelle explication des hiéroglyphes des Égyptiens.

suivie d'un résumé alphabétique; ornée de dix-huit planches; par Al. Lenoir. *Paris*, 1809-21, 4 vol. in-8, d. v. f., tête dorée, n. rogn.

    Bel exemplaire.

1852 bis. — Autre exemplaire, broché.

1853. Seyffarthi rudimenta Hieroglyphices. *Lipsiæ*, 1826, in-4, d.-r.

1854. Essai sur le système des hiéroglyphes phonétiques du Dr Young et de M. Champollion, avec quelques découvertes additionnelles, par Henry Salt, trad. de l'anglais, par L. Devère. *Paris*, 1827, gr. in-8, d. r., 6 pl.

1857. Interpretatio obeliscorum Urbis ad Gregorium XVI, digesta per Aloisium Mariam Ungarellium. *Romæ*, 1842, 2 vol. in-fol., cart., av. 8 gr. pl.

1858. Prisse d'Avesnes. Recueil de pièces extraites de la *Revue Archéologique*, relatives aux antiquités égyptiennes. In-8, d.-r., dos et coins de mar., fig. et pl.

    Notice sur le musée du Kaire et sur les collections d'antiquités égyptiennes, par Abbott, Clot-Bey et Harris. — Notice sur les antiquités égyptiennes du British Museum. — Recherches sur les légendes royales et l'époque du règne de Schai ou Scherai. — Notice sur la salle des ancêtres de Thouthmès III au temple de Karnak et sur la table d'Abydos.

1859. Mélanges sur l'Égypte. 1 vol. in-8, d.-r.

    1re lettre au duc de Blacas d'Aulps, relative au musée royal égyptien de Turin, par Champollion jeune. *Paris*, 1824, pl. — Lettres à M. de Goulianoff, par J. Klaproth, sur la découverte des hiéroglyphes acrologiques. *Paris*, 1827. — Notice sur deux papyrus égyptiens en écriture démotique, et du règne de Ptolémée Épiphane Eucharist, par Champollion-Figeac. *Paris*, 1823. — Appendice aux recherches sur les bas-reliefs astronomiques des Égyptiens, par Jollois et Devilliers. — Examen du texte de Clément d'Alexandrie relatif aux divers modes d'écriture chez les Égyptiens, par Letronne, etc.

1860. Mélanges sur les hiéroglyphes égyptiens, 1 vol. in-8, d.-rel.

    Lettre à M. Dacier, relative à l'alphabet des hiéroglyphes phonétiques, par Champollion jeune. *Paris*, 1822, planches. — Lettres au duc de Blacas d'Aulps, relatives au musée égyptien de Turin, par Champollion jeune. 1re lettre. *Paris*, 1824, planches. — Notice sur divers ouvrages de Champollion jeune, par Silvestre de Sacy. — Nouvelles recherches sur l'époque de la mort d'Alexandre et sur la chronologie des Ptolémées, par J. de Saint-Martin. *Paris*, l. r., 1820.

B.. Copte.

1864. Ath. Kircheri prodromus coptus sive ægyptiacus. *Romæ, typ. S. Congr. de propag. fide,* 1636, in-4, vél. vert, fil.
Bel exemplaire.
1865. — Autre exempl., parch.
1866. Chr. Scholtz grammatica ægyptiaca utriusque dialecti edid. C. G. Woide. *Oxonii,* 1778. = Lexicon ægyptiaco-latinum a M. V. La Croze, redegit Chr. Scholtz, cum notis C. G. Woide. *Oxonii,* 1775, 2 vol. in-4, d. v. fauve.
1867. Rudimenta linguæ Coptæ. *Romæ,* 1778, in-4, rel.
1868. Didymi Taurinensis (Th. Valpergæ a Caluso) litteraturæ copticæ rudimentum. *Parmæ, e reg. typ.,* 1783, pet. in-4, d.-rel.
1869. Rosellinus. Elementa linguæ Copticæ. *Romæ,* 1837, in-4, br., etc., = 15 vol. et br. in-4.
1870. Grammatica linguæ Copticæ; accedunt additamenta ad lexicon copticum, studio Amed. Peyron. *Taurini, e reg. typ.,* 1841, in-8, br.
1871. Benfey. Die Ægyptischen Sprache. *Leipzig,* 1844, in-8, cart.
1872. Linguæ Copticæ grammatica, cum chrestomathia et glossario. Insertæ sunt observationes quædam de veterum Ægyptiorum grammatica, auct. M. A. Uhlemann. *Lipsiæ,* 1853, in-8, br.
1873. Note on some negative particles of the Egytian language, by P. Le Page Renouf. *London,* 1862, broch., in-8, lithogr.
1874. Lexicon linguæ Copticæ, studio Peyron. *Taurini,* 1835, in-4, d.-r. mar.
1875. Vocabularium Coptico-Latinum ed. Parthey. *Berolini,* 1845, in-8, br.
1876. Recherches critiques et historiques sur la langue et la littérature de l'Égypte, par Él. Quatremère. *Paris, Impr. imp.,* 1808, in-8, v. f., dent., tr. dor.
1877. — Le même, broché.
1878. — Autre exemplaire, sur papier vélin, in-8, mar. rouge, dent., tr. dor.
1879. — Le même, broché.

C. Langues modernes d'Afrique.

1880. A comparative grammar of South African languages, by W. H. Bleek. Part. I. Phonology. *London*, 1862, in-8, broch.

1881. Sammlung und Bearbeitung Central-Afrikanischer Vokabularien, von H. Barth. *Gotha*, 1862-63, part. I et II, in-4, br.

1882. Dictionnaire français-wolof et wolof-français, par les PP. missionnaires du Saint-Esprit. *Dakar*, 1855, in-12, br.
— Principes de la langue wolofe, par les mêmes missionnaires. *Dakar*, 1855, in-12, br.

1883. Grammaire de la langue woloffe, par l'abbé Boilat. *Paris*, 1858, in-8, d. rel.

1884. Wörterbuch der Kechua Sprache, von J. von Tschudi. *Wien*, 1853, in-8, br.

1885. Grammar of the Hausa language, by J. Schön. *London*, 1862, in-8, perc.

1886. Diccionario da lingua bunda, ou Angolense, explicada na portugueza e latina, composto por Fr. Bernardo Maria de Cannecatim. *Lisboa*, 1804, in-4, d. r.

1887. Études de la langue sechuana, par Casalis. *Paris*, 1841, in-8, br.

1888. Kateshisme inongo gni mpongue.... Catéchisme en mpongue (langue de la Sénégambie). *Dakar*, 1857, in-12, broch.

1889. Grammatik der Kiriri Sprache, übers. aus dem Portugiesischen des P. Mamiani, von H. C. von der Gabelentz. *Leipzig*, 1852, in-8, br.

1890. A vocabulary of the Yoruba language, by S. Crowther, with introductory remarks, by Vidal. *London*, 1852, in-8, perc.

5. Langues américaines.

1891. A grammar of the language of the Lenni Lenape or Delaware Indians. Transl. from the german of David Zeisberger, by P. S. Duponceau (Extr. des *Transactions of the american philosoph. Society*). In-4, cart. av. carte.
Dans le même volume : Grammatical sketch and specimens of the

Berber language, by W. B. Hodgson. — On the Othomi language, by Emm. Naxera. — On the names given by the Delaware Indians to rivers, places of United States, etc., etc., by J. Heckewelder.

1892. Grammar and dictionary of the Dakota language, edited by S. R. Riggs. *Washington,* 1852, in-fol., perc.

1893. Grammatik der Dakota Sprache, von H. C. von der Gabelentz. *Leipzig,* 1852, in-8, br.

1894. A grammar of the Cree language, with which is combined an analysis of the Chippeway dialect, by J. Howse. *London,* 1844, in-8, perc., port.

1895. Gramatica de la lengua quiche. Grammaire de la langue quichée-espagnole-française, avec un vocabulaire servant d'introduction au Rabinal-Achi, drame indigène, texte quiché et trad. française en regard, par l'abbé Brasseur de Bourbourg. *Paris,* 1862, in-8, br.

1896. Contributions towards a grammar and dictionary of Quichua, the language of the Incas of Peru, collected by Clements Markham. *London,* 1864, in-8, perc.

1897. Popol Vuh. Le livre sacré et les mythes de l'antiquité américaine avec les livres héroïques et historiques des Quichés. Ouvrage original des indigènes de Guatemala, texte quiché et traduction française en regard, avec notes, par l'abbé Brasseur de Bourbourg. *Paris,* 1861, in-8, br.

1897 *bis.* — Le même, pap. fort, in-8, br.

1898. Mémoire sur le système grammatical des langues de quelques nations indiennes de l'Amérique du Nord, par E. Du Ponceau. *Paris,* 1838, in-8, d. r.

6. Langues polynésiennes.

1899. The Ethnology of the Indo-Pacific islands of the Indian archipelago, and Eastern Asia. Language, spiritualism, etc., by J. R. Logan. *Singapore,* 1850-56, 4 br. in-8. (From the journal of the Indian archipelago.)

1900. Hawaian spectator. *Honolulu,* 1838, in-8, rel., et 1 livr.

1901. Eerste grouden der Javaansche taal, door Gericke. *Batavia,* 1831, in-4, cart.

1902. A grammar of the Malayan language, with an introduction and praxis, by W. Marsden. *London,* 1812, in-4, perc.

1903. A grammar of the Malayan language, by Marsden. *London,* 1812, in-4, cart.
1904. A dictionary of the Malay tongue, by Howison. *London,* 1801, in-4, v.
1905. A dictionary of the Malayan language, by Marsden. *London,* 1812, in-4, cart.
1906. Dictionnaire hollandais et malais, par Elout. *Harlem,* 1826, in-4, cart.
1907. Pijnappel Maleisch-Wordenboek. *Harlem,* 1863, gr. in-8, broch., et autres dictionnaires malais. = 6 vol. in-8 et in-12, rel.
1908. De Kroon aller Koningen von Djôhor, maleisch handschrift. *Batavia,* 1827, in-4, d. rel.
1909. Vocabulario de la lengua Tagala, trabajado por varios sugetos doctos y graves, corregido y coordinado, por el P. Juan de Noceda y el P. Pedro de San Lucar. *Valladolid,* 1832, in-fol., parch.
> Cette réimpression d'un ouvrage fort rare a été envoyée aux Philippines, et est elle-même très-rare.
1910. A dictionary of the Sunda language of Java, by Jonathan Rigg. *Batavia,* 1862, in-8, d. m. vert.
1910 bis. — Le même, cart.
1911. A grammar and vocabulary of the language of New-Zealand, published by the Church missionary society. *London,* 1820, in-8, cart., n. rogn.
1912. Versuch einer Grammatik der Dajackschen Sprache, von Hardeland. *Amsterdam,* 1858, in-8, br.
1913. Grammatik der Dajak Sprache, von H. C. von der Gabelentz. *Leipzig,* 1852, in-8, br.
1914. Lettres sur les îles Marquises, par le P. Mathias G. *Paris,* 1843, in-8, fig., cart.
> La lettre 5ᵉ se rapporte à la langue des îles Marquises et aux divers dialectes de l'Océanie.

HISTOIRE.

1. Géographie.

1915. Géographie de Strabon, trad. en fr. *Paris,* 1814, 2 vol. in-4, cart. (Tomes IV et V.)
1916. Ethicus et les ouvrages cosmographiques intitulés de

ce nom, par M. d'Avezac. *Paris, Impr. nat.,* 1852, in-4, broch.

1917. Étude sur la géographie grecque et latine de l'Inde et en particulier sur l'Inde de Ptolémée, dans ses rapports avec la géogr. sanscrite, par Vivien de Saint-Martin. *Paris,* 1858, 3 p. en 2 vol. in-4, br.

1918. Fragments des poëmes géogr. de Scymnus de Chio. *Paris,* 1840, in-8, d. rel.

1919. De Thessalonica ejusque agro, dissert. geogr. scripsit Tafel. *Berolini,* 1839, in-8, br.

1920. Recueil des itinéraires anciens, par de Fortia d'Urban. *Paris,* 1845, in-4, br.

1921. Tablettes géographiques pour l'intelligence des historiens et des poëtes latins (par Philippe de Prétot). *Paris,* 1755, 2 vol. in-12, v. rac. fil., tr. dor.

1922. The Edinburg Gazetteer, or geographical dictionary, forming a complete body of geography, physical, political, statistical, and commercial. *Edinburg,* 1820, 6 vol. in-8, v. rose dent.

Bel exemplaire.

1923. Dictionnaire de géographie, par Béraud. *Paris, Didot,* 1847, in-12, br.

1924. Geografia universal fisica, por Mariano Torrente. *Madrid,* 1827, 2 vol. in-fol., rel.

1925. Die Erde und ihre Bewohner. Ein Lesebuch für Geographie, Volkerkunde, Produktenlehre und den Handel, von J. A. W. von Zimmermann. *Leipzig,* 1810-14, 5 tom. en 2 vol. in-8, d. v. ant., cartes et portr.

1926. Cosmographie moscovite, par André Thévet. *Paris, Techener,* 1858, in-12, br.

1927. Humboldt (Al. de). Évaluation numérique de la population du nouveau continent. *Paris,* 1825, in-8, br.

1928. Atlas ethnographique du globe, par Balbi. In-fol., cart.

1929. Atlas classique et universel de géographie, par Dufour. *Paris,* 1834, in-fol., d. mar. rouge. (60 cartes col. et texte.)

1930. Carte de la Chine, dressée par Klaproth. 1857, gr. in-fol., 1 feuille.

1931. Carte de la Chine, d'après les documents chinois et

européens, par Klaproth. Collée sur toile et coloriée.
1932. Memoir of a map of Hindostan, by J. Rennell. London, 1788, in-4, cart., non relié.
1933. Memoir of a map of Hindoostan, or the Mogul empire.... by J. Rennell. 3ᵈ edit. London, 1793, in-4, cartes, bas.

2. Voyages.

A. Voyages autour du monde.

1934. Voyages de Benjamin de Tudelle autour du monde, commencés l'an 1173, de J. du Plan Carpin en Tartarie, du frère Ascelin vers la Tartarie, de G. de Rubruquis en Tartarie. Paris, 1830, in-8, br.
1935. The itinerary of Benjamin of Tudela, translated by Asher. Berlin, 1840, 2 vol. pet. in-8, cart.
1936. Relations de divers voyages curieux qui n'ont point esté publiées ou qui ont esté traduites d'Hacluyt, de Purchas, etc., et de quelques Persans, Arabes et autres auteurs orientaux (par Thévenot). Première partie. Paris, 1663, in-fol., veau, fig.
1937. Recueil de voyages et de mémoires, publiés par la Société de géographie. Paris, 1824, 3 vol. in-4, br.
   Voyages de Marc-Paul. Orographie de l'Europe, etc.
1938. Recueil de voyages et de mémoires publiés par la Société de géogr. (Tomes 2 et 3.) Paris, 1825, 2 vol. in-4.
   Orographie de l'Europe, etc.
1939. Duperrey. Voyage autour du monde. (Atlas de l'Hydrographie). 1827, in-fol., d. rel.

B. Voyages en Europe.

1940. De l'univers pittoresque. Allemagne, Perse, Portugal, etc. 6 vol. in-8, br.
1941. Itinéraire descriptif de l'Espagne, par A. de Laborde. Paris, 1808, 5 vol. in-8 et atlas, v. rac., fil.
   Bel exemplaire.
1942. Italy; with sketches of Spain and Portugal (by Beckford). London, 1834, 2 vol. gr. in-8, perc.

1943. Italy; general views of its history and literature, by L. Mariotti. *London,* 1841, 2 vol. in-8, perc.

1944. Voyage dans le Tyrol, aux salines de Salzbourg et de Reichenhall, et dans une partie de la Bavière (par le comte de Bray). *Paris,* 1825, in-fol., cart., avec 24 vues grav.

1945. Itinerario di Bologna. *Bologna,* 1840, in-4 obl., 50 vues.

1946. Nouvelle relation du voyage et description exacte de l'isle de Malthe dans l'estat où elle est à présent, par un gentilhomme français. *Paris,* 1679, in-12, veau.

1947. Description of Malta and Gozo, by G. Percy Badger. *Malta,* 1838, in-12, cart., fig.

1948. A description of the empire of Germany, Holland, Prussia, Italy, etc.; to which are added statistical tables of all the states of Europe; transl. from the german of Bœtticher. *London,* 1800, gr. in-4, cartes et plans, veau rac., pet. fers. (*Simier.*)

1949. The Rhine, legends, traditions, history, from Cologne to Mainz, by Joseph Snowe. *London,* 1839, 2 vol. in-8, d. r. fig.

1950. Journey across the Balcan, by G. Keppel. *London,* 1831, 2 vol. in-8, cart.

1951. Periplus Ohtheri, Halgolando-Norvegi, ut et Wulfstani, Angli, secundum narrationes eorumdem de suis, unius in ultimam plagam septentrionalem, utriusque autem in mari Balthico navigationibus, jussu Aelfredi Magni seculo nono factis, ab ipso rege anglo-saxonicâ linguà descriptus, cum versione latina, etc. *S. l. n. a.,* pet. in-4, d. mar.

1952. Russia seu Moscovia itemque Tartaria, commentario topographico atque politico illustratæ. *Lugd. Bat., Elzevir,* 1630, in-16, vél.

1953. Lettres sur le Caucase et la Crimée, *Paris, Gide,* 1859, gr. in-8, br. *30 planches.*

1954. Description de Moscou, par le comte de Laveau. *Moscou,* 1835, 2 vol. in-8, br.

1955. Records of travels in Turkey, Greece, etc., and of a cruise in the Black Sea, with the capitan-pasha, in the years 1829-31, by A. Slade. *London,* 1832, 2 vol. in-8, v. ant., fig. col.

1956. Turkey, Russia, etc., by Spencer. *London,* 1854, in-12, cart.

1957. Travels in Turkey, by Madden. *London,* 1829, 2 vol. in-8, d. rel., fig.
1958. Tableau général de l'empire ottoman, par d'Hosson. *Paris,* 1788, 7 vol. in-8, br.
1959. Voyage dans l'empire ottoman, par Olivier. *Paris,* an IX, 3 vol. in-4 et atlas relié.
1960. Voyage dans l'empire ottoman, par Olivier. *Paris,* an IX, 6 vol. in-8, d. rel. et atlas.
1961. Mœurs, usages, costumes des Othomans, et abrégé de leur histoire, par A. L. Castellan. *Paris,* 1812, 6 vol. in-12, v. f., tr. dor., fig.
1962. P. Gylii de Constantinopoleos topographia lib. IV. *Lugd. Bat., Elzevir,* 1632. — Ejusdem de Bosporo Thracio lib. III. *Lugd. Bat.,* 1632, 2 t. en 1 vol. in-18, vél.
1963. Travels to Constantinople by Frankland. *London,* 1830, 2 vol. in-8, d. rel., v. r.
1964. The city of the sultan, by miss Pardoe. *London,* 1837, 2 vol. in-8, cart., fig.
1965. Voyage à Janina en Albanie, par la Sicile et la Grèce. Trad. de l'anglais de Th. Smart Hughes. *Paris,* 1821, 2 vol. in-8, bas.
1966. Travels in Crete, by Rob. Pashley. *London,* 1837, 2 vol. in-8, perc., carte et fig.
1967. Voyage littéraire de la Grèce, par Guys. *Paris,* 1783, 4 vol. in-8, v., fig.
1968. Voyage de Démo et Nicolo Stephanopoli en Grèce, pendant les années 1797 et 1798. *Londres,* 1800, 2 vol. in-8, pap. vél., cart., fig.
1969. Chroniques du Levant, ou mémoires sur la Grèce et les contrées voisines. *Paris,* 1825, in 8, dem. v. vert.

C. Voyages en Asie.

1970. Die Erdkunde von Asien, von Ritter. *Berlin,* 1837, vol. I à III in-8, cart.
1971. Voyage de Néarque, des bouches de l'Indus jusqu'à l'Euphrate, ou journal de l'expédition de la flotte d'Alexandre, rédigé sur le journal original de Néarque conservé par Arrien, et contenant l'histoire de la première navigation que des Européens aient tentée dans la mer des

Indes, trad. de l'anglais de W. Vincent, par J. Billecocq. *Paris*, 1800, in-4, cartes et pl., cart., n. r.

1972. — Autre exempl., d. r.

1973. Voyages faits principalement en Asie dans les xiie, xiiie, xive et xve siècles, par Benjamin de Tudele, Jean du Plan Carpin, Marc Paul, etc., accompagnés de l'histoire des Sarazins et des Tartares.... par P. Bergeron. Tome I. *La Haye*, 1735, in-4, cart.
    Exemplaire d'Anquetil-Duperron.

1974. Relation journalière du voyage du Levant faict et descrit par Henry de Beauveau. *Nancy*, 1619, in-4, vélin.

1975. Itinerarium Orientale R. P. Philippi, in quo religiosorum in Oriente missiones describuntur. *Lugd.*, 1649, pet. in-8, v. br. (*Aux armes.*)

1976. Voyage d'Orient, du R. P. Philippe de la Très-Sainte Trinité, trad. en français. *Lyon*, 1652, in-8, vél.
    Quelques piqûres. Un peu fatigué.

1977. Historia oriental de las peregrinaciones de Fernan Mendez Pinto, Portugues; traduzido de portugues en castellano, por Francisco de Herrera Maldonado. *Valencia*, 1645, in-fol., v. gr.

1978. Histoire des voyages du marquis de Ville en Levant, et du siége de Candie (par J. du Cros). *Paris*, 1669, in-12, veau.

1979. Viaggi di Pietro della Valle, alla Turchia, Persia e India, descritti da lui medesimo in lettere all'amico suo Mario Schipano. *Brighton*, 1843, 2 vol. gr. in-12, d. v. f., portrait.

1980. — Le même, broché.

1981. Voyages du sieur Paul Lucas au Levant. Premier voyage (1699-1703), dans la Haute-Égypte, avec une description de la Perse, et la relation des troubles arrivés dans l'empire othoman en 1703. *Paris*, 1704, 2 vol. in-12, veau, fig.

1982. — Le même, éd. de 1714, 2 tom. en 1 vol. in-12, v. br., fig.

1983. — Le même, édition de 1731, 2 vol. in-12, v., fig.

1984. Troisième voyage de Paul Lucas fait en 1714, dans la Turquie, l'Asie, la Palestine, l'Égypte.... *Rouen*, 1719, 3 vol. in-12, v. f., fig.

1985. — Le même, édition de 1724, 3 vol. in-12, v. br., fig.

1986. — Le même. *Amsterdam*, 1720, 2 vol. in-12, v. br., fig.

1987. Voyages de Corn. Le Bruyn, par la Moscovie, en Perse et aux Indes Orientales. *Paris*, 1725, 5 vol. in-4, d. r., grand nombre de belles planches.
   Bel exemplaire.
1988. Voyage dans le Levant en 1817 et 1818, par le comte de Forbin. *Paris, Impr. roy.*, 1819, in-8, d. v. f.
1989. Travels in various countries of the East, by Walpole. *London*, 1820, in-4, v., fig. et cartes.
1990. Journal of a tour in Asia Minor, by Leake. *London*, 1824, in-8, cart.
1991. A journal written during an excursion in Asia Minor, by Ch. Fellows. *London*, 1839, gr. in-8, cart.
1992. Travels and researches in Asia Minor, more particularly in the province of Lycia, by sir Ch. Fellowes. *London*, 1852, pet. in-8, avec cartes et nombreures figures dans le texte, perc.
1993. Asie Mineure. Description par Tchihatcheff. *Paris, Gide et Baudry*, 1853, in-8, br., et atlas in-4, br.
1994. Narrative of a residence in Koordistan and on the site of ancient Nineveh, by C. J. Rich. *London*, 1836, 2 vol. in-8, fig. et cartes.
1995. Voyage en Arménie et en Perse, par A. Jaubert. *Paris*, 1821, in-8, d. r., fig. et carte.
1996. Description géographique de la Géorgie, par Wakhoucht, publiée par Brosset. *Saint-Pétersbourg*, 1842, in-4, broch.
   Arménien et français.
1997. Expédition scientifique en Mésopotamie, par Jules Oppert. *Paris*, 1863, gr. in-4, br. (tome Ier).
1998. Voyage dans la Cilicie, par Victor Langlois. *Paris*, 1861, gr. in-8, br., fig.
1999. Reise in den cilicischen Taurus über Tarsus, von Th. Kotschy; mit Vorwort von C. Ritter. *Gotha*, 1858, in-8, br., cartes.
2000. Siria Sacra, descrittione istorico-geografica, cronologico-topografica delle due chiese patriarcali Antiochia, e Gerusalemme, primatie, metropoli, collegii, monasteri, etc., notitia de concilii, ordini equestri, etc... opera dell'abb. Biagio Terzi di Lauria. *Roma*, 1695, in-4, vél., cartes.
2001. Mission de Phénicie, par Ern. Renan. *Paris*, 1864, liv. I et II de texte et liv. I à IV d'atlas.

2002. Theatrum Terræ Sanctæ et biblicarum historiarum, cum tabulis geographicis, auct. Chr. Adrichomio. *Colon. Agripp.*, 1627, in-fol., veau, cartes.

2003. Theatrum Terræ Sanctæ, auctore Adrichomio. *Coloniæ*, 1627, in-fol., br.

2004. Hadriani Relandi Palaestina ex monumentis veteribus illustrata. *Trajecti Batavorum*, 1714, 2 vol. in-4, v. f., cartes et pl.

2005. Relation des voyages de M. de Brèves, en Grèce, Terre-Saincte, etc. *Paris*, 1628, in-4, v.

2006. Voyage du Mont Liban, trad. de l'italien du P. J. Dandini (par Richard Simon). *Paris*, 1675, in-12, veau.

2007. Voyage de Syrie et du Mont Liban, par de la Roque. *Paris*, 1722, 2 vol. in-12, v., pl.

2008. Zuallard. Il devotissimo viaggio di Gerusalemme. *Roma*, 1587, in-4, d.-rel. mar.

2009. Voyage d'Alep à Jérusalem, à Pâques en l'année 1697, par H. Maundrell. Trad. de l'anglais. *Utrecht*, 1705, in-12, veau, fig.

2010. — Le même. *Paris*, 1706, in-12, v., fig.

2011. A journey, from Naples to Jerusalem, by way of Athens, Egypt, etc., by Dawson Borrer. *London*, 1845, in-8, perc., fig.

2012. Letters from Palestine and Egypt, by T. R. J. *London*, 1820, in-8, fig., v. f., pet. fers. (*Simier*.)

2013. Travels in Palestine and Syria, by G. Robinson. *London*, 1837, 2 vol. in-8, perc., fig.

2014. Voyage autour de la mer Morte et dans les terres bibliques, par de Saulcy. *Paris, Baudry*, 1853, 2 vol. in-8 et atlas en livraisons in-4.

2015. Description de l'Arabie, d'après les observations et recherches faites dans le pays même, par C. Niebuhr. *Copenhague*, 1773, in-4, v. m., 25 pl. et cartes.

2016. — Le même ouvrage. *Amsterdam*, 1774, in-4, v., pl.

2017. — Le même. *Paris*, 1779, 2 vol. in-4., v., pl.

2018. Recueil de questions proposées à une société de savants, qui, par ordre de Sa Majesté danoise, font le voyage de l'Arabie, par Michaelis. Trad. de l'allemand. *Francfort*, 1763, in-8, veau.

2019. Recueil de questions proposées pour le voyage d'Arabie (de Niebuhr), par de Michaelis. 1774, in-4, rel.

2020. The travels of Macarius, patriarch of Antioch, written by his attendant archdeacon Paul of Aleppo, in arabic. Transl. by F. C. Belfour. *London*, 1836, 2 vol. in-4, d. v. f.

2021. Voyage de l'Arabie Heureuse, par l'Océan Oriental et la mer Rouge, fait par les Français pour la première fois, en 1708-10 (par De La Roque). *Paris*, 1716, pet. in-8, veau, cartes et fig.

2022. Voyage de l'Inde à la Mekke, par Abdoul-Kérym, trad. par Langlès. *Paris*, 1797, in-12, br., fig. — Voyage pittoresque de l'Inde, trad. de l'anglais de W. Hodges, par Langlès. *Paris*, 1805, 2 vol. in-18, br.

2023. Voyage de l'Inde à la Mekke, par Abdoul-Kérym, trad. par L. Langlès. *Paris*, 1797, in-12, v. rac., fig.

2024. Voyage de l'Inde à la Mekke, trad. du persan, par Langlès. — Voyage du Bengal à Chyraz, trad. de l'anglais de W. Franklin. *Hambourg*, 1799, 2 vol. in-12, d. r., fig.

2025. Voyage en Arabie, par Tamisier. *Paris*, 1840, 2 vol. in-8, br.

2026. Travels in Central Asia, by Arminius Vambéry. *London*, 1864, in-8, perc., fig.

Manque la carte.

2027. Les beautez de la Perse. *Paris, Clouzier*, 1673, in-4. = De rego Persarum principatu. *Parisiis*, 1591, in-8, vél., = etc., 4 vol. in-8, rel. et br.

2028. Relation du voyage d'Adam Olearius en Moscovie, Tartarie et Perse, contenant le voyage de J. A. de Mandelslo aux Indes-Orientales. Trad. de l'allemand par A. de Wicquefort. *Paris*, 1666, 2 vol. in-4, veau.

2029. A tour to Sheeraz, by Ed. Scott Waring. *London*, 1807, in-4, cart.

2030. Francklin (Major W.). Journal of a route from Rajemahl, to Sooty, from thence to Gour, with an account of the ruins of that ancient city, novemb. a dec. 1810. Mss. in-4, d'une belle écriture, avec citations orientales, de 66 pp., toile.

2031. Travels in various countries of the East, more particularly Persia, with observations on the state of those countries in 1810-12, and remarks to illustrate many subjects of antiquarian research, by William Ouseley. *London*, 1819-23, 4 vol. gr. in 4, dont 1 de planches, v. v., fil.

Bel exemplaire.

2032. Sketches of Persia. *London,* 1828, 2 vol. in-8, cart. = Voyages d'un Persan. *Paris,* 1811, in-8, rel.

2033. La Perse, ou Tableau de l'histoire, du gouvernement, de la religion, de la littérature de cet empire, par Am. Jourdain. *Paris,* 1814, 5 vol. in-18, v. éc., tr. dor., fig. et cartes.

2034. La Perse, ou Histoire, mœurs et coutumes des habitants de ce royaume, par N. Perrin, avec une notice géographique, etc., par Ed. Gauttier. *Paris, Nepveu,* 1823, 7 vol. in-18, br., fig.

2035. Notice sur l'état actuel de la Perse, en persan, en arménien et en français, par Mgr. Davoud-Zadour de Mélis Schahnazar et Langlès et Chahan de Cirbied. *Paris, Imp. roy.,* 1818, in-12, v. ant. fil., tr. dor., fig. col.
    Bel exemplaire.

2035 *bis.* — Le même, br.

2036. Voyage en Perse. *Paris,* 1819, 2 vol. in-8, rel.

2037. Flandrin. Voyage en Perse, in-fol. Livraisons 1 à 49, plus 15 livraisons en double.

2038. Voyages du chevalier Chardin en Perse. Atlas in-fol., rel.

2039. An account of the kingdom of Caubul, and its dependencies, in Persia, Tartary, and India, comprising a view of the Afghaun nation, and a history of the Dooraunee monarchy. *London,* 1815, gr. in-4, pap. vél., cart. et pl. col., d.-r., dos et coins cuir de Russie.
    Bel exemplaire.

2040. — Autre exemplaire, d.-r., n. rogn.
    Les premiers feuillets sont chiffonnés.

2041. Tableau du royaume de Caboul et de ses dépendances dans la Perse, la Tartarie et l'Inde, par Mountstuart Elphinstone, trad. par Breton. *Paris, Nepveu,* 1817, 3 vol. in-18, mar. rouge, dent., tr. dor., fig.

2042. A personal narrative of a visit to Ghuzny, Kabul, and Afghanistan, and of a residence at the court of Dost Mohamed... by G. T. Vigne. *London,* 1843, in-8, perc., carte et fig.

2043. Note on the historical results, deducible from recent discoveries in Afghanistan, by H. T. Prinsep. *London,* 1844, in-8, perc., avec 17 pl.

2044. Relation de la Boucharie. In-fol., d.-rel., avec 42 cart.

2045. Voyage d'Orenbourg à Boukhara, fait en 1820, à travers les steppes qui s'étendent à l'est de la mer d'Aral et au delà de l'ancien Yaxartes, par G. de Meyendorff, et revu par A. Jaubert. *Paris,* 1826, in-8, cart. n. rog., carte et fig. col.

2046. Bokhara, its Amir and its people; transl. from the russian of Khanikoff, by the baron Clement de Bade. *London,* 1845, in-8, perc., carte et portr.

2047. Viaggio dell' Indie Orientali, di Gasp. Balbi, nel quale si contiene quanto egli in detto viaggio ha veduto dal 1579 fino al 1588. *Venetia,* 1590, pet. in-8, mar. rouge.
Bel exemplaire d'une relation rare.

2048. Histoire de la navigation de Jean Hugues de Linscot, Hollandais, et de son voyage ès Indes Orientales,... nouvellement traduit en français. *Amsterdam,* 1610, pet. in-fol., bas., nombr. cartes et fig. grav.
Titre et préface montés. Quelques raccommodages et mouillures.

2049. Il viaggio all' Indie Orientali del P. Vincenzo Maria di S. Caterina da Siena. *Roma,* 1672, in-fol., vél.
Taché de roux.

2050. Relation ou Journal d'un voyage fait aux Indes Orientales (par L'Estra). *Paris,* 1677, in-12, veau.

2051. Il Viaggio all' Indie Orientali del P. Vincenzo Maria di S. Caterina da Siena. *Venetia,* 1678, pet. in-4, vélin.
Bel exemplaire d'une relation rare.

2052. Relation du voyage et retour des Indes Orientales, 1690-91, par un garde de la marine. *Paris,* 1692, pet. in-12, vél.

2053. Relation du voyage et retour des Indes Orientales, 1690-91, par un garde de la marine. *Paris,* 1692, in-12, bas.

2054. Nouvelle relation d'un voyage aux Indes Orientales, contenant la description des îles Bourbon et de Madagascar, de Surate, de la côte de Malabar, de Calicut, etc..., par Dellon. *Amsterdam,* 1699, in-12, fig., veau.

2055. Recueil des voyages qui ont servi à l'établissement et aux progrès de la compagnie des Indes Orientales, formée dans les Provinces-Unies des Pays-Bas. *Amsterdam.* 1702-1706, 5 vol. in-12, v., fig.

2056. Curiositez de la nature et de l'art, apportées dans deux voyages des Indes d'Occident et d'Orient avec une relation abrégée de ces deux voyages (par C. Biron). *Paris*, 1703, in-12, veau.

2057. Voyage du sieur Luillier aux grandes Indes, avec une instruction pour le commerce des Indes Orientales. *Paris*, 1705, in-12, veau.
<small>Exempl. avec la signature d'Anquetil Duperron.</small>

2058. Voiage de G. Schouten aux Indes Orientales (1658-65). *Amsterdam*, 1707, 2 vol. in-12, fig., veau.

2059. Voyages de F. Bernier, contenant la description des États du Grand-Mogol, de l'Hindoustan, du royaume de Kachemire. *Amsterdam*, 1709-10, 2 vol. in-12, v., cart. et pl.

2060. Voyages de François Bernier, contenant la description des États du Grand-Mogol. *Amsterdam*, 1724, 2 vol. in-12, veau, fig.

2061. — Le même, 1699, 2 vol. in-12, veau, fig.

2062. Voyages de François Bernier, contenant la description des États du Grand-Mogol, etc. *Amsterdam*, 1711, 2 vol. in-12, veau, fig.

2063. — Le même. *Amsterdam*, 1724, 2 vol. in-12, v., fig.

2064. Anciennes relations des Indes et de la Chine de deux voyageurs mahométans qui y allèrent dans le ixe siècle, trad. d'arabe (par l'abbé Renaudot). *Paris*, 1718, in-8, v. br.

2065. Journal d'un voyage fait aux Indes Orientales, par une escadre commandée par M. Du Quesne (par Rob. Challes). *La Haye*, 1721, 3 vol. in-12, veau.

2066. Oud en Nieuw Oost Indien, etc.... Collection de voyages aux Indes Orientales, par F. Valentyn (en hollandais). *Doordrecht*, 1724-26, 5 tom. en 9 vol. in-fol., gr. nombre de belles planch. et cartes grav., v. f.
<small>Bel exemplaire.</small>

2067. Voyages célèbres faits de Perse aux Indes Orientales, par J. A. de Mandelslo. Trad. de l'original, par A. de Wicquefort. *Amsterdam*, 1727, 2 part. en 1 vol. in-fol., v. br., grand nombre de cartes et planch.

2068. Routier des côtes des Indes Orientales et de la Chine, par d'Après de Mannevillette. *Paris*, 1745, in-4, veau.

2069. Histoire des voyages que les Danois ont faits dans les Indes Orientales de 1705 à 1736. *Genève*, 1747, 3 vol. in-8, bas.

2070. Voyages aux Indes Orientales, par J.-H. Grose, traduit de l'anglais par Hernandez. *Londres*, 1758, in-12, veau.

2071. A voyage from England to India, in 1754, by Edw. Ives. *London,* 1773, in-4, cartes et pl., cart. n. r.

2072. A voyage to East India, with notices on the empire of the Great-Mogul. *London,* 1777, in-8, v. f., pl.

2073. Voyages dans les mers de l'Inde, à l'occasion du passage de Vénus sur le disque du soleil, le 6 juin 1761, et le 3 du même mois 1769. *Paris, Impr. roy.,* 1779, 2 vol. in-4, veau, cartes et pl.

2074. — Autre édition. *En Suisse,* 1780, 2 vol. in-8, bas.

2075. Voyage en retour de l'Inde, par terre, et par une route en partie inconnue jusqu'ici, par Th. Howel, suivi d'observations sur le passage dans l'Inde par l'Égypte et le grand désert, par J. Cooper; trad. de l'anglais par Th. Mandar. *Paris,* 1788, in-4, cartes, broch.

2076. Travels in India, during the years 1780, 1781, 1782, 1783, by William Hodges. *London,* 1793, in-4, mar. vert dent., tr. dor.

> Superbe exemplaire en papier fin, avec la double série des 14 planches gravées, les premières épreuves avant la lettre et les eaux-fortes.

2077. Select views in Mysore, the country of Tippoo sultan, from drawings taken on the spot, by M. Hom, with historical descriptions (in persian and english). *London,* 1794, gr. in-4, cartes et 29 belles gravures sur acier, d.-r., dos et coins de mar. rouge. n. rogn.

2078. — Autre exemplaire, cartonné.

2079. Voyage en retour de l'Inde, par terre, et par une route en partie inconnue jusqu'ici, par Th. Howel, suivi d'observations sur le passage dans l'Inde par l'Égypte et le grand désert, par J. Capper; trad. de l'anglais. *Paris,* an V, in-4, d.-r., carte.

2080. — Le même, relié en v. fauve, fil.

2081. — Le même, cart. n. r.

2082. Voyage au Bengale, par Charpentier Cossigny. *Paris,* an VII, 2 vol. in-8, bas., tr. dor., carte.

2083. Viaggio alle Indie Orientali, da fra Paolino da S. Bartolomeo. *Roma,* 1796, in-4, planches, d. r.

2084. Gemählde von Ost Indien... Tableau des Indes Orientales, par Herrmann. *Leipzig,* 1799, 2 vol. in-8, bas.

2085. An account of an embassy to the kingdom of Ava, sent by the governor general of India, in 1795, by Mich.

Symes. *London,* 1800, 3 vol. in-8, v. rac. et 1 vol. in-4 de cartes et planches gravées, d. r.
>Bel exemplaire.

2086. Description de l'Indostan de Rennel, trad. de l'anglais. *Paris,* 1800, 3 vol. in-8 et atlas in-4, d. r.

2087. Voyage dans l'Inde et au Bengale 1789, 1790, par L. Degrandpré. *Paris,* 1801, 2 vol. in-8, bas., planches.

2088. Lettere sull' Indie Orientali (da Papi). *Filadelfia,* 1802, 2 tom. en 1 vol. in-8, d. r.
>Rare.

2089. Voyage pittoresque de l'Inde, 1780-83, trad. de l'anglais de W. Hodges, par L. Langlès. *Paris,* 1805, 2 vol. in-18, d. r.

2090. Voyage dans l'Indostan, par Perrin. *Paris,* 1807, 2 vol. in-8, bas.

2091. Voyages and travels to India, by Valentin. *London,* 1809, 3 vol. in-4, d. rel.

2092. Voyage commercial et politique aux Indes Orientales, aux îles Philippines, à la Chine, avec des notions sur la Cochinchine et le Tonquin, 1803 à 1807, par Renouard de Sainte-Croix. *Paris,* 1810, 3 vol. in-8, d. r.

2093. Journal of a residence in India, by Maria Graham, 2ᵈ edit. *Edinburgh,* 1813, in-4, v. v. fil., planches.

2094. Letters on India, by Maria Graham. *London,* 1814, in-8, v. rac., fig. et cartes.

2095. Inquiry concerning the site of ancient Palibothra. *London,* 1815-22, 4 part. in-4, nombr. pl. gr. = P. 1 et 2 en un vol. m. rouge, dent., tr. dor., — p. 3 et 4, cart. n. rogné.

2096. Voyage dans l'Inde britannique, contenant l'état actuel de cette contrée, l'histoire de la guerre des Anglais contre Holkar et Scindiah, trad. de l'anglais de W. Thorn et J. M. Kinneir. *Paris,* 1818, in-8, br.

2097. Journal of a tour through part of the snowy range of the Himala mountains, and to the sources of the rivers Jumna and Ganges, by J.-B. Fraser. *London,* 1820, in-4, grande carte, v. fauve, dent., tr. dor. (*Simier.*)

2098. — Autre bel exemplaire.

2099. Voyage chez les Mahrattes, par Tone, trad. de l'anglais et publié avec notes par Langlès. *Paris,* 1820, in-12, cuir de Russie, n. rogn.

2100. Autre exemplaire, d. r., fig. col.

2101. A geographical, statistical, and historical description of Hindostan, and the adjacent countries, by W. Hamilton. *London, Murray,* 1820, 2 vol. in-4, veau vert, carte.
    Très-bel exemplaire.

2102. Voyage à l'Ile de France, dans l'Inde et en Angleterre... par P. Brunet. *Paris,* 1825, in-8, br.

2103. Travels from India to England comprehending a visit to the burman empire and a journey through Persia, Asia Minor, etc., in 1825-26, by J.-E. Alexander. *London,* 1827, in-4, pl. noires et col., cart.

2104. Narrative of a journey through the Upper provinces of India, from Calcutta to Bombay, 1824-25, with notes upon Ceylon... by R. Heber. 3^d edition. *London,* 1828, 3 vol. in-8, nombr. fig. grav. sur bois, d. r.
    Relation d'un grand intérêt.

2105. — Le même ouvrage. *Philadelphie,* 1820, 2 vol. in-8, d. r.

2106. Journal of an embassy from the governor-general of India to the Court of Ava, in the year 1827, by J. Crawfurd; with an appendix, containing a description of fossil remains, by Buckland and Clift. *London,* 1829, in-4, d. cuir de Russie, cartes noires et col.

2107. The picture of India, geographical, historical and descriptive. *London,* 1830, 2 vol. pet. in-8, toile, fig. (pub. à 20 fr.)

2108. Views in the East, comprising India, Canton, and the shores of the Red Sea, with illustrations, by captain Robert Elliot. *London,* 1833, 2 vol. in-4, perc., ornés de 48 planches gravées sur acier.
    Publ. à 100 fr.

2109. Oriental memoirs, a narrative of 70 years residence in India, by J. Forbes. 2^d edit. revised by his daughter the countess de Montalembert. *London,* 1834, 2 vol. in-8 et un vol. in-4, de 85 magnifiques planches gravées sur acier, en partie très-soigneusement coloriées. Cartonné à l'angl.
    Publié à 150 fr.

2110. Journey to the North of India, overland from England, through Russia, Persia, and Affghaunistaun, by Arth. Conolly. *London,* 1834, 2 vol. in-8, cart. n. r., fig.

2111. First impressions in Hindostan, embracing an outline of the voyage to Calcutta, and five years residence in Bengal and the Doab, 1831-36, by Th. Bacon. *London,* 1837, 2 vol. in-8, perc., pl. et carte.

2112. The East India voyager, by Emma Roberts. *London,* 1839, in-8, perc.

2113. A personal narrative of a journey to the sources of the river Oxus, by the route of the Indus, Kabul, and Badakhshan, by J. Wood. *London,* 1841, in-8, perc., carte.

2114. Personal observations on Sindh, the manners and customs of its inhabitants, by T. Postans. *London,* 1843, in-8, perc., carte et fig.

2115. A narrative of the mission sent by the governor-general, of India to the court of Ava in 1855, with notices of the country, gouvernement and people, by captain Henry Yule. *London,* 1858, in-4, riche cartonnage en toile rouge, plats et tranches dorés, grande carte, nombreuses figures gravées sur bois dans le texte, et planches chromo-lithographiées.

> Ce magnifique ouvrage a été publié à 2 £, 12 sh., 6 d. — L'appendice contient un vocabulaire polyglotte de mots anglais, trad. en 15 langues ou dialectes birmans et siamois.

2116. Description du Pégu et de l'île de Ceylan, par Hunster, Wolf et Eschelskroon. *Paris,* 1793, in-8, cart.

2117. A descripton of Ceylon, containing an account of the country, inhabitants and natural productions, by J. Cordiner. *London,* 1807, 2 vol. in-4, cart. n. r.

2118. Rambles in Ceylon, by lieut. de Butts. *London,* 1841, in-8, perc.

2119. Notices of the Indian Archipelago and adjacent countries, by Moor. *Singapore,* 1837, in-4, cart.

2120. Ambassade au Thibet et au Boutan, par Sam. Turner. Trad. de l'anglais par Castéra. *Paris,* 1800, 2 vol. in-8 et atlas in-4, d. r.

2121. Narrative of a journey from Caunpoor to the Boorendo pass in the Himalaya mountains, etc., by Sir W. Lloyd and A. Gerard. *London,* 1840, 2 vol. in-8, perc., cartes.

2122. An account of the kingdom of Nepal, and of the territories annexed to this dominion, by the house of Gorkha, by F. Hamilton. *Edinburgh,* 1819, in-4, d. mar. rouge, pl.

2123. Travels in the Himalayan provinces of Hindustan and the Panjab; in Ladakh and Kashmir, in Kabul, Bokhara, etc., by W. Moorcroft and G. Trebeck, from 1819 to 1825, ed. by

H.-H. Wilson. *London*, 1841, 2 vol. in-8, perc., figures et carte.

2124. Ladák, physical, statistical, and historical, with notices of the surrounding countries, by Alex. Cunningham. *London*, 1854, gr. in-8, perc., avec une grande carte et de nombr. planches noires et coloriées.

<small>Epuisé et rare.</small>

2125. A concise account of the kingdom of Pegu, by W. Hunter. *London*, 1789, in-12, br.

2126. Journal of a residence in the Burmhan empire, and more particularly at the court of Amarapoorah, by capt. Hiram Cox. *London*, 1821, in-8, v. fauve, fig. col.

2127. Relation historique du royaume de Siam, par le sieur de l'Isle. *Paris*, 1684, in-12, v. br.

2128. Relation de l'ambassade de M. le chevalier de Chaumont à la cour du roy de Siam. *Amsterdam*, 1686, in-12, cart. fig.

<small>Relation curieuse et rare. — Exemplaire avec quelques mouillures.</small>

2129. Relation de l'ambassade du chevalier de Chaumont à la cour de Siam. *Paris*, 1687, pet. in-8, veau, fig.

2130. Journal du voyage de Siam fait en 1685-86, par M. l'abbé de Choisy. *Paris*, 1687, in-4, v. br.

2131. Journal du voyage de Siam (1685-86), par l'abbé de Choisy. *Paris*, 1687, in-12, veau.

2132. Voyage de Siam des Pères Jésuites envoyés par le Roy aux Indes et à la Chine. *Paris*, 1686, in-4, veau, pl.

2133. Voyage de Siam des Pères Jésuites. *Amsterdam*, 1687, in-12, veau, fig.

2134. Second voyage du P. Tachard et des jésuites envoyés par le roy au royaume de Siam. *Paris*, 1689, in-4, v. br, planches.

2135. Du royaume de Siam, par M. de La Loubère. *Amsterdam*, 1691, in-12, v. br., fig.

2136. Description du royaume de Siam, par M. de La Loubère. *Amsterdam*, 1714, 2 vol. in-12, fig. et pl.

2137. Description du royaume de Thai ou Siam, par Mgr Pallegoix. *Paris*, 1854, 2 vol. in-12, cart., fig. et carte.

2138. Relation nouvelle et curieuse des royaumes de Tunquin et de Lao, avec la description des richesses, mœurs, cérémonies, etc., de leurs habitants, trad. de l'italien du P. Mariny. *Paris*, 1666, in-4, v. br.

2139. A voyage to Cochinchina (1792-93), by J. Barrow. *London*, 1806, in-4, cart., fig. col.

2140. Voyage à la Cochinchine, par J. Barrow, trad. de l'anglais, par Malte-Brun. *Paris*, 1808, 2 vol. in-8, bas., et atlas in-4, br.

2141. La Cochinchine et le Tonquin, par E. Veuillot. *Paris*, 1861, in-8, br.

2142. Voyages en Chine. = 11 vol. in-8 et in-12, reliés ou brochés.

2143. Voyages en Chine. = 12 vol. in-8 et in-12, reliés ou brochés.

2144. Description de la ville de Péking, par M. de l'Isle. *Paris*, 1765, in-4, br., pl.

2145. Description of the city of Canton, with an appendix containing an account of the population of the Chinese empire, Chinese weights and measures. *Canton*, 1839, in-8, br.

2146. Yedo and Peking. Visits to the capitals of Japan and China, by Rob. Fortune. *London*, 1863, in-8, fig., cart.

2147. Relation des voyages en Tartarie, par Guillaume de Rubruquis, Du Plan Carpin, etc., recueillis par Bergeron. *Paris*, 1634, pet. in-8, vélin.

2148. L'ambassade de la Compagnie orientale des Provinces-Unies vers l'empereur de la Chine, faite par les sieurs P. de Goyer et J. de Keyser, le tout recueilli par Nieuhoff et mis en français par J. Le Carpentier. *Leyde*, 1665, in-fol., v. m., fig. et pl., beau portrait de Colbert.

2149. Ath. Kircheri China monumentis illustrata. *Amstelodami, J. à Meurs*, 1667, in-fol., d.-rel., fig. et cartes.

2150. — Le même, *Amstelodami, J. Janssonius*, 1667, in-fol., v. br., fig. et cartes.

<small>Cette édition, dont le texte ne diffère point de la précédente, est imprimée en plus gros caractères et les planches et cartes sont gravées sur une plus grande échelle.</small>

2151. Nouvelle relation de la Chine, par le P. G. de Magaillans, trad. du portugais en français. *Paris, Cl. Barbin*, 1688, in-4, v. br.

2152. — Le même, *Paris, Et. Ducastin*, 1689, in-4, v. br.

2153. Relation du voyage de M. Evert Isbrand, envoyé de Sa Majesté czarienne à l'empereur de la Chine (1692-94), par A. Brand. *Amsterdam*, 1699, pet. in-8, carte.

2154. Les voyages de Glantzby dans les mers orientales de la Tartarie. *Paris,* 1729, pet. in-8, veau, carte.

2155. Description géographique, historique... de l'empire de la Chine, par J.-B. du Halde. *Paris,* 1735, 4 vol. in-fol., v. marb., cartes et fig.

2156. Relation de la Grande-Tartarie, dressée sur les Mémoires originaux des Suédois prisonniers en Sibérie. *Amsterdam,* 1727, in-12, veau.

2157. Antiche relazioni dell' Indie e della China di due Maomettani che nel secolo nono v'andarono, trad. dall' araba nella lingua francese dal sign. Eus. Renodozio, e fatte italiane. *Bologna,* 1749, in-4, vél.

2158. A voyage to China and the East Indies, by Peter Osbeck; to which are added a faunula and flora Sinensis. *London,* 1771, 2 vol. in-8, d. cuir de Russie.

2159. — Le même, 2 vol. in-8, bas.

2160. Voyage d'Olof Torée à Surate, à la Chine, publ. par Linnée, trad. du suédois par Dom. de Blakcford. *Milan,* 1771, in-12, cart., n. rogn.

    Dans le même volume : *Précis de l'économie rurale des Chinois, par G. Eckeberg. Milan, 1771. — Précis de l'état actuel des colonies anglaises dans l'Amérique septentrionale, par D. de Blackford. Milan, 1771, etc.*

2161. Relation de l'ambassade de lord Macartney à la Chine (1792-94), trad. de l'anglais. *Paris,* an IV, 2 tom. en 1 vol. in-8, d.-rel.

2162. An authentic account of an embassy from the king of Great Britain to the emperor of China; from the papers of the Earl of Macartney; by Sir George Staunton. *London,* 1797, 2 vol. in-4, avec pl. et un atlas gr. in-fol. de cartes et pl., d.-bas.

2163. Voyage de lord Macartney en Chine et en Tartarie (1792-94), rédigé par Sir G. Staunton, et trad. par J. Castéra. *Paris,* an VII, 5 tom. en 3 vol. in-8, d.-rel., fig. et cartes.

2164. Voyage en Chine et en Tartarie, par lord Macartney, trad. de l'anglais par Breton. *Paris,* 1804, 6 tom. en 3 vol. in-12, d. v. rose.

2165. — Le même, pap. vél. 6 vol. in-12, d. v. ant., fig.

2166. La Chine mieux connue (relation curieuse d'un voyage

en ce pays, par Ghirardini). *Paris*, 1796-97, 2 tom. en 1 vol. in-12, cart.

2167. Voyage en Chine, par J. Barrow, trad. de l'anglais par J. Castéra. *Paris*, 1805, 3 vol. in-8, bas., et atlas in-4, cart.

✝ 2168. Voyages à Péking, Manille et l'île de France, de 1784 à 1801, par De Guignes. *Paris, Impr. imp.*, 1808, 3 vol. in-8, et atlas in-fol., veau rac.
> Bel exemplaire.

2169. — Le même, sans atlas. 3 vol. in-8, veau.

2170. La Chine avec ses beautés et ses singularités. *Paris*, 1823, 2 vol. in-18, v. fauve, fig. = Coup d'œil sur la Chine, par M. Breton. *Paris*, 1812, 2 vol. in-18, d.-rel., fig. — Ensemble 4 vol.

2171. Ellis's Journal of lord Amherst's embassy to China, with observations on the policy, moral, character and manners of the Chinese. *London*, 1817, in-4, d.-rel., cartes et grav.

2172. — Le même, 2ᵉ éd. *Londres*, 1818, 2 vol. in-8, d. v. bl., portr. et cart.

2173. Narrative of a journey to China, by Clarke Abel. *London*, 1818, in-4, v. gr., cart. et pl. col.

2174. — Le même, relié en toile.
> Exemplaire du poëte Rob. Southey, avec sa signature.

2175. Description générale de la Chine, par l'abbé Grosier. *Paris*, 1787, 2 vol. in-8, v. rac., carte et fig.

2176. De la Chine, ou description générale de cet empire, par l'abbé Grosier. *Paris*, 1818-20, 7 vol, in-8, br., cartes.

2177. — Le même. Vol. I à VI, in-8, br., cartes.

2178. Voyage du capitaine Maxwell sur la mer Jaune, le long des côtes de la Corée..., par J. Mac Leod, traduit par Ch. Aug. Dep. *Paris*, 1818, in-8, d. r., fig.

2179. Report of proceedings on a voyage to the Northern ports of China in the ship Lord Amherst. *London*, 1833, in-8, cart.

2180. An historical and descriptive account of China, by Murray. Crawfurd, etc. *Edinburgh*, 1836, 3 vol. in-12, cart., fig. et carte.

2181. La Chine, par Davis, trad. de l'anglais par Pichard et Bazin. *Paris*, 1837, 2 vol. in-8, d.-rel., fig.

2182. Ten thousand things relating to China and the Chi-

nese., by W. B. Langdon. *London,* 1843, gr. in-8, perc., fig.
2183. La Chine ouverte, par Old Nick. *Paris,* 1846, in-8, perc., fig.
2184. — Le même, broché.
2185. La Chine et les Chinois, par le comte Al. Bonacossi. *Paris,* 1847, in-8, br., fig.
2186. Souvenirs d'un voyage dans la Tartarie, le Thibet et la Chine (1844-46), par M. Huc. *Paris,* 1850, 2 vol. in-8, d. v. ant., carte.
2187. A visit to the tea-districts of China and India, by Rob. Fortune. *London,* 1852, in-8, perc., fig.
2188. — Le même. *Londres,* 1853, 2 vol. in-8, perc., fig.
2189. L'Empire chinois, par M. Huc. *Paris, Impr. imp.,* 1854, 2 vol. in-8, broch., carte col.
2190. La vie réelle en Chine, par M. Milne, trad. par A. Tasset, avec notes par G. Pauthier. *Paris, Hachette,* 1858, in-12, br., 3 cartes.
2191. B. Vareni descriptio regni Japoniæ et Siam. *Cantabrigi,* 1673, in-8, v. br.
Exemplaire d'Anquetil Duperron.
2192. — Autre exemplaire, in-8, v. br.
2193. Description du Japon (en hollandais), par Kaempfer. *Amsterdam,* 1733, in-fol., vélin cordé, nombr. planches.
Bel exemplaire.
2194. — Le même, dem.-rel.
2195. Le Japon, par Breton. *Paris, Nepveu,* 1818, 4 vol. in-18, v. rac., fig.
2196. Cérémonies usitées au Japon pour les mariages et les funérailles, trad. du japonais par Titsingh. *Paris,* 1819, 2 vol. in-8, br., dont 1 obl. renfermant 16 pl. col., d'après des originaux japonais.
2197. Cérémonies usitées au Japon pour les mariages, les funérailles, etc., trad. du japonais par Titsingh. *Paris, Nepveu,* 1822, 3 vol. in-18, br.
2198. Ambassade mémorable de la Compagnie des Indes Orientales des Provinces-Unies, vers les empereurs du Japon. *Amsterdam,* 1680, in-fol., veau, fig. et pl.
2199. Ambassade de la Compagnie hollandaise des Indes vers l'empereur du Japon, avec une relation exacte des guerres de ce païs là. *Leyde,* 1686, 2 vol. in-12, v. br.
2200. Voyage de C. P. Thunberg au Japon, trad. par Lan-

glés, avec notes par Lamarck. *Paris,* 1796, 4 vol. in-8, v. rac. fil., pl.

2201. — Le même, broché.

2202. Voyages de C. P. Thunberg au Japon, trad. par Langlés, avec notes par Lamarck. *Paris,* 1796, 2 v. in-4, br.

2203. Voyages du capitaine Golownin, de la marine russe, au Japon, trad. du russe en allemand par C. J. Schultz. *Leipzig,* 1817-18, 2 vol. in-8, v. rac., carte et fig.

2204. Mariner's guide in the navigation of the East coast of Japon, and to Jezo, etc., by P. F. von Siebold. Transl. from the dutch by Cowan. *Amsterdam,* 1859, in-8, perc.

2205. Voyages et découvertes faites par les Russes le long des côtes de la mer Glaciale et sur l'Océan oriental, tant vers le Japon que vers l'Amérique. On y a joint l'histoire du fleuve Amur. Trad. de l'allemand de P. Muller par Dumas. *Amsterdam,* 1766, 2 t. en 1 vol. in-12, v.

2206. Voyage en Sibérie, fait en 1761, par l'abbé Chappe d'Auteroche. *Paris,* 1768, 2 tom. en 3 vol. gr. in-4, v. rac., cartes et fig., belles planches très-bien exécutées.
<small>Bel exemplaire. — Le vol. III contient la description du Kamtchatka, par Kracheninnikow, trad. du russe</small>

2207. Les mœurs et usages des Ostiackes, avec plusieurs remarques sur la Sibérie, par J. B. Muller. *S. l. n. d.,* in-12, veau.
<small>Le volume contient une longue description et un plan de Saint-Pétersbourg et de Cronstadt.</small>

2208. Les nouvelles découvertes des Russes entre l'Asie et l'Amérique, avec l'histoire de la conquête de la Sibérie et du commerce des Russes et des Chinois. Trad. de l'anglais de M. Coxe. *Paris,* 1781, in-4, veau, cartes et pl.

2209. Narrative of an expedition to the polar sea, in the years 1820-23, commanded by lieutenant F. von Wrangell, edited by major Edw. Sabine. *London,* 1840, in-8, perc., carte.

D. *Voyages en Afrique.*

2210. J. Leonis Africani Africæ descriptio ix lib. absoluta. *Lug. Bat., Elzevier,* 1632, 2 vol. in-18, veau.

2211. Edrisii Africa, ed. Hartmann. *Gottingæ,* 1796, in-8, v.

2212. Viagens extensas e dilatadas do celebre Arabe Abu Abdallah mais conhecido pelo nome Ben Batuta, traduzidas por J. de Santo Antonio Moura. Vol. I (seul publié). *Lisboa*, 1840, in-8, d. r.

2213. Le nord de l'Afrique, par Vivien de Saint-Martin. *Paris, Impr. imp.*, 1863, gr. in-8, br.

2214. Tableau de l'Égypte, par Galland. 1804, 2 vol. in-8, rel., — et autres ouvrages sur l'Égypte. = 17 vol. in-8, rel. et broch.

2215. Voyage dans la Haute Égypte au-dessus des Cataractes, avec des observations sur les diverses espèces de séné qui sont répandues dans le commerce, par H. Nectoux, naturaliste. *Paris*, 1808, in-fol., d. r., fig. col.

2216. L'Égypte et la Syrie. par Breton. *Paris, Nepveu,* 1814, 6 vol. in-12, v. gr., tr. dor., fig.

2217. Description de la Babylone d'Égypte et d'Héliopolis, par Du Boisaymé. *Paris, Impr. roy.*, 1814, in-fol., br.

2218. Travels in Egypt. by Henry Light. *London*, 1818, in-4, v., fig.

2219. Égypte, Nubie, Palestine et Syrie. Dessins photographiques recueillis pendant les années 1849, 1850 et 1851, et accompagnés d'un texte explicatif, par Maxime Du Camp. Livr. 1 à 24. *Paris, Gide et Baudry,* 1852, in-fol., br.

2220. Letters from Egypt, Ethiopia and the peninsula of Sinaï, by Lepsius. *London*, 1853, in-12, cart. = Egyptian antiquities. *London*, 1836, 2 vol. in-12, cart., fig.

2221. Nozrâni in Egypt and Syria. *London*, 1846, in-12, carte, perc.

2222. Voyage en Égypte, par Combes. 1846, 2 vol. in-8, = et autres voyages en Égypte, 15 vol. in-8, rel. et br.

2223. Briefe aus Aegypten, Ethiopien, etc., von Lepsius. *Berlin*, 1852, in-8, br.

2224. Caillaud. Voyage à Méroé. *Paris*, 1826, 4 vol. in-8, d. rel., et atlas in-fol.

2225. Voyage aux sources du Nil, par Bruce, trad. par Castéra. *Paris*, 1790, 5 vol. in-4, d. rel., et atlas.

2226. Discours sur les causes du desbordement du Nil, par de la Chambre. *Paris*, 1665, in-12, v., carte.

2227. A voyage to Abyssinia, by Salt. *London*, 1814, in-4, v. gr.

2228. Voyage en Abyssinie, par Salt, trad. de l'anglais, par Henry. *Paris*, 1816, 2 vol. in-8, rel., et atlas in-4.

2229. Voyage en Abyssinie, par Ruppel. *Franckfort*, 1840,

2 vol. in-8, d. rel., et autres voyages, = 12 vol. in-8, rel. et broch.

2230. Voyage en Abyssinie, par Galinier. = Beke, sources du Nil. *Londres,* 1860. = Les pyramides d'Égypte, par de Persigny, 1845. = 7 vol. in-8.

2231. Géographie des États Barbaresques, par Mannert, trad. par Marens. *Paris,* 1842, in-8. = Estancelin. Sur les voyages des navigateurs normands, 1832. = Ens. 3 vol. in-8, br.

2232. Specchio geografico, e statistico dell'impero di Marocco, dal conte Jac. Graberg di Hemso. *Genova,* 1834, in-8, d. r., carte et fig.

2233. Voyage dans l'Afrique Occ., par Cordon Laing. *Paris,* 1826, in-8, d. rel.

2234. Description historique du royaume de Macaçar (par N. Gervaise). *Paris,* 1688, in-12, veau.

2235. Voyage de Guinée, contenant une description très-exacte de cette côte où l'on trouve et où l'on trafique l'or, les dents d'éléphants, et les esclaves... par G. Bosman. *Londres,* 1705, in-12, v., fig.

2236. Relation du voyage du royaume d'Issyny, côte d'or, païs de Guinée, en Afrique. *Paris,* 1714, pet. in-8, veau, fig.

2237. Relation historique de l'Éthiopie Occidentale, contenant la description des royaumes de Congo, Angola, etc., trad. de l'italien du P. Cavazzi, par le P. J. B. Labat. *Paris,* 1732, 5 vol. in-12, veau, pl. et cartes.

2238. Voyage à la côte de Guinée, par Boudyck Bastiansee. *La Haye,* 1853, in-8, br.

2239. Voyage au Darfour, par le Cheykh Mohammed Ebn Omar El Tounsy; trad. de l'arabe, par le Dr Perron, publié par Jomard. *Paris,* 1845, in-8, br., cartes et pl.

2240. Voyage au Darfour. (Texte arabe) autographié par Perron. 1850, gr. in-4, br.

2241. Voyage au Ouaday, par le cheykh Mohammed Ibn Omar El Tounsy, trad. de l'arabe par le Dr Perron. *Paris,* 1851, in-8, br., cartes et planches.

2242. Le Sénégal, son état présent et son avenir, par J. Mavidal. *Paris,* 1863, in-8, br., carte.

2243. Description du cap de Bonne-Espérance, tirée des mémoires de P. Kolet. *Amsterdam,* 1743, 3 vol. in-12, fig.

2244. Voyage au cap de Bonne-Espérance, au pays des Hottentots et des Caffres, avec le capitaine Cook, par A. Sparrman. Trad. par Le Tourneur. *Paris,* 1787, 3 vol. in-8, d. r., fig. et cartes.

2245. A narrative of four journeys into the country of the Hottentots and Cafraria in the years 1777-79, by W. Paterson. *London,* 1789, in-4, d. r., carte et nombr. pl. color.

2246. Voyage dans la partie méridionale de l'Afrique en 1797-98, par J. Barrow; trad. de l'anglais, par L. Degrandpré. *Paris,* 1801, 2 vol. in-8, d. rel., carte.

2247. Voyage de Madagascar, par M. de V. (Carpeaux de Saussay). *Paris,* 1722, in-12, veau, fig. et carte.

E. Voyages en Amérique.

2248. Mémoire sur les collections des grands et petits voyages, par de Bry et Thévenot. *Paris,* 1802, in-4, cart.

2249. Arctic explorations in the years 1853-55, by El. Kent Kane. *Philadelphia,* 1856, 2 vol. in-8, perc., nombr. fig.

2250. Journal of a voyage to Greenland in the year 1821, by G. W. Manby. *London,* 1823, in-8, br., fig.

2251. Voyages de la Chine à la côte N. O. d'Amérique (1788-89), par le capitaine J. Meares, trad. de l'anglais, par Billecocq. *Paris,* an III, 3 vol. in-8, bas., fig.

2252. Travels in North America, by Lyell. *London,* 1845, 2 vol. pet. in-8, cart.

2253. Relation des voyages et des découvertes que les Espagnols ont faits dans les Indes Occidentales, écrite par B. de Las Casas, évêque de Chiapa. *Amsterdam,* 1698, in-12, v., fig.

2254. Voyage à Surinam et dans l'intérieur de la Guyane, par le capitaine Stedman, trad. de l'anglais, par P. F. Henry. *Paris,* an VII, 3 vol. in-8, bas., et atlas, in-4., d. r.

2255. Journey from Buenos Ayres to Santiago de Chili, in the years 1825-26, by captain Andrews. *London,* 1827, 2 vol. in-8, cart.

F. Voyages en Océanie.

2256. Voyages par le cap de Bonne-Espérance, dans l'archipel des Moluques, à Batavia, à Bantam et au Bengale, par J. S.

Stavorinus. Traduit du hollandais, par H. J. Jansen. *Paris,* 1798, in-8, d. r., cartes.

2257. — Le même, 2ᵉ édit. *Paris,* 1805, 3 vol. in-8, cart. n. r., cartes et pl.

2258. Voyages of the dutch brig of war Dourga, through the southern and little known parts of the Moluccan archipelago and southern coast of New Guinea, by D. H. Kolf. Transl. by G. Windsor Earl. *London,* 1840, in-8, perc., carte.

2259. Voyage à Samarang, par Stavorinus. *Paris,* an vii, 2 vol. in-8, d. rel., fig.

2260. Coup d'œil sur l'île de Java, par le comte de Hogendorp. *Bruxelles,* 1830, gr. in-8, d. rel.

2261. Voyage d'Abd-Allah ben Abd-El-Kader Mounschy, de Singapore à Kalantan, sur la côte orientale de la péninsule de Malaka, entrepris en l'année 1838, trad. du malay, avec notes, par Ed. Dulaurier. *Paris,* 1850, in-8, br.

2262. Political and statistical account of the british settlements in the straits of Malacca, with a history of the malayan states on the peninsule of Malacca, by Newbold. *London,* 1839, 2 vol. in-8, d. rel., carte.

2263. An account of the Pelew islands, situated in the western part of the Pacific Ocean, composed from the journals and communications of captain H. Wilson, etc., by G. Keate. 2ᵈ edition. *London,* 1788, in-4, cart., fig. et cartes.

2264. Travels in New Zealand, with contributions to the geography, geology, botany, and natural history of that country, by E. Dieffenbach. *London,* 1843, 2 vol. in-8, perc., fig.

2265. The three Colonies of Australia, their pastures, copper, mines and gold fields, by Samuel Sidney, 2ⁿᵈ ed. *London,* 1853, in-8, perc., fig.

2266. Voyage de découvertes aux terres australes, rédigé par Péron. *Paris,* 1807, 2 vol. in-4, cart. et atlas.

2267. An account of the natives of the Tonga islands, in the South Pacific Ocean, with an original grammar and vocabulary of their language from communications of M. W. Mariner, by J. Martin. *London,* 1817, 2 vol. in-8, d. r., fig.

3. Chronologie. Histoire universelle.

2268. Chronology of the world, by Blair. *London, w. y.*, in-fol., d. rel.
2269. Annales antiquitatis. *Oxford,* 1835, in-fol., cart.
2270. Chronologisches Handbuch der Welt und Wolkergeschichte von Wedekind. *Luneburg,* 1814, in-4, rel.
2271. Eusebii Pamphili chronicorum canonum lib. II et Samuelis Aniensis temporum usque ad suam aetatem ratio e libris historicorum collecta ; opus a J. Zohrabo expressum et castigatum. *Mediolani, reg. typ.*, 1818, 2 part. en 1 vol. in-4, v. rac., fil.
2272. — Le même, broché.
2273. Recherches sur la chronologie technique arménienne, par Ed. Dulaurier. *Paris, Impr. imp.*, 1859, in-4, br.
2274. Die Chronologie der Ægypter, bearbeitet von Richard Lepsius. Tome Ier (seul paru). *Berlin,* 1849, gr. in-4, perc.
2275. Chronologie des rois d'Égypte, par Lesueur. *Paris,* 1848, in-4, br.
2276. Horæ Ægyptiacæ, or the chronology of ancient Egypt discovered from astronomical and hieroglyphic records upon its monuments... by Poole. *London,* 1851, in-8, perc. planch.
2277. Ægyptische Chronologie. Ein kritischer Versuch, von J. Lieblein. *Christiania,* 1863, in-8, br.
2278. Mémoire sur le calendrier arabe, par Mahmoud Effendi. 1858, etc. = 15 br. in-8.
2279. A key to the chronology of the Hindus with an attempt to facilitate the progress of christianity in Hindostan. *Cambridge,* 1820, 2 vol. in-8, d. rel.
2280. Traité de la chronologie chinoise, par le P. Gaubil, publié par Silvestre de Sacy. *Paris,* 1814, in-4, d. rel.
2281. Die Weltgeschichte, dargestellt von K.-H. Ludwig Pölitz. *Leipzig,* 1824, 4 tom. en 2 vol. in-8, d. v. ant., fig.
2282. La chronique universelle illustrée. 1860, in-4, d. rel., fig.
2283. Mélanges d'histoire naturelle, morale, civile et politique de l'Asie, l'Afrique, l'Amérique et des terres polaires (par M. de Montmirail). *Paris,* 1766, 10 vol. in-12, veau.
2284. Atlas historique de Lesage. 1823, in-fol., d. rel.

4. Histoire des religions.

a. *Religion chrétienne.*

2285. An historical dictionary of all religions from the creation of the world to this present time, from the best authorities, by Th. Broughton. *London,* 1745, in-fol., v. br.
2286. Histoire universelle des religions, publiée par Buchon. Vol. I. Religions de l'Inde, par Eug. Pelletan et Alf. Maury. *Paris,* 1845, gr. in-8, br.
2287. Essai sur l'indifférence en matière de religion, par l'abbé F. de La Mennais, 8ᵉ édition. *Paris,* 1825, 4 vol. in-8, d. r.
2288. Theodoreti episc. Cyri ecclesiasticæ historiæ lib. V, græce, cum interpr. latina et adnotat. Henr. Valesii, recens. Th. Gaisford. *Oxonii,* 1854, in-8, perc.
2289. Annalium sacrorum a creatione mundi ad Christi incarnationem epitome latino-arabica, auctore F. Britio. *Romæ, typ. S. Congr. de prop. fide,* 1655, gr. in-8, parch.
2290. De miraculis S. Coluthi et reliquiis actorum S. Panesniu martyrum thebaica fragmenta duo ; praeit dissertatio Stephani card. Borgiæ de cultu S. Coluthi... *Romæ,* 1793, in-4, d. r.
2291. Annales minorum, seu trium ordinum a S. Francisco institutorum, continuati a St. de Cerreto. *Anconæ,* 1744, in-fol., d. rel. (Tome XXI de la collection.)
2292. Historia particular de la persecution de Inglaterra, y de los martirios mas insignes que en ella ha avido, desde el anno 1570, en laqual se descubren los effectos lastimosos de la heregia... recogida por el P. Diego de Yepes. *Madrid,* 1599, in-4, parch.

Rare et recherché. — Piqûres dans la marge supérieure.

2293. Bullæ, privilegia et instrumenta Panormitanæ metropolitanæ ecclesiæ, regni Siciliæ primariæ, collecta notisque illustrata, ab Ant. Mongitore. *Panormi,* 1734, in-4, parch.
2294. Bulles et documents concernant la grande aumônerie de France et le chapitre de Saint-Denys. *Paris,* 1855, 2 vol. in-4, br.
2295. Geschichte der Diocese und Stadt Hildesheim. 1858 2 vol. in-8, br.

2296. Estat des missions de Grèce présenté à nosseigneurs les archevesques, évesques et députez du clergé de France, en l'année 1695. *Paris,* 1695, in-12, veau.
2297. De Græcæ ecclesiæ hodierno statu epistola, auct. Thoma Smitho. *Traj. ad Rh.,* 1698, in-8, d. r.
2298. Histoire du christianisme d'Éthiopie et d'Arménie, par La Croze. *La Haye,* 1739, in-12, v., fig.
2299. Soulèvement national de l'Arménie chrétienne au ve siècle, contre la loi de Zoroastre, sous le commandement du prince Vartan le Mamigonien, par E. Vartabed, trad. en français par l'abbé G. K. Garabed. *Paris,* 1844, in-8, br.
2300. Nouvelles des missions orientales reçues au séminaire des missions étrangères à Paris, en 1785 et 1786. *Amsterdam,* 1787, 2 t. en 1 vol. in-12, veau.
2301. Epistolæ indicæ de stupendis et præclaris rebus quas divina bonitas in India et variis insulis per Soc. Jesu operari dignata est, in tam copiosa gentium ad fidem conversione. *Lovanii,* 1566, pet. in-8, bas.
>A la suite se trouvent deux opuscules avec titre séparé : De societatis Jesu origine libellus, aut. D. Jacobo Payua Lusitano. *Lovan.,* 1566. — Soc. Jesu defensio adversus obtrectatores, etc.

2302. Relation des missions des Pères de la Compagnie de Jésus dans les Indes Orientales, où l'on verra l'estat present de la religion chrestienne, et plusieurs belles curiositez de ces contrées, par un Père de la mesme Compagnie. *Paris,* 1659, pet. in-8, vél.
>Bel exemplaire.

2303. Histoire du christianisme des Indes, par V. La Croze. *La Haye,* 1758, 2 vol. in-12, veau, carte.
2303 *bis.* — Le même, broché.
2304. Histoire de l'établissement du christianisme dans les Indes Orientales (par Sérieys). *Versailles,* 1803, 2 vol. in-12, br.
2305. Historia do scisma portuguez na India, pelo Th. de Bussières. Trad. do Francez. *Lisboa,* 1854, in-12, br.
2306. Imperio de la China i cultura evangelica en èl, por los Religiosos de la Compañia de Jesus, compuesto por el Padre Alvaro Semmedo. *Madrid,* 1642, in-4, parch.
2307. Querelles entre les jésuites et les dominicains en Chine. 3 vol. in-12, veau.
>Histoire des différends entre les jésuites et les dominicains touchant

les cultes des Chinois. — Réponse à la lettre du P. Gorille. — Examen des faussetés sur les cultes chinois, avancées par le jésuite J. Jouvenci. — Relation de la persécution de la Chine, par le P. F. Gonzales de S.-Pierre.

2308. Anecdotes sur l'état de la religion dans la Chine (par l'abbé Villers). *Paris,* 1733-42, 7 vol. in-12, v. br.

2309. Histoire de l'édit de l'empereur de la Chine en faveur de la religion chrestienne, par le P. Ch. le Gobien. *Paris,* 1698, in-12, m. r., tr. dor.

2310. — Le même, in-12, veau.

2311. Relatione delle missioni de' vescovi vicarii apostolici, alli regni di Siam, Cocincina, Camboia, e Tunkino. *Roma,* 1677, in-4, parch.

2312. État de la religion chrétienne au Japon, relativement à la nation hollandaise. Trad. du hollandais du baron Onno-Swier de Haren. *Londres,* 1778, in-12, veau.

2313. Histoire de l'établissement des progrès et de la décadence du christianisme dans l'empire du Japon, par le P. de Charlevoix. *Louvain,* 1828, 2 vol. in-8, d.-rel.

2314. The missionarys reward, or the succes of the Gospel in the Pacific, by G. Pritchard. *London,* 1844, in-12, perc., fig.

2315. History of the martyrs in Palestine, by Eusebius, bishop of Cæsarea, syriac text, with an english translation, by W. Cureton. *London,* 1861, gr. in-8, perc.

2316. Histoire des souverains pontifes, par Artaud de Montor. *Paris, Didot,* 1847, 8 vol. in-8, br.
Exemplaire en grand papier.

2316 bis. — Le même ouv., exemplaire sur papier de couleur.

2317. Histoire des papes Léon XII et Pie VIII, par Artaud de Montor. *Paris,* 1843, 3 vol. in-8, br., gr. pap.

b. *Religions des peuples anciens et des peuples orientaux.*

2318. Die Religion der Römer, nach den Quellen dargestellt, von J. A. Hartung. *Erlangen,* 1836, 2 tom. en 1 vol. in-8, cart.

2319. Lajard. Sur le culte de Vénus. Texte in-4, br., et atlas in-fol.

2320. Lajard. Sur le culte de Mithra. In-fol. *Planches* 1 à 45.

2321. Mitriaca, par de Hammer. *Paris,* 1833, in-8, br. et atlas in-4. = Nouvelles observations sur le bas-relief Mithriaque, par Lajard. *Paris,* 1828, in-4, br.

2322. Historia religionis veterum Persarum, auctore Hyde. *Oxonii,* 1700, in-4, rel.

2323. On the assyrian mythology, by Edw. Hincks. *Dublin,* 1855, in-4, br.

> From the Transactions of the royal Irish academy. — Dans le même volume : On the chronology of the 26th egyptian dynasty, and of the commencement of the 27th, by Edw. Hincks.

2324. An analysis of the Egyptian Mythology, by Prichard. *London,* 1819, in-8, cart., fig.

2325. J. Seldeni de dis Syris syntagmata II. *Amstel.*, 1860, pet. in-8, veau, port.

2326. Théogonie des Druses, ou abrégé de leur système religieux, trad. de l'arabe avec notes, par Henri Guys. *Paris, Impr. impér.,* 1863, in-8, br.

2327. Les divines féeries de l'Orient et du Nord, légendes, ballades, romances, etc. par Séb. Rhéal. *Paris,* 1843, in-8, d. v. f., texte encadré, nombr. pl. lithogr.

2328. Panthéon chinois, ou parallèle entre le culte religieux des Grecs et celui des Chinois, avec de nouvelles preuves que la Chine a été connue des Grecs, et que les Sérés des auteurs classiques ont été des Chinois, par J. Hager. *Paris,* 1806, in-4, br., pl.

2329. Le théâtre de l'idolatrie, ou la porte ouverte pour parvenir à la connaissance du paganisme caché, ou la vraye représentation.... des Bramines, etc., par Abr. Roger. Trad. en français par Th. La Grue. *Amsterdam,* 1670, in-4, v. br., planches.

2330. An account of the religion, manners, and learning of the people of Malabar in the East-Indies, by Philipps. *London,* 1717, carte et front., veau.

> Curieux et rare.

2331. Dissertation sur les mœurs des Indous et la religion des Brahmines. Trad. de l'anglais. *Paris,* 1769, in-12, d.-r.

2332. Essai sur les dogmes de la métempsychose et du purgatoire, enseignés par les Brahmins de l'Indostan ; tiré de l'anglais, par Sinner. *Berne,* 1771, in-12, v.

2333. Mythologie des Indous, par Polier. *Roudolstadt,* 1809, 2 vol. in-8, br., pl.

2334. Recherches sur Buddou ou Bouddou, instituteur religieux de l'Asie Orientale, par Ozeray. *Paris,* 1817, in-8, br.

2335. The history and doctrine of Budhism, popularly illustrated, with notices of the Kappooism, or demon worship, and of the Bali, or planetary incantations, of Ceylon; by Edw. Upham. *London,* 1829, in-fol., cart., 43 pl. d'après des dessins originaux.

<small>Publié à 90 fr.</small>

2336. Glauben, Wissen und Kunst der alten Hindus, von Niklas Müller. *Maïnz,* 1822, in-8, d.-r., pl.

2337. Exposé de quelques-uns des principaux articles de la théogonie des Brahmes, par l'abbé Dubois. *Paris,* 1825, in-8, br.

2338. Ueber religiose Bildung, Mythologie und Philosophie der Hindus, von J. G. Rhode. *Leipzig,* 1827, 2 vol. in-8, br.

2339. — Le même, d.-r.

2340. La vie contemplative, ascétique et monastique chez les Indous et chez les peuples bouddhistes, par J. J. Bochinger. *Strasbourg,* 1831, in-8, br.

2341. Sketch on the religious sects of the Hindus, by H. H. Wilson. *London,* 1861, in-8, br.

<small>Ce volume forme le tome I de la réimpression des Œuvres de Wilson, par R. Rost.</small>

2342. J. C. Schwartz de Mohammedi furto sententiarum scripturæ sacræ liber unus in quo Mohammedana religio funditus evertitur. *Lipsiæ,* 1711, pet. in-8, v. — De Saracenis et Turcis chronicon Volfgangi Drechsleri, item, de origine et progressu et fine Machumeti.... etc. *Argentorati,* 1550, pet. in-8, veau.

2343. L'état présent de la religion mahométane, par le P. Nau. *Paris,* 1686, 2 tom. en 1 vol. pet. in-8, v.

2344. Adriani Relandi de religione Mohammedica, lib. II. *Ultrajecti,* 1705, in-12, parch.

2345. — Le même, 2ᵉ éd. 1717, pet. in-8, parch., fig.

2346. La religion des mahométans, exposée par leurs propres docteurs; tiré du latin de Reland, et augmenté d'une confession de foi mahométane (par D. Durand). *La Haye,* 1721, in-12, v. f. fil., tr. dor., fig.

2347. Recueil des rits et cérémonies du pèlerinage de La Mecque, auquel on a joint divers écrits relatifs à la religion, aux sciences et aux mœurs des Turcs, par Galland. *Amsterdam,* 1754, pet. in-8, cart.

2348. Observations historiques et critiques sur le mahométisme, trad. de l'anglais de George Sale. *Genève,* 1750, in-8, d.-r., dos et coins cuir de Russie, carte et tabl. généalog.

2349. Observations sur la religion, les lois, le gouvernement et les mœurs des Turcs; trad. de l'anglais. *Londres,* 1769, 2 tom. en 1 vol. pet. in-8, veau.

2350. Histoire de l'Alcoran, où l'on découvre le système politique et religieux du faux prophète, et les sources où il a puisé sa législation, par M. Turpin. *Londres,* 1775, 2 vol. in-12, veau.

5. HISTOIRE ANCIENNE.

2351. Réflexions sur l'Histoire des anciens peuples, par Fourmont. *Paris,* 1747, 2 vol. in-4, v.

2352. Cours d'Histoire ancienne, par Dottain. *Paris,* 1855, in-8, br.

2353. Fêtes et courtisanes de la Grèce. Supplément aux voyages d'Anacharsis et d'Anténor. *Paris,* 1821, 4 vol. in-8, br., fig.

2354. Découvertes dans la Troade, par Mauduit. *Paris,* 1841, in-4, br.

2355. Monumenti inediti a illustraz. della storia degli antichi popoli Italiani, da Micali. *Firenze,* 1844, in-8 de texte et in-fol. atlas.

2356. Scriptores historiæ romanæ latini veteres, qui extant omnes, notis variis illustrati à C. H. de Klettenberg et Wildeck, in unum redacti corpus, edente et accur. B. C. Haurisio. *Heidelbergæ,* 1743-48, 3 vol. in-fol., v. fauve, nombr. pl.
   Bonne édition.

2357. A history of Rome, from the earliest times to the establishment of the empire, by H. G. Liddell. *London,* 1855, 2 vol. in-8, perc.

2358. Caii Velleii Paterculi historiæ Romanæ lib. II, accur. St. A. Philippe. *Lut. Par., Barbou,* 1754, in-12, v. rac. fil., tr. dor.

2359. Abrégé de l'Histoire grecque et romaine, trad. du latin de Velleius Paterculus, par l'abbé Paul. *Paris, Barbou,* 1770, in-12, veau.

2360. The history of Greece, by W. Mitford. *London,* 1795-1821, 10 vol. in-8, cart., avec cartes.

2361. Alexander's expedition down the Hydaspes and the

Indus to the Indian Ocean : a poem, with historical and philosophical observations. *London*, 1792, in-4, d.-rel.

<small>Exemplaire de Robert Southey, avec sa signature sur le titre.</small>

2362. Recherches sur les établissements des Grecs en Sicile, jusqu'à la réduction de cette île en province romaine, par W. Brunet de Presle. *Paris, Impr. roy.*, 1845, in-8, br.

2363. Selencidarum Imperium sive hist. Regum Syriæ, auct. Vaillant. *Hagæ Com.*, 1732, in-fol., vél.

2364. Histoire des révolutions de l'empire de Constantinople jusqu'en 1453, par de Burigny. *Paris*, 1750, 3 vol. in-12, veau.

2365. Notitia dignitatum, utriusque imperii Orientis scilicet et Occidentis ultra Arcadii Honoriique tempora et in eam G. Panciroli commentarius (auct. Ph. Labbé). *Genevæ*, 1623, in-fol., vél., fig.

<small>Mouillures.</small>

2366. Chalcocondylæ historiarum libri, gr. et lat. *Venetiis*, 1729, in-fol., br.

2367. Ducas. Historia Byzantina, gr. et lat. *Bonnæ*, 1834, in-fol., rel.

2368. Michaelis Attaliotæ historia (e corp. Byz.), recogn. Imm. Bekkerus. *Bonnæ*, 1853, in-8, br.

2369. Parisot. Cantacuzène, homme d'état et historien. *Paris*, 1845, in-8, br. = De Porphyrio. 1845, in-8, br.

2370. Jornandes, de Getarum sive Gothorum origine et rebus gestis..... accessit de literis et lingua Getarum, item de notis lombardicis liber, auct. B. Vulcanio Brugensi. *Lugd. Bat.*, 1597, 3 part. en 1 vol. pet. in-8, veau.

2371. Leyes del fuero Juzgo, o recopilacion de las Leyes de los Wisigodos Espanoles, por Llorente. *Madrid*, 1792, in-4, br.

2372. Recherches sur l'origine et les divers établissements des Scythes ou Goths, trad. de l'anglais de Pinkerton. *Paris*, 1804, in-8, br., carte.

6. Histoire moderne de l'Europe.

a. *Histoire générale.*

2373. Lectures on modern history, by William Smith. *London, Pickering*, 1841, 2 vol. in-8, perc.

2374. Recueil des Historiens des Croisades. Historiens occidentaux. *Paris, Impr. roy.*, 1844, tome Ier en 2 part. in-fol., br.

2375. Histoire de la guerre sainte, dite proprement la Franciade Orientale, faite latine par Guillaume, archevesque de Tyr, et trad. par Gabriel du Préau. *Paris, Rob. Le Mangnier*, 1572, in-fol., v.

2376. P. Aug. Bargæi Syrias : hoc est, expeditio Christianorum principum, ductu Goffredi, carmen. *Florentiæ*, 1591, in-4, vélin.

2377. De bello Constantinopolitano et imperatoribus Comnenis per Gallos et Venetos restitutis, historia Pauli Ramnusii. Editio altera. *Venetiis*, 1634, in-fol., v. br., fers à froid.

2378. Histoire de l'empire de Constantinople sous les empereurs français, divisée en deux parties, dont la première contient l'histoire de la ville de Constantinople, par les Français et les Vénitiens, écrite par Geoffroy de Villehardouin, revue et corrigée, avec un glossaire pour les termes hors d'usage, avec la suite de cette histoire par Ph. Mouskes; la seconde contient une histoire générale de ce que les Français et les Latins ont fait de plus mémorable dans l'empire de Constantinople..... (par C. Du Fresne Du Cange). *Paris, Impr. roy.*, 1657, in-fol., veau. (*Aux armes du duc de Mortemart.*)

B. Histoire de France.

2379. Histoire de l'île de Chypre sous les Lusignans, par De Mas-Latrie. (Tome III.) 1855, gr. in-8, br.

2380. Étude sur la Géographie historique de la Gaule, par Deloche. *Paris,* 1864, in-4, br.

2381. Dictionnaire de la France, par Peigné. *Paris,* 1863, in-12, d. rel.

2382. Tableau général, par fonds, des archives départementales, antérieurement à 1790. In-4, br.

2383. Cartulaire de l'abbaye de Saint-Père de Chartres, publié par Guérard. Prolégomènes. *Paris,* 1840, in-4, br.

2384. Cartulaire de l'abbaye de Saint-Bertin, publié par Guérard. *Paris, Impr. roy.*, 1841, in-4, br.

2385. Cartulaire de l'église du Saint-Sépulcre de Jérusalem, publié d'après les manuscrits du Vatican, par Eug. de Rozière. Texte et appendice. *Paris, Impr. nat.*, 1849, in-4, br.

2386. Cartulaire de l'église Notre-Dame de Paris, publié par Guérard. *Paris, Crapelet*, 1850, 4 vol. in-4, cart.

2387. Polyptique de l'abbé Irminon, ou dénombrement des manses, des serfs et des revenus de l'abbaye de Saint-Germain-des-Prés sous le règne de Charlemagne, avec les prolégomènes, par B. Guérard. *Paris, Impr. roy.*, 1844, 2 t. en 3 vol. in-4, br.

> Exemplaire en papier vélin. Cet ouvrage estimé est devenu d'une grande rareté.

2387 bis. — Autre exemplaire, en papier ordinaire.
Incomplet de la première feuille du vol. II.

2388. Polyptique de l'abbaye de Saint-Remi de Reims, ou dénombrement des manses, des serfs et des revenus de cette abbaye vers le ixe siècle de notre ère, par B. Guérard. *Paris, Impr. imp.*, 1853, in-4, br.

2389. Cérémonial du sacre des rois de France. *Paris*, 1775, in-12, v. ant.

2390. Histoire de Charles VI, roi de France, et des choses mémorables advenues durant 42 années de son règne, depuis 1380 jusqu'à 1422, par J. Juvénal des Ursins. 2e édition, augmentée par Denis Godefroy. *Paris, Impr. roy.*, 1653, in-fol., veau.

2391. Histoire de Charles VI, roy de France, par un religieux de Saint-Denis, trad. sur le manuscrit latin par Le Laboureur. *Paris, Billaine*, 1663, 2 vol. in-fol., veau.

2392. Chronique du religieux de Saint-Denis, contenant le règne de Charles VI, de 1380 à 1422, publiée en latin pour la première fois, et traduite par L. Bellaguet, précédée d'une introduction par de Barante. *Paris*, 1839-44, 5 vol. in-4, cart.

2393. Histoire des règnes de Charles VII et de Louis XI. Tomes II et III. = Anciennes chroniques d'Angleterre. Tome III. = Mémoires de Mathieu Molé. Tome III. = *Paris*, 1856-1864, 5 vol. in-8, br.
Publication de la Société de l'Histoire de France.

2394. Procès-verbaux des séances du conseil de régence du roi Charles VIII, par Bernier. *Paris*, 1836, in-4, br.

2395. Papiers d'État du cardinal de Granvelle, publiés par Weiss. *Paris,* 1846, in-4, br. (Tome Ier.)

2396. The life of Henri IV, king of France, by James. *London,* 1848, 3 vol. in-fol., cart.

2397. Daniel Chamier. Journal de son voyage à la cour de Henri IV, par Charles Read. *Paris,* 1858, in-8, br.

2398. Lettres inédites de Henri IV, recueillies par Galitzin. *Paris,* 1860, in-8, br.

2399. Mémoires et lettres de Henri, duc de Rohan, sur la guerre de la Valteline. *Paris,* 1758, 3 vol. in-12, br.

2400. Mémoires et correspondances de la marquise de Courcelles, publ. par P. Pougin. Paris, 1855, pet. in-8, perc., n. rogn.

De la Bibl. Elzévirienne.

2401. Lettres, instructions diplomatiques et papiers d'État du cardinal de Richelieu, recueillis et publiés par Avenel. *Paris, Impr. imp.,* 1861, in-4, br.

2402. Lettres des rois, reines et autres personnages de France et d'Angleterre, publiées par Champollion-Figeac. *Paris, Impr. roy.,* 1847, in-4, cart. (Tome II.)

2403. Mémoires de Claude Haton, publiés par Félix Bourquelot. *Paris,* 1857, 2 vol. in-4, br.

2404. Correspondance de Henri de Sourdis. *Paris,* 1839, 2 vol. in-4, cart.

2405. Journal d'Olivier Lefèvre d'Ormessson, publié par Chéruel. *Paris, Impr. imp.,* 1861, in-4, br. (Tome II.)

2406. Mémoires du marquis de Beauvais-Nangis. *Paris, Renouard,* 1862, in-8, br.

2407. Journal d'un voyage à Paris en 1657-58, publié par A. P. Faugère. *Paris,* 1862, in-8, br.

Épuisé.

2408. Négociations de la France dans le Levant. 1848, tome Ier, in-4, br. = Négociations de la France avec la Toscane. Tomes I et III. = Négociations de la France et de l'Autriche. Tome Ier. = Ensemble 4 vol. in-4, br.

2409. Mémoire du marquis de Pomponne, par Mavidal. *Paris,* 1860, 2 vol. in-8, br.

2410. Mémoires militaires relatifs à la succession d'Espagne, publiés par le général Pelet. *Paris,* 1845, tomes 2 à 8. 7 vol. in-4, br., et atlas gr. in-fol. en carton.

2411. Atlas de l'histoire du Consulat et de l'Empire, par M. Thiers. 10 livraisons in-fol.

C. Histoire des villes et provinces de France.

2412. Le Plan de Paris, de Gomboust. In-fol., et texte in-12, broché.
  Réimpression de la Société des Bibliophiles français.
2413. Histoire de l'hôtel de ville de Paris, suivie d'un essa sur l'ancien gouvernement municipal de cette ville, par Le Roux de Lincy. *Paris,* 1846, in-4, d. mar., pl.
2414. — Le même, broché.
2415. Histoire du palais de Compiègne, chronique du séjour des souverains dans ce palais, écrite d'après les ordres de l'Empereur, par J. Pelassy de l'Ousle. *Paris, Impr. imp.,* 1862, gr. in-4, perc., fig. et pl. grav.
2416. Recueil de documents inédits concernant la Picardie, par V. de Beauvillé. *Paris,* 1860, in-4, br.
2417. Archives administratives de la ville de Reims, publiées par P. Varin. *Paris, Impr. roy.,* 1839, 2 vol. in-4, br. (Tome I, 1re et 2e part.)
2418. Chronique des ducs de Normandie, par Benoît, trouvère anglo-normand, par Francisque Michel. *Paris, Impr. roy.,* 1836, 2 vol. in-4, cart. n. rogn.
2419. L'Auvergne depuis l'ère Gallique jusqu'au xviiie siècle, par André Imberdis. *Paris,* 1863, in-8, br.
2420. Recherches historiques et archéologiques sur la ville d'Issoudun, par A. Pérémé. *Paris,* 1847, in-8, br.

D. Histoire étrangère.

2421. Histoire des comtes de Toulouse, par le général Moline de Saint-Yon. *Paris, s. d.,* 3 vol. gr. in-8, br., cartes.
2422. Galerie méridionale. *Marseille, s. d.,* in-4 obl., *figures.*
2423. Beiträge zur italienischen Geschichte, von A. von Reumont. *Berlin,* 1853-55, vol. 1 à 4 in-8, br.
2424. Corelli. Gli Heroi di casa Savoia. *Torino,* 1852, 4 vol. in-8, cart., *figures.*
2425. La Savoie historique, par Joseph Dessaix. *Chambéry,* 1855, gr. in-8, br. en 32 livr.

2426. Ricordo pittorico militare della spedizione Sarda in Oriente. *Torino*, 1857, in-fol. obl., fig.

2427. Monumenta historica ad provincias Parmensem et Placentinam pertinentia. *Parmae*, 1858, in-4, en livraisons.
Chronica Placentinorum, 9 fasc. — Chronica Parmensium, 13 livraisons. — Statuta Placentina, 8 fasc. — Statuta communis Parmæ, fasc. 1 à 7 et 13 à 17, et les fasc. 1 à 7 doubles.

2428. Verona illustrata. 1732, 4 vol. pet. in-4, v., fig.

2429. Relazioni Venete degli ambasciatori. 1857-63, 14 vol. in-8, br.

2430. Villani liber de Civitatis Florentiæ famosis civibus. *Florentiæ*, 1847, in-4, br.

2431. Rome souterraine, par Charles Didier. *Paris*, 1833, 2 vol. in-8, br.

2432. Rerum Sicularum scriptores. *Francof. ad Mœnum*, 1579, in-fol., d. rel.

2433. Rerum arabicarum quæ ad historiam Siculam spectant ampla collectio. *Panormi*, 1790, in-fol., br.

2434. Diccionario geographico-historico de España, por Pascual Madoz. *Madrid*, 1849, 16 vol. gr. in-8, br.

2435. J. Marianæ, e Soc. Jesu, historiæ de rebus Hispaniæ libri xx. *Toleti*, 1592, in-fol., v. f.

2436. Histoire de la conqueste d'Espagne par les Mores, composée en arabe, par Abulcacim Tariff Abentariq, trad. en espagnol par Michel de Luna, et en français (par Le Roux). *Paris*, 1680, 2 t. en 1 vol. in-12, veau.

2437. Histoire de la domination des Arabes et des Maures en Espagne et en Portugal, depuis l'invasion de ces peuples jusqu'à leur expulsion définitive, rédigée sur l'histoire trad. de l'arabe en espagnol de J. Condé, par Marlès. *Paris*, 1825, 3 vol. in-8, d. r.

2438. The history of the Muhammedan dynasties in Spain, translated from Al-Makkari, by de Gayangos. *London*, 1840, in-4, br. (Tome Ier.)

2439. History of the dominion of the Arabs in Spain, transl. from the Spanish of Condé, by J. Forster. *London*, 1854-55, 3 vol. pet. in-8, perc.

2440. Histoire des Musulmans d'Espagne, jusqu'à la conquête de l'Andalousie, par les Almoravides (711-1110), par R. Dozy. *Leyde*, 1861, 4 vol. in-8, br.

2441. Documentos arabicos, para a historia Portugneza,

copiados da Torre do Tombo, por J. de Sousa. *Lisboa*, 1790, in-4, cart.

2442. Die Deutschen und die Nachbarstämme, von Kaspar Zeuss. *München*, 1837, in-8, d. chagr.

2443. Fontes rerum Austriacarum. *Wien*, 1865. (Vol. 3-4-6-19-21-23.) 6 vol. in-8, br.

2444. Chronicon Angliæ Petriburgense; iterum post Sparkium cum cod. mss. contulit J. A. Giles. *Londini*, 1845, in-8, perc.

2445. The life and times of Alfred the Great, by J. A. Giles. *London*, 1848, in-8, perc., av. une fig. color.

2446. A chronicle of english history from the earliest period, to A. D. 1274, by Henry of Silegrave, now first publ. from the Cotton mss. by C. Hook. *London*, 1849, in-8, perc.

2447. The Anglo-Norman metrical chronicle of Geoffrey Gaimar, with illustrative notes, and an appendix containing the lay of Havelok, the legend of Ernulf, and the life of Herward, edit. by Thomas Wright. *London*, 1850, in-8, perc.

2448. The chronicles of Ralph Niger, now first edited by lieut-col. Rob. Anstruther. *London*, 1851, in-8, perc.

2449. Histoire de la conquête de l'Angleterre par les Normands, par Aug. Thierry. *Paris*, 1826, 4 vol. in-8, br.

2450. History of Oliver Cromwell and the english commonwealth, by M. Guizot. *London*, 1854, 2 vol. in-8, broch.

2451. A descriptive catalogue of the London traders, tavern, and coffee-house tokens current in the xvii[th] century, by J. H. Burn. *London*, 1855, in-8, perc., portr.

2452. The history of Scottland, by Robertson. *Paris*, 1828, gr. in-8, cart.

2453. Histoire de Dannemarc, par Mallet. *Lyon*, 1766, 2 vol. in-12, veau.

2454. Tableau des États Danois, envisagés sous les rapports du mécanisme social, par J. P. Catteau. *Paris*, 1802, 3 vol. in-8, v. éc. fil., carte.

2455. Dictionnaire de l'empire de Russie. par Vsevolojsky. *Moscou*, 1823, 2 vol. in-8, br.

2456. Description historique de l'empire russien, trad. de l'allemand du baron de Strahlemberg (par Barbeau de la Bruyère). *Amsterdam*, 1757, 2 vol. in-12, veau.

2457. Sur les origines russes, par de Hammer. *Saint-Pétersbourg*, 1825, in-4, cart.

2458. Histoire des différents peuples soumis à la domination des Russes, ou suite de l'histoire de Russie, par Lévesque. *Paris*, 1783, 2 vol. in-12, veau.

2459. Notices historiques et caractéristiques sur les Israélites d'Odessa, précédées d'un aperçu général sur l'état du peuple israélite en Russie, et suivies de notes statistiques et explicatives, par J. Tarnopol. *Odessa*, 1855, in-8, br.

2460. Les fastes du royaume de Pologne et de l'empire de Russie (par Constant Dorville). *Paris*, 1769, 2 vol. in-8, veau.

2461. Description des hordes et des steppes des Kirghiz-Kazaks, ou Kirghiz-Kaïssaks, par A. de Levchine. Trad. du russe par Ferry de Pigny. Revue et publiée par E. Charrière. *Paris, Impr. roy.*, 1840, in-8, pap. vél.. br., carte et pl.

2462. Recherches historiques et statistiques sur les peuples d'origine slave, magyare et roumaine, par N. A. Kubalski. *Paris*, 1852, in-8, br.

2463. Respublica et status regni Hungariæ. *Lugd. Bat., Elzevir*, 1734, in-16, vél.

2464. Histoire générale de Hongrie, par de Sacy. *Paris*, 1778, 2 vol. in-12, veau.

2465. Histoire de Scanderbeg, roi d'Albanie, par le P. Duponcet. *Paris*, 1709, in-12, v.

2466. The history of Servia and the servian revolution, with a sketch of the insurrection in Bosnia, by Leopold Ranke, transl. from german by A Kerr. *London*, 1853, in-8, perc.

2467. The Shajrat-ul-Atrak, or genealogical tree of the Turks Tatars; transl. and abridged by Col. Miles. *London*, 1838, in-8, perc., carte.

2468. De Turcarum origine, religione, ac immanissima eorum in christianos tyrannide, deque viis, per quas christiani principes Turcas profligare facile possent, auct. J. Cuspiniano. *Lugd. Bat.*, 1654, in-12, bas.

2469. Chronica turcicarum. *Francof. ad Mœnum*, 1578, 3 part. en 1 vol. in-fol., vélin.

Cet ouvrage est rempli de figures.

2470. Chronique de Mohammed Tabari, trad. par Dubeux. *Paris*, 1836, in-4, d. rel.

Tome Ier, le seul publié.

2471. De la république des Turcs, par Guill. Postel. *Poictiers, de Marnef,* s. d., in-4, d. rel.
2472. Histoire de l'empire ottoman, trad. de l'italien de Sagredo, par Laurent. *Paris,* 1730-32, 7 vol. in-12, veau.
2473. — Le même. *Amsterdam,* 1732, 7 vol. in-12, veau.
2474. L'état militaire de l'empire Ottoman, ses progrès et sa décadence (en français et en italien), par le comte de Marsigli. *La Haye,* 1732, 2 tom. en 1 vol. in-fol., veau, fig. et cartes.
2475. L'espion dans les cours des princes chrétiens (par Marana). *Cologne,* 1739, 6 vol. in-12, d. v. f., fig.
2476. Abrégé chronologique de l'histoire Ottomane, par de la Croix. *Paris,* 1768, 2 vol. in-8, veau.
2477. Histoire de l'empire ottoman, depuis son origine jusqu'à la paix de Belgrade en 1740, par Mignot. *Paris,* 1771, 4 vol. in-12, veau, carte.
2478. Mémoires du baron de Tott, sur les Turcs et les Tartares. 1785, 2 vol. in-4, fig.
2479. Annals of the Turkish empire, by Naima, translated from the Turkish, by Fraser. *London,* 1832, in-4, cart. Tome Ier.
2480. Histoire de l'empire ottoman, par Juchereau de Saint-Denis. *Paris,* 1844, 4 vol. in-8, br.
2481. A history of the Turks, from the earliest period to the present time, by J. Gilchrist. *London,* 1856, pet. in-8, perc.
2482. Mirchond's Geschichte der Seldschuken, aus dem persischen übers. mit Anmerkungen, von J. A. Vullers. *Giessen,* 1838, in-8, br.
2483. Geschichte der Chalifen, von Weil. *Manheim,* 1846, 3 vol. in-8, br.
2484. Histoire du règne de Mahomet II, empereur des Turcs, par le sieur Guillet. *Paris,* 1689, 2 vol. pet. in-8, v. br., fig.
2485. Histoire de Saladin, sultan d'Égypte et de Syrie, par Marin. *Paris,* 1758, 2 vol. pet. in-8, v. f. fil., tr. dor., fig. et cartes.
2486. — Le même, éd. de 1760, 2 vol. in-12, veau.
2487. — Le même, éd. de 1763. 2 vol. in-12, v.
2488. Annales Sultanorum. *Francofurti,* 1596, in-fol., vélin.
2489. Histoire des expéditions maritimes des Ottomans, par Hadji-Kalfa, en turc. *Constantinople,* in-4, rel, = et autres ouvr. Turcs = 10 vol. in-4 et in-8.

2490. Historia della guerra fra Turchi e Persiani, descritta in quattro libri, da G. T. Minadoi. *Turino*, 1588, pet. in-8, veau.

2491. Précis historique de la guerre des Turcs contre les Russes de 1769 à 1774, tiré des annales de l'historien turc Vassif Effendi, par Caussin de Perceval. *Paris*, 1822, in-8, d. rel.

2492. Histoire de la campagne de Mohacz, par Kemal Pacha, trad. du turc, par Pavet de Courteille. *Paris, Impr. imp.*, 1859, in-8, br.

2493. Belin. Étude sur la propriété foncière en Turquie. 1862, in-8, br. = De la domination turque à Alger. 1840, in-8, etc. = 9 vol. et br. in-8.

7. Histoire d'Asie.

A. *Histoire ancienne.*

Histoire des Arabes et des Persans.

2494. Chronicon orientale. *Parisiis*, 1651, in-fol., v.

2495. Historia Orientalis ex monumentis collecta, auct. Hottingero. *Tiguri*, 1660, in-4, vélin.

2496. Historia Orientalis, authore Abulpharajio, arab. et lat., ed. Pocock. *Oxoniæ*, 1672, in-4, v.

2497. Histoire générale des Huns, des Turcs, des Mogols et des autres Tartares occidentaux, avant et depuis Jésus-Christ jusqu'à présent, par de Guignes. *Paris*, 1756-58, 4 t. en 5 vol. in-4, veau. — Supplément à cet ouvrage, par J. Senkowski. *Saint-Pétersbourg*, 1824, in-4, br.

Le supplément est fort rare.

2498. Lettres sur l'histoire des Arabes avant l'islamisme, par Fulgence Fresnel. *Paris*, 1836, in-8, br., etc. = 11 vol. in-4 et in-8, rel. et br.

2499. Mémoires sur les antiquités de la Perse et sur l'histoire des Arabes, avant Mahomet, par Silvestre de Sacy. *Paris*, s. d., in-4, br.

2500. Histoire des Arabes, avec la vie de Mahomed, par le comte de Boulainvilliers. *Amsterdam*, 1731, 2 t. en 1 vol. in-12, veau.

2501. La vie de l'imposteur Mahomet, recueillie des auteurs

arabes, persans, hébreux, caldaïques, etc. (trad. de l'anglais, par D. de Larroque). *Paris,* 1699, in-12, v. f.

2502. La vie de Mahomet, traduite et compilée de l'Alcoran, des traditions authentiques de la Souna, et des meilleurs auteurs arabes, par J. Gagnier. *Amsterdam,* 1732, 2 t. en 1 vol. in-12, v., fig.

2503. Histoire de la vie de Mahomet, législateur de l'Arabie, par Turpin. *Paris,* 1773-79, 3 vol. in-12, d. r.

2504. Zur Geschichte der Araber vor Muhamed, von R. v. L. *Berlin,* 1836, in-8, d. v. f.

2505. The history of the Saracens comprising the lives of Mohammed and his successors, to the death of Abdalmelik, the eleventh Caliph, by Simon Ockley. *London,* 1848, in-8, fig., perc.

2506. Mahomet and his successors, by Washington Irving. *New-York,* 1850, 2 vol. in-8, perc.

2507. Mahomet's successors, by W. Irving. *New-York,* 1850, in-8, perc.

2508. Essay towards the history of Arabia antecedent to the birth of Mahommed, arranged from the Tarikh Tebry, and other authentic sources, by major David Price. *London,* 1824, in-4, cart., n. rogn.

2509. Histoire des Sarrasins sous les onze premiers khalifes, trad. de l'anglais de Simon Ockley (par Jault). *Paris,* 1748, 2 vol. in-12, veau.

2510. Histoire des Arabes sous le gouvernement des califes, par l'abbé de Marigny. *Paris,* 1750, 4 vol. in-12, veau.

2511. Chronological retrospect, or memoirs of the principal events of Mahommedan history from the death of the Arabian legislator to the accession of the emperor Akbar, and the establishment of the Moghul empire in Hindustaun, from original persian authorities, by major David Price. *London,* 1811-21, 3 t. en 4 vol. in-4, cartes, v. rac. fil.
  Vendu 140 fr., vente Langlès.

2512. — Autre bel exemplaire, 4 vol. in-4, d. v. f.

2513. Hist. des Arabes, par Sédillot. *Paris,* 1854, in-12, br.
  = Les Kabyles, par Devaux. *Marseille,* 1859, in-12, br.

2514. Abulfathi annales Samaritani, ad fid. codd. mss. Berol., Bodl., Paris., arabice edidit et prolegomenis instruxit Ed. Vilmar. *Gothæ,* 1865, in-8, br.

2515. Histoire de l'Ordre des Assassins, par J. de Hammer.

Trad. de l'allemand, par J. Hellert et P. A. de la Nourais. *Paris*, 1833, in-8, d. r.

2516. Femmes arabes avant et depuis l'islamisme, par le Dr Perron. *Paris*, 1858, in-8, br.

2517. Histoire d'Arménie, par Moyse de Khoren (en arménien). *Venise*, 1827, 1 vol. en 3 tom. in-18, d. rel.
Exemplaire interfolié de papier blanc.

2518. Histoire d'Arménie, par Jean Catholicos, trad. de l'arménien en fr., par J. Saint-Martin. *Paris, Impr. roy.*, 1841, in-8, in-8, br.

2519. Recherches sur l'hist. et la géogr. de la Mésène et de la Characène, par J. Saint-Martin. *Paris, Impr. roy.*, 1838, d. rel.

2520. — Le même, broch.

2521. Histoire des Druses, peuple du Liban, par Puget de Saint-Pierre. *Paris*, 1762, in-12, v., fig.

2522. Les fastes des anciens Hébreux, par Vignier. *Paris, l'Angelier*, 1588, in-4, v. f.

2523. Oriental customs, or an illustration of the sacred scriptures, by an application of the manners of the eastern nations and especially the Jews, by Sam. Burde. *London*, 1822, 2 tomes en 1 vol. in-8, d. v., fers à froid. (*Thouvenin.*)

2524. The Hebrew people, by G. Smith. *London*, 1850, 2 vol. in-8, cart.

2525. Rerum persicarum historia, initia gentis, mores, instituta, resque gestas ad hæc usque tempora complectens, auct. P. Bizaro.... *Francofurti*, 1601, in-fol., v. m. comp. dor., tr. dor.

2526. Persia, seu regni persici status. *Lugd. Bat., Elzevier*, 1633, in-16, fig., vél.

2527. Estat présent du royaume de Perse. *Paris*, 1694, pet. in-8, veau, fig.

2528. Ephemerides Persarum, illustratæ, latine versæ et notis à Beckio. In-fol., v. br.

2529. Mémoires sur diverses antiquités de la Perse, et sur les médailles des rois de la dynastie des Sassanides, suivis de l'histoire de cette dynastie, traduite du persan de Mirkhond, par Silvestre de Sacy. *Paris, Impr. nat.*, 1793, in-4, d. mar. rouge, nombr. planches.

2530. — Le même, broché.

2531. Mirchondi historia Samanidarum. Persice ed. Wilken. 1808, in-4. = Mirchondi historia Seldschudikarum, ed. Vullers. 1837, in-8, br.
2532. Histoire des Samanides, par Mirkhond. Texte persan traduit et accompagné de notes, par Defrémery. *Paris, Impr. roy.*, 1845, in-8, br.
2533. Histoire de Nader-Chah, connu sous le nom de Thahmas Kuli-Khan, empereur de Perse, trad. du persan, par Jones. *Londres*, 1770, 2 tom. en 1 vol. in-4, veau.
2534. Histoire de Perse, depuis le commencement de ce siècle (par La Mamye-Clairac). *Paris*, 1750, 3 vol. in-12, veau.
2535. Histoire de la Perse depuis les temps les plus anciens jusqu'à l'époque actuelle; traduit de l'anglais de Sir John Malcolm. *Paris*, 1821, 4 vol. in-8, bas., cartes et planches.
2536. The Parsis, or modern Zerdusthians, by H. G. Briggs. *Edinburgh*, 1852, in-8, perc.
2537. History of the Afghans, transl. from the persian of Neamet Ullah, by Bernhard Dorn. *London*, 1836, in-4, d. v. f.
2538. Zur Geschichte der Griechischen und Indoskythischen Könige in Baktrien, Kabul und Indien, durch Entzifferung der Altkabulischen Legenden, auf ihren Münzen, von Chr. Lassen. *Bonn*, 1838, in-8, d. chagr.
2538 bis. — Le même, cart. n. r.
2539. Life of the Amir Dost Mohammed Khan, of Kabul, with his political proceedings towards the english, russian, and persian governments, including the victory and disasters of the british army in Afghanistan, by Mohan Lal. *London*, 1846, 2 vol. in-8, perc., nombr. portraits.
2540. ARIANA ANTIQUA. A descriptive account of the antiquities and coins of Afghanistan, with a memoir on the buildings called topes, by C. Masson; by H. H. Wilson. *London*, 1841, in-4, perc., carte et 36 pl. de médailles et d'antiquités bactriennes.

<small>Cet important ouvrage, le meilleur qui ait été écrit sur l'Afghanistan, est épuisé, et il ne pourra être réimprimé, les planches en ayant été détruites.</small>

B. Histoire de l'Inde.

2541. Megasthenis Indica. Fragmenta collegit, commentat. et indices add. E. A. Schwanbeck. *Bonnæ,* 1846, in-8, cart.

2542. Antiquité géographique de l'Inde et de plusieurs autres contrées de la Haute-Asie, par d'Anville. *Paris, Impr. roy.,* 1775, in-4, cart. n. r., cartes.

2543. Recherches historiques sur la connaissance que les anciens avaient de l'Inde.... trad. de l'anglais de W. Roberston. *Paris,* 1792, in-8, veau, cartes.

2543 bis. — Le même. *Paris,* 1821, in-8, br., cartes.

2544. Dell' India Orientale descrittione geografica et historica.... con la confutatione dell' idolatrie, superstitutioni, et altri loro errori.... opera del P. Cl. Tosi. *Roma,* 1669, 2 gros vol. pet. in-4, vél. (près de 1800 pages).
   Très-rare.

2545. L'Inde en rapport avec l'Europe, par Anquetil-Duperron. *Paris,* 1798, 2 vol. in-8, d. r.

2546. Sketches chiefly relating to the history, religions, learning and manners of the Hindoos.... *London,* 1792, 2 vol. in-8, v. rac., pl.

2547. Lettres politiques, commerciales et littéraires sur l'Inde, par Taylor. Trad. de l'anglais. *Paris,* 1801, in-8, d. r.

2548. Indian recreations, consisting chiefly of strictures on the domestic and rural economy of the Mahommedans and Hindoos, by W. Tennant. *Edinburg,* 1803, 2 vol. in-8, br., fig.

2549. — Le même ouvrage, 2ᵉ édition. *London,* 1804, 2 vol. in-8, d. v. f., fig.

2550. The East India vade-mecum, or complete guide fon the civil, military, or naval serviæ, by capt. Thomas Williamson. *London,* 1810, 2 vol. in-8, v. éc.

2551. The general East India guide and vade-mecum for the sojourner in British India, by J. B. Gilchrist. *London,* 1825, in-8, v. rac.

2552. The East India gazetteer, containing particular descriptions of Hindostan, and the adjacent countries, India beyond the Ganges, and the Eastern archipelago, by W. Hamilton. *London,* 1815, in-8, veau.

2553. — Le même, 2ᵉ édit. *London,* 1828, 2 vol. in-8, cartes, cart. n. r.

2554. L'Hindoustan, ou religions, mœurs, usages, arts et métiers des Hindous. *Paris, Nepveu,* 1816, 6 vol. in-18, d. v. rose, fig.

2555. Researches concerning the laws, theology, learning, commerce, etc., of ancient and modern India, by Craufurd. *London,* 1817, 2 tom. en 1 vol. in-8, d. r.

2556. The Hindoos. *London,* 1834, 2 vol. in-12, fig., perc.

2557. — Le même. *London,* 1846, 2 vol. in-12, perc., fig.

2558. The Calcutta annual register for the years 1821, 1822. *Calcutta,* 1823, 1825, 2 vol. in-8, v. et cart. n. r.

2559. Oriental commerce, containing a geographical description of the principal places in the East-Indies, China and Japan, with their produce, manufactures, and trade, the rise and progress of the trade of the various European nations with the Eastern world.... by W. Milburn. *London,* 1813, 2 vol. in-4, cartes, cart. n. r.

2559 *bis*. — Le même ouvrage. 2ᵉ édit. publ. par Th. Thornton. *London,* 1825, cartes, in-8, d. r. dos et coins en cuir de Russie.

2560. A review of the external commerce of Bengal, from 1813-14 to 1827-28, by H. H. Wilson. *Calcutta,* 1830, gr. in-8, cart.

2560 *bis*. Slave Trade in East-Indies and Ceylon, and measures taken for its abolition. (Blue book.) *London,* 1838, 1841. 2 vol. in fol., br.

2561. Le Moniteur indien, ou dictionnaire contenant la description de l'Hindoustan et des différents peuples qui habitent cette contrée, par Dupeuty-Trahon. *Paris,* 1838, in-8, broch.

2562. A comparative view of the antient monuments of India, particularly those in the island of Salset near Bombay, as described by different writers, illustrated with prints. *London,* 1785, in-4, cart. n. r., fig.

Exemplaire d'Anquetil-Duperron et de Langlès, avec leurs signatures.

2563. Monuments anciens et modernes de l'Hindoustan, décrits par L. Langlès. Ouvrage orné de 144 pl. et de 3 cartes géogr. dressées par Barbié Dubocage. *Paris,* 1821, 2 vol. in-fol., cart. n. r.

Publié au prix de 390 fr.

2564. L'Inde française ou collection de dessins sur les peuples Hindous, avec un texte explicatif, par E. Burnouf. *Paris*, 1827, 2 vol. in-fol., d. rel., fig. col.

2565. India, by J. Conder. *London*, 1830, 4 vol. in-12, toile, fig. et cartes.

2565 bis. — Le même, nouv. édition. *London*, 1831, 4 vol. in-12, toile, fig. et cartes.

2566. Inde, par Dubois de Jancigny et X. Raymond. *Paris*, 1845, in-8, d. r., fig. et cartes.
De l'Univers pittoresque.

2567. Patmakhanda. Lebens und Character-bilder aus Indien und Persien, von Erich von Schönberg. *Leipzig*, 1852, 2 vol. in-12, br. (pr. f. 14 fr.)

2568. Cases illustrative of Oriental life, and the application of english law to India, by Sir Erskine Perry. *London*, 1853, in-8, perc.

2569. Le istorie dell' Indie Orientali, del P. G. P. Maffei, trad. di latino in lingua italiana. *Cadomi*, 1614, in-8, vél.

2570. — Le même ouvrage. *Bergamo*, 1749. 2 tom. en 1 vol. in-4, vél. cordé.

2571. — Le même. *Viennæ, Austr.*, 1752, in-fol., bas.

2572. — Le même. *Milano*, 1806, 3 vol. in-8, bas.

2573. — Le même. *Reggio*, 1827, 6 vol. in-12, br.

2574. Histoire des Indes Orientales (par Souchu de Rennefort). *Paris*, 1688, in-4, v. br.

2575. Histoire des Indes Orientales, par Souchu de Rennefort. *Leide*, 1688, in-12, v.

2576. Historie von Oost-Indien (histoire des Indes Orientales, trad. du français en hollandais). *Rotterdam*, 1696, in-12, jolies fig. grav., vél.

2577. Histoire des Indes Orientales anciennes et modernes, par l'abbé Guyon. *Paris*, 1744, 3 vol. in-12, v., carte.

2578. Histoire de la dernière révolution des Indes Orientales (par Le Mascrier). *Paris*, 1760, 2 vol. in-12, veau.

2579. — Le même. *Paris*, 1767, 2 tom. en 1 vol. in-12, veau, carte.

2580. The political history of India, from 1784 to 1823, by Sir J. Malcolm. *London*, 1826, 2 vol. in-8, veau.

2581. Scriptorum Arabum de rebus Indicis loci et opuscula, edidit J. Gildemeister. Fasc. I (et unicus). *Bonnæ*, 1838, in-8, br. (Prix fort, 10 fr. 50.)

2582. Fragments Arabes et Persans inédits relatifs à l'Inde, par Reinaud. *Paris,* 1845, in-8, br. = Invasions des Sarrasins en France. 1836, in-8, br.

2583. Ancient and modern India, by W. Cooke Taylor, revised and continued by P. J. Mackenna. *London,* 1851, in-8, perc.

2584. Modern India : a sketch of the system of civil government, to which is prefixed, some account of the natives and native institutions, by G. Campbell. *London,* 1852, in-8, perc.

2585. A history of India under the two first sovereigns of the house of Taimur, Baber and Humayun, by W. Erskine. *London,* 1854, 2 vol. in-8, perc. (publ. à 40 fr.)

2586. The history of India. The hindu and mahometan periods, by Mountstuart Elphinstone. 4th edit. *London,* 1857, in-8, perc., carte.

2587. The history of Hindostan, from the earliest account of time to the death of Akbar, transl. from the persian of Ferishta.... by Al. Dow. *London,* 1768, 2 vol. — The history of Hindostan from the death of Akbar to the complete settlement of the empire under Aurungzebe. *Ibid.,* 1772. Ens. 3 vol. in-4, v. marb., fig.

Bel exemplaire.

2588. A translation of the memoirs of Eradut Khan, in which are displayed the causes of the very precipitate decline of the Moghul empire in India, by J. Scott. *London,* 1786, in-4, cart.

Exemplaire interfolié.

2589. The history of the reign of Shah-Aulum, emperor of Hindostaun, by W. Francklin. *London,* 1798. — A translation of the memoirs of Eradut Khan, with anecdotes of the emperor Aulumgeer Aurungzebe.... by J. Scott. *London,* 1786. — Antient indian literature illustrated. *London,* 1809. Les 3 ouv. en 1 vol. in-4, cartes et pl., v.

2590. The history of the reign of Shah-Aulum, emperor of Hindostaun, by W. Francklin. *London,* 1798, in-4, cart. n. r., portr. et carte.

2591. The history of Hindostan, transl. from the persian, by Al. Dow. *London,* 1812, 3 vol. in-8, d. rel., fig.

2592. Mémoires sur l'Indoustan, ou empire Mogol, par Gentil. *Paris,* 1822, in-8, d. r., fig. et carte.

2593. A summary of the history of Hindoosthan, from the Mahomedan invasion, with a tamil translation by Gnanapragasa Moodeliar. *Madras,* 1830, pet. in-4, d. m. r.

2594. Memoirs of the revolution in Bengal, 1757, by which Meer Jaffeir was raised to the government of that province, together with those of Bahar and Orixa.... *London,* 1764, pet. in-8, v. br., pl.

Rare.

2595. Événements historiques intéressants relatifs aux provinces de Bengale et à l'empire de l'Indostan; trad. de l'anglais. *Amsterdam,* 1768, in-8, bas.

2596. The history of Bengal, from the first Mohammedan invasion until the conquest of that country, by the English (1757); by Ch. Stewart. *London,* 1813, in-4, v. gr., grande carte color.

Bel exemplaire.

2598. History of Bengal, translated into bengali, by Govind Chunder Sen. *Calcutta,* 1840, in-8, bas.

Car. bengali. — 26 pp., 337 pp., 7 pp.

2599. Origine of the Sikh power in the Punjab, and political life of Muha Raja Rungeet Singh..... compiled by H. T. Prinsep. *Calcutta,* 1834, in-8, perc., carte et portr.

2600. A history of the Boondelas, by capt. W. R. Pogson. *Calcutta,* 1828, in-4, cartes et pl., cart.

2601. Ferishta's history of Dekkan, from the first Mohammedan conquests, with the history of Bengal from the accession of Aliverdhee Khan to the year 1780, by Jon. Scott. *Shrewsbury,* 1794, 2 vol. in-4, v. jasp.

Bel exemplaire.

2602. — Le même, cart. n. r.

2603. Histoire d'Ayder-Ali-Khan, Nabab-Bahader, ou nouveaux mémoires sur l'Inde, par M. D. L. T. (Maistre de la Tour). *Paris,* 1783, 2 t. en 1 vol. in-12, veau, carte.

2604. Vie d'Haïder Aly-Khan, par F. Robson. Trad. de l'anglais. *Paris,* 1787, in-12, veau, portr.

2605. A view of the origin and conduct of the war with Tippoo sultaun, comprising a narrative of the operations of the army and of the siege of Seringapatam, by A. Beatson. *London,* 1800, in-4, v. rac., portr. et pl.

2606. Histoire des progrès et de la chute de l'empire de Mysoré, sous les règnes d'Hyder-Ali et Tippoo-Saïb, par J. Michaud. *Paris*, 1801-9. 2 vol. in-8, d. r.

2607. Notes relative to the late transactions in the Marhatta empire. Fort William, déc. 15, 1803.... *London*, 1804, in-4, cart. n. r., plans coloriés de batailles.

2608. A history of the Mahrattas, with an historical sketch of the Decan, by Edw. Scott Waring. *London*, 1810, in-4, pl. généal., v. rac. (*Simier*.)

2609. Histoire philosophique et politique des établissements et du commerce des Européens dans les deux Indes, par G. Th. Raynal. *Genève*, 1780, 4 vol. in-4, veau, planches et nombr. cartes.

2610. A history of the military transactions of the British nation in Indostan, from 1745. *London*, 1763, in-4, cartes, v. rac.

2611. Histoire des guerres de l'Inde, ou des événements militaires arrivés dans l'Indoustan, depuis 1745. Trad. de l'anglais. *Amsterdam*, 1765, 2 vol. in-12, v. m.

2612. — Autre exemplaire, broché, n. rogn.

2613. État civil, politique et commerçant du Bengale, ou histoire des conquêtes et de l'administration de la compagnie anglaise dans ce pays. Traduit de l'anglais de Bolts, par Demeunier. *La Haye*, 1775, 2 vol. in-8, bas., carte et frontispices gravés par Eisen.

2614. A history of the military transactions of the British nation in Indostan from 1745, with a dissert. on the establishment made by Mahomedan conquerors in Indostan (by Orme). *London*, 1778-80, 2 tom. en 3 vol. in-4, veau, cartes et pl.

2615. A narrative of the insurrection which happened in the Zemeédary of Banares, in august 1781... (by Warren Hastings). *Calcutta*, 1782, in-4, bas.

2616. L'Anglais aux Indes, d'après Orme, par Archenholtz. Trad. de l'anglais. *Lausanne*, 1791, 3 vol. in-12, bas.

2617. An essay on the best means of civilising the subjects of the British empire in India, and of diffusing the light of the christian religion throughout the Eastern World, by J. Mitchell. *Edinburgh*, 1805, in-4, cart. n. r.

* 2618. Essai historique, géographique et politique sur l'Indostan, avec le tableau de son commerce, par Legoux de Flaix. *Paris*, 1807, 2 vol. in-8, d. r., carte et pl.

2619. An historical account of the rise and progress of the Bengal native infantry, by captain Williams. *London,* 1817, in-8, v. rac., fig. col.

2620. A narrative of the political and military transactions of British India, under the administration of the marquess of Hastings, 1813 to 1818; by H. T. Prinsep. *London,* 1820, in-4, v. v., cartes et planches.

2621. The history of British India, by James Mill. 3ᵈ edit. *London,* 1826, 6 vol. in-8, d. veau fauve.
    Bel exemplaire.

2622. Mémoires relatifs à l'expédition anglaise partie du Bengale en 1800 pour aller combattre en Égypte l'armée d'Orient, par le comte de Noé. *Paris, impr. roy.,* 1826, in-8, br., fig. col.

2623. Documents illustrative of the Burmese war, compiled and edited, by H. H. Wilson. *Calcutta,* 1827, in-4, grande carte color., cart. n. r.

2624. The history of the British empire in India, by Gleig. *London,* 1830-35, 4 vol. in-12, toile, portrait et fig.
    Publié à 25 fr.

2625. The government of India, by Sir J. Malcolm. *London,* 1833, in-8, cart. n. r.

2626. Rise and progress of the British power in India, by P. Auber. *London,* 1837, 2 vol. in-8, carte, cart. n. r.

2627. British India, in its relation to the decline of Hindooism, and the progress of christianity...., by W. Campbell. *London,* 1839, in-8, perc., fig.

2628. Rough notes of the campaign in Sinde and Affghanistan, in 1838-39, by capt. J. Outram. *Bombay,* 1840, in-8, br., plans.

2629. The history of the British empire in India, by Edw. Thornton. *London,* 1841-45, 6 vol. in-8, perc. (Pr. f. 120 fr.)

2630. A popular history of British India, by W. Cooke Taylor. *London,* 1842, in-8, perc.

2631. The conquest of Scinde, with some introductory passages in the life of major general Sir Ch. J. Napier, by W. F. P. Napier. *London,* 1845, 2 vol. in-8, perc.

2632. The history of the Indian revolt, and of the expeditions to Persia, China, and Japon, 1856-7-8. *London, Chambers,* 1859, gr. in-8, perc, fig, cartes et plans.

2633. L'Inde anglaise avant et après l'insurrection de 1857, par le comte Ed. de Warren. *Paris, Hachette*, 1858, 2 vol. in-8, br., carte.

2634. Histoire de l'isle de Ceylan, par J. Ribeyro ; trad. du portugais par l'abbé Le Grand, *Paris*, 1701, in-12, veau, cartes et fig. col.

2635. — Autre édition. *Amsterdam*, 1719, in-12, veau écaille, fig. et cartes.

2636. The history of Ceylon to the year 1815, by Philalethes, to which is subjoined Robert Knox's historical relation of the island, with an account of his captivity. *Londou*, 1817, 2 part. en 1 vol. d.-r., portrait et planches.

2637. An historical, political and statistical account of Ceylon and its dependencies, by Ch. Pridham. *London*, 1849, 2 vol. in-8, perc. cart.

2638. History of the Indian archipelago, by J. Crawfurd. *Édinburgh*, 1820, 3 vol. in-8, perc. cartes et planches.

2639. Malay Annals, translated from the malay language, by Dr. J. Leyden, with an introduction by Sir Th. Stamford Raffles. *London*, 1821, in-8, v. f.

2640. The history of Sumatra, by Marsden. *London*, 1784, in-4, v.

2641. Histoire de Sumatra, trad. de l'anglais de W. Marsden, par Parraud. *Paris*, 1788, 2 vol. in-8, bas., carte.

2642. History of the conquest of Java, by Thom. *London*, 1815, in-4, cart.

2643. Antiquités de Java (en holl.), par Reuvens. *Amst.* 1826, in-4, d.-rel.

2644. De imperio magni Mogolis, sive India vera, commentarius (aut. J. de Laet.) *Lugd. Bat., Elzevir*, 1631, in-16, vél., fig.

2645. Histoire générale de l'empire du Mogol depuis sa fondation, par le P. Catrou. *Paris*, 1705, in-4, v. br., carte. (*Aux armes du duc de Mortemart.*)
Dans le même volume est reliée l'édition de 1715.

2646. Histoire générale de l'empire du Mogol depuis sa fondation jusqu'à présent, sur les mémoires portugais de Manouchi, par le P. François Catrou. *Paris*, 1715, 4 vol. in-12, veau, carte.

2647. — Le même, éd. de 1708, in-12, veau, carte.

2648. Historical researches on the wars and sports of the Mongols, and remans, by John Ranking. *London*, 1826, in-4, cart.

2649. Mémoires sur les relations politiques des princes chrétiens, et particulièrement des rois de France, avec les empereurs mongols, par Abel Rémusat. *Paris, Impr. roy.,* 1824, in-4, cart., pl.

2650. Le même, broché.

2651. Geschichte der Ost-Mongolen und ihres Fürstenhauses verfasst von Ssanang Ssetsen Chungtaidschi der Ordus; aus dem Mongolischen übers. und mit dem Originaltexte hrsgg. von Isaac Jacob Schmidt. *St-Petersburg,* 1829, in-4, d.-rel.

2652. Histoire du grand Genghiz-Can, premier empereur des anciens Mogols et Tartares, par Pétis de la Croix. *Paris,* 1710, in-8, veau, carte.

2653. Histoire du grand Tamerlanes, par Jean du Bec. *Paris,* 1607, in-12, vél., portr.

2654. Histoire de Timur Bec, connu sous le nom du grand Tamerlan, empereur des Mogols et Tartares, trad. du persan de Cherefeddin Ali, par Pétis de la Croix. *Paris,* 1722, 4 vol. in-12, veau, cartes.

2655. Histoire de Tamerlan, empereur des Mogols (par le P. de Margat, publiée par le P. Brumoy). *Paris,* 1739, 2 vol. in-12.

> Rare, l'édition ayant été supprimée par l'autorité, à cause d'un portrait qui s'y trouvait et dans lequel on crut reconnaître le duc d'Orléans.

2656. The Mulfuzat Timury, or autobiographical memoirs of the Moghul emperor Timur, written in the jagtay turky language, turned into persian by Abu Talib Hussyny, and translated into english, by major Ch. Stewart. *London,* 1830, in-4, gr. pap., d.-mar. bl., carte.

> Exemplaire du duc d'Orléans.

2657. — Le même, broché.

3658. Institutes politiques et militaires de Tamerlan, proprement appelé Timour, écrits par lui-même en mogol et traduits en françois sur la version persane d'Abou-Taleb-Al-Hosseïni, avec la vie de ce conquérant, etc., par L. Langlès. *Paris,* 1787, in-8, port., d.-r.

2659. Histoire naturelle et politique du royaume de Siam (par N. Gervaise). *Paris,* 1688, in-4, v. br., av. carte.

2660. — Le même, 1690, in-4, v. br., sans carte.
2661. Histoire du royaume de Siam et des révolutions qui ont bouleversé cet empire, jusqu'en 1770, par M. Turpin. *Paris*, 1771, 2 vol. in-12, veau br.
2662. Histoire naturelle, civile et politique du Tonquin, par l'abbé Richard. *Paris*, 1778, 2 vol, in-12, veau.
2663. Exposé statistique du Tunkin, de la Cochinchine, du Camboge, etc., par M. (de Monthyon). *Londres*, 1811, 2 t. en 1 vol. in-8, d.-r.
2664. Histoire de l'expédition de Cochinchine en 1861, par Léopold Pallu. *Paris*, 1864, in-8, br.
2665. Histoire et description de la Basse Cochinchine, traduites d'après le texte chinois, par G. Aubaret. *Paris, Impr. imp.*, 1864, gr. in-8, br., avec carte col.

C. Histoire de la Chine et du Japon.

2666. Dell' historia della China, tradotta della lingua spagnuola del F. Gonzalez di Mendoza, nell' italiana, da F. Avanzo, partie due. *Venetia*, 1590, in-8, veau.
2667. De bello tartarico historia, auct. P. Martino Martinio. *Antverpiæ*, 1654, pet. in-8, bas.
2668. Martini Martinii, e soc. Jesu, sinicæ historiæ decas prima. *Amstelædami*, 1659, pet. in-8, cart.
2669. Historia de la conquista de la China por el Tartaro, escrita por don Juan de Palafox y Mendoça. *Paris*, 1670, pet. in-8, parch.
2670. La Chine d'Athanase Kircher, avec un dictionnaire chinois et français, lequel est très-rare, traduit par F. S. Dalquié. *Amsterdam*, 1670, in-fol., veau, nombr. pl. et fig.
2671. Histoire de la conqueste de la Chine par les Tartares, par Palafox; trad. de l'espagnol par le sieur Colle. *Paris*, 1670, in-8, v. br.
2672. — Le même. *Amsterdam*, 1723, in-12, parch.
2673. Histoire de la Chine sous la domination des Tartares, par le P. Adrien Greslon. *Paris*, 1671, pet. in-8, parch., carte.
2674. Historia Tartaro-Sinica, auct. F. de Rougemont. *Lovanii*, 1673, pet. in-8, parch., carte.
2675. Histoire des deux conquérants Tartares qui ont subjugué

la Chine (par le P. J. d'Orléans). *Paris*, 1589, in-8, v.

2676. Nouveaux mémoires sur l'état présent de la Chine, par le P. L. Le Comte. *Paris*, 1696, 2 vol. in-12, veau, fig.

2677. — Le même. 1697, 2 vol. in-12, veau.

2678. — Le même. 1701, 2 vol. in-12, v.

2679. Nouveaux mémoires sur l'état présent de la Chine, par le P. L. Le Comte. *Paris*, 1697-98, 2 vol. in-12, veau.

<small>Le 3ᵉ vol. contient l'*Histoire de l'Édit de l'empereur de la Chine en faveur de la religion chrétienne*.</small>

2680. Histoire généalogique des Tatars, trad. du manuscrit tartare d'Abulgasi-Bayadur-Chan, et enrichie de remarques très-curieuses sur le véritable estat de l'Asie septentrionale, par D. *Leyde*, 1726, pet. in-8, v. f. fil., cartes.

2681. Istoria delle cose operate nella China da monsignor G. Ambrogio Mezzabarba, scritta dal P. Viani. *Parigi* (1739), pet. in-8, d.-rel.

2682. Histoire de la conquête de la Chine par les Tartares Mancheoux, par Vojeu de Brunem (Jouve d'Embrun). *Lyon*, 1754, 2 vol. in-12, veau.

2683. Lettres de M. de Mairan au P. Parrenin, contenant diverses questions sur la Chine. *Paris*, 1759. — Mémoire dans lequel on prouve que les Chinois sont une colonie égyptienne, par M. de Guignes. *Paris*, 1759, 2 tom. en 1 vol. in-12, parch.

2684. Lettres de M. de Mairan au R. P. Parrenin, contenant diverses questions sur la Chine. *Paris, Impr. roy.*, 1770, in-8, veau.

2685. Histoire générale de la Chine, ou Annales de cet empire, trad. du Tong-Kien-Kang-Mou, par le P. de Mailla, publ. par l'abbé Grosier. *Paris*, 1777, 13 vol. in-4, bas., fig. et pl.

<small>Bel exemplaire.</small>

2686. — Le même; vol. I à XII, d. m. rouge, et XIIIᵉ br.

2686 bis. — Le même; vol. I à XI, in-4, veau.

2687. Description genérale de la Chine par l'abbé Grosier. *Paris*, 1785, in-4, veau.

<small>Ce vol. forme le 13ᵉ ou supplément de l'histoire de la Chine du P. de Mailla.</small>

2688. Faits mémorables des empereurs de la Chine, tirés des annales de la Chine. *Paris*, 1784, in-4, d.-rel.

<small>Ce vol. se compose de 24 estampes gravées et coloriées, avec un texte explicatif également gravé.</small>

2689. Histoire de la Chine, trad. du latin du P. M. Martini,

par l'abbé Le Peletier. *Paris*, 1792, 2 vol. in-12, v., fig.
2690. Untersuchungen über die Ursprunglichkeit und Alterthümlichkeit der Sternkunde unter den Chinesen und Indien... von Dr. P. F. Stuhr. *Berlin*, 1831, in-8, cart.
2691. Chine, par Pauthier (de l'Univers pittoresque). *Paris*, 1837, in-8, d.-r., fig.
2692. Narrative of the late proceedings and events in China, by John Slade. *China*, 1839, in-8, br.
2693. Ostasiatische Geschichte wom ersten chinesischen Krieg bis zu den Verträgen in Peking (1840-60) von K. Fr. Neumann. *Leipzig*, 1861, in-8, br.
2694. Relation de l'expédition de Chine en 1860, rédigée par le lieutenant de vaisseau Pallu. *Paris, Impr. imp.*, 1863, gr. in-8, br., et atlas in-fol. cart.
2695. Histoire de la dynastie des Ming, composée par l'empereur Khian-Loung, trad. du chinois par l'abbé Delamarre, pouvant servir de supplément à l'histoire générale de la Chine du P. de Mailla. 1re p. *Paris*, 1865, in-4, br.
2696. 12 brochures sur la Chine.
2697. 17 mémoires d'Édouard Biot, relatifs à l'économie sociale et à l'histoire des Chinois, et à la géographie, la minéralogie et l'astronomie de ce pays. 2 vol. in-8, d. v. fauve.
2698. 7 mémoires d'Édouard Biot sur l'histoire chinoise. 1 vol. in-8, d. v. bl.
2699. Mélanges, par M. Abel Rémusat. *Paris*, 1819-1825, 1 vol. in-4, fig., d.-rel.
<small>Mémoires sur les relations politiques des princes chrétiens et particulièrement des rois de France avec les empereurs Mongols. — Mémoires sur plusieurs questions relatives à la géographie de l'Asie centrale. — Mémoires sur la vie et les opinions de Lao-Tseu. — Catalogue des bolides et des aérolithes observés en Chine.</small>
2700. Mélanges posthumes d'histoire et de littérature orientales, par Abel Rémusat. *Paris, Impr. roy.*, 1843, in-8, br.
2701. Mélanges de Klaproth sur la Chine. *Paris*, 1832-33, 5 broch. in-8.
<small>Notice d'une chronologie chinoise et japonaise. — Observations sur l'histoire des Mongols orientaux, de Sanang-Setsen, par Ab. Rémusat. — Aperçu des entreprises des Mongols en Géorgie et en Arménie, trad. de l'arménien. — Rapport sur les ouvrages du P. Bitchourinski, relatifs à l'histoire des Mongols. — Notice sur l'encyclopédie littéraire de Ma Touan Lin.</small>
2702. Mélanges de Klaproth sur la Chine. 6 broch. in-8.
<small>Notice d'une mappemonde et d'une cosmographie chinoises. —</small>

t. de l'encyclopédie littéraire de Ma Touan Lin. — Apercu des entreprises des Mongols en Géorgie, trad. de l'arménien. — Sur la prétendue brebis du Si-Fan, etc.

2703. Miscellaneous pieces relating to the Chinese. *London*, 1762, 2 vol. in-12, veau.

2704. Anecdotes chinoises, japonaises, siamoises, tonquinoises, etc. (par J. Castillon). *Paris*, 1774, in-12, v. br.

2705. Mémoires concernant l'histoire, les sciences, les arts, les mœurs, etc., des Chinois, par les missionnaires de Pékin. *Paris*, 1771-89, 14 vol. in-4, veau.

2706. Le même ouvrage. *Paris*, 1776-84, vol. 1 à 10, in-4, veau.

2707. A view of China for philological purposes, containing a sketch of Chinese chronology, geography, government, religion and customs by R. Morrison. *Macao*, 1817, in-4, cart.

2708. Beautés de l'histoire de la Chine, du Japon et des Tartares, par M. de Beaumont. *Paris*, 1818, 2 vol. in-12, br., fig.

2709. The Chinezse as they are, by G. Tradescant Lay. *London*, 1841, in-8, perc., fig.

2710. Kang-Tchi-Tou. Description de l'agriculture et du tissage en Chine, par Isid. Hedde. *Paris*, 1850, in-8, br., fig.

2711. Recherches sur l'agriculture et l'horticulture des Chinois, par le baron d'Hervey Saint-Denis. *Paris*, 1850, in-8, br.

2712. Notice du vert de Chine et de la teinture en vert chez les Chinois, par N. Rondot. *Paris*, 1858, in-8, br., pl.

2713. Essai sur l'histoire de l'instruction publique en Chine, et de la corporation des lettrés, depuis les anciens temps jusqu'à nos jours, par Ed. Biot. *Paris*, 1847, in-8, br.

2714. Organisation militaire des Chinois, suivie d'un appendice sur l'administration civile de la Chine, par P. Dabry. *Paris*, 1859, in-8, br.

2715. Histoire de l'empire du Japon, par Kaempfer, trad. en français. *Amsterdam*, 1732, 3 vol. in-12, veau, cartes.

2716. Histoire et description générale du Japon, enrichie de figures en taille-douce, par le P. de Charlevoix. *Paris*, 1736, 2 vol. in-4, veau.

2717. Histoire et description générale du Japon, par le P. de Charlevoix. *Paris*, 1736, 9 vol. in-12, v. br., fig.

2718. Histoire du Japon, par le P. de Charlevoix. *Paris*, 1754, 6 vol. in-12, v. éc.

2719. Mémoires et anecdotes sur la dynastie régnante des Djogouns, souverains du Japon, par Titsingh, avec notes d'Abel Rémusat. *Paris,* 1820, in-8, br., fig.
2720. Manners and customs of the Japanese in the nineteenth century from the german of P. F. von Siebold. *London,* 1841, in-8, perc.
2721. Geschichte des Handels der Europäer in Japon, von G. F. Meylan; ins deutsche übertragen von F. W. Diederich. *Leipzig,* 1861, in-8, br.
2722. Memorie storiche dell' Australia, per Monsig. Rudesindo Salvado. *Roma,* 1851, in-8, bas., tr. dor.

8. Histoire d'Afrique.

2723. Chronicus Canon Aegyptiacus ed. Marsham. *Londini,* 1672, in-fol., rel. et autres ouvr. sur l'Égypte. = 14 vol. in-4 et in-fol., rel.
2724. Vansleb. Relations de l'Égypte. 1698, et autres ouvr. sur l'Égypte. = 25 vol. in-12, rel.
2725. Ameilhon. Sur le commerce et la navigation des anciens Égyptiens, in-12, = et autres ouvrages sur l'Égypte. 27 vol. in-12, rel. et br.
2726. J. Perizonii Ægyptiarum originum et temporum antiquissimorum investigatio cum Babylonicis et turris in terra Sinear exstructæ, historia. *Lugd. Bat.,* 1711, 2 vol. pet. in-8, v. éc.
2727. — Le même. *Trajecti ad Rhen.,* 1736, 2 vol. pet. in-8, v. f., fil.
2728. Alpinus. Historia naturalis Ægypti. *Lugd. Bat.,* 1735, 2 vol. in-4. = Description de l'Égypte, par Le Mascrier, etc. = 16 vol. in-4, rel. et br.
2729. D'Anville. Mémoires sur l'Égypte ancienne. *Paris,* 1766, in-4, v. = États formés en Europe après la chute de l'empire romain. 1771, in-4, br.
2730. L'Égypte sous les Pharaons, par Champollion le jeune. *Paris, De Bure,* 1814, 2 vol. in-8, br.
2731. The Egypt of Herodotus, by J. Kenrick. *London,* 1841, in-8, cart.
2732. Recherches pour servir à l'histoire de l'Égypte pendant la domination des Grecs et des Romains, tirées des inscriptions grecques et latines relatives à la chronologie, à

l'état des arts, aux usages civils et religieux de ce pays, par Letronne. *Paris*, 1823, in-8, pap. vél., d.-r. maroq., n. rogn. (*Thouvenin.*)

> Un des deux exemplaires sur papier vélin.

2733. — Le même, sur papier ordinaire. In-8, d.-r.
> Épuisé et rare.

2734. Sharpe's Egypt under the Romans. *London*, 1842. = Voyage en Égypte, par Volney, et autres ouvrages sur l'Égypte. = 12 vol. et br. in-4 et in-8, rel et br.

2735. The history of Egypt under the Ptolemies, by S. Sharpe. *London*, 1838, in-4, cart.

2736. Histoire de l'Égypte depuis la conquête des Arabes jusqu'à celle des Français, par Marcel. *Paris*, 1834, in-8, br.

2737. The early history of Egypt, by Samuel Sharpe. *London*, 1836, in-4, cart.

2738. Histoire de l'expédition des Français en Égypte, par Nakoula El-Turk, publiée et traduite par Desgranges. *Paris, Imp. roy.*, 1839, in-8, br.

2739. Histoire de l'expédition française en Égypte (atlas). 1839, 2 vol. in-4, obl.

2740. Mémoire sur les figures employées par les anciens Égyptiens à la notation des divisions du temps, par Champollion le jeune. *Paris, Impr. roy.*, 1841, in-4, et autres mémoires sur l'Égypte. — 20 liv. in-4.

2741. Recueil de mémoires sur l'Égypte, par E. Jomard. *Paris, Impr. roy.*, 1817, in-fol., br.

> Description des antiquités d'Abydus, d'Antæpolis, etc.; des ruines d'Hermopolis Magna, d'Antinoé, de l'Heptanomide, du nôme Arsinoïte, aujourd'hui le Fayoum. — Inscriptions anciennes recueillies en Égypte.

2742. Mémoires sur les tribus arabes, par Du Bois-Aymé. *Fuligno*, 1810, in-8. = Et autres ouv. 12 vol. in-8, rel. et br.

2743. Arts, antiquities, and chronology of ancient Egypt, from observations, in 1839, by G. H. Wathen. *London*, 1843, gr. in-8, perc., fig.

2744. L'Égypte au xixᵉ siècle, par Gouin. *Paris*, 1847, in-8, d. rel., fig.

2745. Ludolphi Jobi historia æthiopica, sive descriptio regni Habessinorum quod vulgo male presbyteri Joannis vocatur, lib. IV. *Francof. ad Mœn.*, 1681, fig. et cartes. — Ludolphi ad suam historiam æthiopicam commentarius. *Ibid.*, 1691, fig. — Relatio nova de hodierno Habessinæ statu ex

India nuper allata. *Ibid.*, 1693. — Appendix secunda ad historiam æthiopicam, continens dissertationem de locustis. *Ibid.*, 1694, 4 part. en 2 vol. in-fol., vél.

<small>Les exemplaires complets de cette histoire d'Éthiopie se rencontrent difficilement.</small>

2746. — Le même, sans le second appendice. 3 part. en 1 vol. in-fol., v. porph. dent., tr. dor.

2747. — Le même, sans les appendices. 2 vol. in-fol., veau.

2748. — Le même, comprenant l'histoire seulement. 1 vol. in-fol., br.

2749. Histoire d'Abyssinie ou d'Éthiopie, tirée de l'histoire latine de Ludolf. *Paris*, 1684, in-12, v., fig. et carte.

2750. Denkmaeler aus Ægypten und Æthiopien herausgegeben und erlaütert von R. Lepsius. *Berlin*, 1849, in-4, d.-v. ant.

2751. Historia dos Soberanos Mohametanos que reinarao na Mauritania, por Moura. *Lisboa*, 1828, in-4, br.

2752. Annales regum Mauritaniæ, arab. et lat. ed. Thornberg. *Upsaliæ*, 1845, 2 vol. in-4, br.

2753. La historia dell'impresa di Tripoli di Barbaria, fatta per ordine del ser. re catolico, l'anno 1560, con le cose avenute a christiani nell' isola delle Zerbe. *Venevia*, 1566, in-4, parch.

<small>Mouillures.</small>

2754. Mémoires historiques qui concernent le gouvernement de l'ancien et du nouveau royaume de Tunis, par de Saint-Gervais. *Paris*, 1736, in-8, veau. = État des royaumes de Barbarie, Tripoli, Tunis et Alger. *Rouen*, 1703, in-12, veau. = Histoire des dernières révolutions du royaume de Tunis, et des mouvements du royaume d'Alger. *Paris*, 1703, in-12, cart. Ens. 3 vol.

2755. Histoire de l'empire des Chérifs en Afrique, sa description géographique et historique, la relation de la prise d'Oran par Philippe V, etc... *Paris*, 1733, in-8, veau, cart.

2756. Histoire du royaume d'Alger, par Laugier de Tassy. *Amsterdam*, 1725, in-12, bas., carte.

2757. Campagne d'Afrique et conquête de l'Algérie.

<small>Précis de la campagne d'Afrique, par le baron Denniée. *Paris*, 1830, in-8, fig. — Campagne d'Afrique en 1830, par Fresnel. *Paris*, 1831, in-8, portr. — Souvenirs de la campagne d'Afrique, par Th. de Quatrebarbes. *Paris*, 1831, in-8, 3 t. en 1 vol. in-8, d. r. — Relation de la guerre d'Afrique, par Rozet. *Paris*, 1832, 2 vol. in-8, d. r., cartes. — Alger sous la domination française, son</small>

état présent et son avenir, par le baron Pichon. *Paris*, 1833, in-8, d. r., carte. — Campagne de Constantine, par Sédillot. *Paris*, 1838, in-8, d. r. — Ensemble 5 vol.

2758. De l'établissement des Français dans la régence d'Alger, et des moyens d'en assurer la prospérité, suivi de pièces justificatives, par Genty de Bussy. *Paris*, 1839, 2 vol. in-8, broch.

2759. Exploration scientifique de l'Algérie. — Études sur la Kabylie, etc., 12 vol. gr. in-8, br.

2760. Sur l'Algérie et la colonisation, par Desjobert, Davoux. etc. 15 vol. in-8 et atlas.

2761. Histoire et origine des Foulahs ou Fellans. par G. d'Eichthal. *Paris*, 1841, in-8, br., carte.

2762. Bosquejo sobre o commercio em escravos, e reflexões sobre este trafico. *Londres*, 1821, in-8, br., fig.

2763. De la traite des esclaves en Afrique et des moyens d'y remédier, par sir Thomas Fowel Buxton, trad. de l'anglais par Pacaud. *Paris*, 1840, in-8, br., carte.

2764. Histoire de la grande île de Madagascar, composée par le sieur de Flacourt. *Paris*, 1658, in-4, v., planches.

9. Histoire d'Amérique.

2765. Atlas der Entdeckungs-geschichte Amerikas. Gr. in-fol., cart.

2766. Histoire naturelle de l'Islande, du Groenland, etc., traduite de l'allemand d'Anderson (par Sellius). *Paris*, 1750, 2 vol. in-12, veau, fig. et pl.

2767. Mémoire sur les mœurs, coustumes et relligion des sauvages de l'Amérique septentrionale, par Nicolas Perrot; publié pour la première fois par le P. Tailhan. *Leipzig*, 1864, in-8, perc., n. rogn.

2768. The cruise of the Alabama, and the Sumter, by Semmes. *London*, 1864, 2 vol. in-12, cart.

2769. The administration on the eve of the rebellion, a history of four years before the war, by J. Buchanan. *London*, 1865, in-8, perc.

2770. Histoire naturelle et morale des îles Antilles de l'Amérique, avec un vocabulaire caraïbe (par de Rochefort). *Roterdam*, 1658, in-4, veau.
Exemplaire en mauvais état.

2771. Vues pittoresques de la Jamaïque, trad. de l'anglais de Beckfort. *Paris*, 1793, 2 tom. en 1 vol. in-12, bas.
<small>Provient de la bibliothèque du Palais-Royal.</small>

2772. Histoire de la découverte et de la conquête du Pérou, trad. de l'espagnol d'Aug. de Zarate. *Paris*, 1742, 2 vol. in-12, veau, fig.

2773. Description géographique de la Guyane, par Bellin. *Paris*, 1763, in-4, veau, fig. et cartes.

2774. Geografia de la republica del Ecuador, por Manuel Villavicencio. *New-York*, 1858, in-8, br., portr., fig. et cartes.

10. Archéologie.

A. *Archéologie égyptienne.* — *Archéologie latine.*

2775. ANNALI DELL' INSTITUTO DI CORRISPONDENZA ARCHEOLOGICA. *Roma*, 1829-48, 20 vol. in-8, d. v. f., fig. = Bulletino di corrispondenza archeologica. *Roma*, 1829-46 (moins 1844), 17 vol. in-8, d. v. f. — Monumenti dell' Instituto archeologico. *Roma*, 1829-48, 4 tom. en 2 vol. in-fol., d. v. f., planches.

2776. Recueil de monuments égyptiens publiés par le docteur H. Brugsch. = Monuments géographiques dessinés sur lieux et commentés par J. Duemichen. 1re part. *Leipzig*, 1865, in-4, cart., 100 planches.

2777. Collection d'antiquités égyptiennes recueillies par le chevalier de Pahlin, publiée par Dorow et Klaproth. *Paris, Gide*, 1829, in-fol., br., 33 pl.

2778. Monuments égyptiens du Musée de Leyde, par Leemans, in-fol., figures.
<small>Livraisons 2-3, 5 à 19.</small>

2779. Archéologie égyptienne, ou recherches sur l'expression des signes hiéroglyphques, et sur les éléments de la langue sacrée des Égyptiens, par J. A. de Goulianof. *Leipzig*, 1839, 3 vol. in-8, br.

2779 bis. — Autre exemplaire sur grand papier vélin.

2780. The antiquities of Egypt. *London*, 1841. — Succession des dynasties égyptiennes, par Brunet de Presles, 1850, in-8. = etc. — 11 vol. in-8, br.

2781. Kircherus. Romani Collegii Museum celeberrimum. *Amst.*, 1678, in-fol., v. br.

2782. Recueil d'antiquités égyptiennes, étrusques, grecques et romaines (par Caylus). *Paris,* 1752, in-4, cart., fig.
Tome Ier.

2783. Description générale de Thèbes, contenant une exposition détaillée de l'état actuel de ses ruines, et suivie de recherches critiques sur l'histoire et sur l'étendue de cette première capitale de l'Égypte, par Jollois et Devilliers. *Paris, Impr. imp.*, 1813, in-fol., br.

2784. — Le même, pap. vélin., d. v. f.

2785. Description des hypogées de la ville de Thèbes, par E. Jomard. *Paris, Impr. imp.*, 1813, in-fol., br.

2786. Description des antiquités de Tentyris, de Coptos et d'Apollinopolis Parva, par Jollois et Devilliers. *Paris, Imp. roy.*, 1817, in-fol., br.

2787. Lettres au duc de Blacas, relatives au Musée royal égyptien, par Champollion le jeune. *Paris, Didot,* 1824, in-8, d. rel., *figures*.

2788. Lettres au duc de Blacas, relatives au Musée égyptien de Turin (seconde lettre). Atlas, 1826, in-4, br.

2789. La statue vocale de Memnon, par Letronne. *Paris, Impr. roy.*, 1833, in-4, d.-rel. mar.
Rare.

2790. Catalogue of the collection of Assyrian, Babylonian, Egyptian, Greek, Etruscan, Roman, Indian, Peruvian, Mexican, and Chinese antiquities, formed by B. Hertz now the property of J. Mayer. *London,* 1859, gr. in-8, br.

2791. ANTIQUITÉS DU BOSPHORE CIMMÉRIEN (par le comte Ouwaroff). *St-Pétersbourg,* 1854, 3 vol. in-fol., cart., dont 1 de planches.

2792. Recherches archéologiques à Eleusis exécutées en 1860, par F. Lenormant. — Recueil des inscriptions. *Paris,* 1862, in-8, br.

2793. Egyptian antiquities in the British Museum, described by Sam. Sharpe. *London,* 1862, in-8, perc., fig.

2794. The alabaster Sarcophagus of Oimenepthah I, king of Egypt, now in Sir John Soane's museum, Lincoln's inn fields; drawn by J. Bonomi and described by S. Sharpe. *London,* 1864, in-4, cart., 19 planches.

2795. Mémoire sur le monument d'Osymandyas de Thèbes, par Letronne. *S. d.*, in-4, d. rel., fig.

2796. Mémoire sur l'inscription du tombeau d'Ahmès, par de Rougé. *Paris,* 1851, in-4, br., *fig. col.*

2797. Étude sur une stèle égyptienne, appartenant à la Bibliothèque impériale, par le vicomte E. de Rougé. *Paris, Impr. imp.,* 1858, in-8, br.

2798. Mémoire sur le système métrique des anciens Égyptiens, contenant des recherches sur leurs connaissances géométriques et sur les mesures des autres peuples de l'antiquité, par E. Jomard. *Paris, Impr. roy.,* 1817, in-fol., broch.

2799. Recherches sur les bas-reliefs astronomiques des Égyptiens, et parallèle de ces bas-reliefs avec les différents monuments astronomiques de l'antiquité, d'où résulte la connaissance de la majeure partie des constellations égyptiennes, par Jollois et Devilliers. *Paris, Impr, roy.,* 1817, in-fol., br., pl.

2800. Two memoirs on the ruins of Babylon, by Cl. J. Rich. *London,* 1816-18, 2 part. en 1 vol. in-8, d. r., fig. et pl.

2801. Orbis antiqui monumentis suis illustrati primæ lineæ, duxit J. J. Oberlinus. *Argentorati,* 1776, in-8, d. v. f., n. rogné.

2802. Œuvres complètes de Borghesi. *Paris, Impr. imp.,* 1864, 4 vol. in-4, br.

2803. Letronne. Œuvres diverses. 1 vol. in-8, d. r.

> Notice sur Letronne, par N. de Wailly. *Paris,* 1849. — Éclaircissements sur une inscription grecque contenant une pétition des prêtres d'Isis, dans l'île de Philæ, à Ptolémée Evergète II. — Mémoire sur le tombeau d'Osymandias, décrit par Diodore de Sicile. — Deux inscriptions grecques, gravées sur le pylône d'un temple égyptien dans la grande oasis, contenant des décrets rendus par le préfet de l'Égypte sous Claude et Galba. — Observations critiques et archéologiques sur l'objet des représentations zodiacales qui nous restent de l'antiquité; pl. — Sur l'origine grecque des zodiaques prétendus égyptiens. — Lettre à M. Millingen sur une statue votive d'Apollon, en bronze; fig. — De la croix ansée égyptienne, imitée par les chrétiens d'Égypte pour figurer le signe de la croix. — Trois articles sur l'analyse critique du voyage de la Grèce, par Pouqueville.

2804. Letronne. Examen critique de la découverte du prétendu cœur de saint Louis. *Paris, Didot,* 1844. = Preuves de la découverte. 1846. 2 part. en 1 vol. in-8, d. rel., v. f.

2805. Letronne. Sur l'authenticité de la lettre de Thibaud, roi de Navarre (à propos de la déc. du cœur de saint Louis). *Paris, Impr. roy.*, 1846, in-4, br.

2806. Letronne. Essai sur la topographie de Syracuse. 1812, in-8, d. rel. = Dicuil. De Mensura orbis. 1814, in-8, d. rel.

2807. Raoul Rochette. Trois mémoires sur les antiquités chrétiennes. *Paris, Impr. roy.*, 1838. = Considérat. sur le temple de Diane à Magnésie. 1845. = Questions de l'hist. de l'art. 1846. = Ensemble, 5 br. in-4, fig.

2808. Raoul Rochette. Monuments d'antiquité figurée. 1828, in-fol., fig.
    1re partie.

2809. Archéologie. Recueil de broch. d'archéologie, par Rossignol, H. Martin, Mauduit, etc. 10 br. in-4.

2810. Lot de 9 brochures de MM. Beulé, de Witte et de Laborde, relatives à la numismatique et à l'archéologie de la Grèce.

2811. De cruce vaticana, auct. Borgia. *Romæ*, 1779, in-4, rel. et autres ouvrages sur l'archéologie. = 8 vol. in-fol., et in-8, rel.

2812. Mémoires lus à la Sorbonne (archéol.). 1863-65, 3 vol. in-8, br.

2813. Répertoire archéologique du département du Tarn, par Crozes. *Paris, Impr. imp.*, 1865, in-4, br.

2814. Augusteum, ou description des monuments antiques qui se trouvent à Dresde, par Becker. *Leipzig*, 1804, 2 vol. in-fol., d. rel., fig.

2815. Monographie de la table de Claude, par Montfalcon. *Lyon, Perrin*, 1853, in-fol., cart.

2816. Cataloghi del Museo Campana. *S. d.*, in-4, br.

2817. Roma Sotteranea Cristiana. *Roma*, 1864, gr. in-4, br. et atlas de 40 pl.
    Tome Ier.

2818. Braun. Il labirinto di Porsenna, nel agro Clusino. *Roma*, 1840, in-fol., br., fig.

2819. Museo Bresciano illustrato. *Brescia*, 1838, in-fol., br., 60 planches.

2820. Le Antichita della Sicilia, per D. Pietra Santa, Duca di Serradifalco. *Palerma*, 1834, 5 vol. in-fol., cart., fig.

2821. Antichita della Sicilia, esposte per Dom. Pietra Santa.

duca di Serradifalco. *Palermo*, 1834, 2 vol. in-fol., cart. fig.
Tomes I et V.

2822. Antiquités grecques du Bosphore Cimmérien, publiées et expliquées, par Raoul Rochette. *Paris*, 1822, in-8, d. r., pl.

2823. Secchi. Antico Sepolcro greco scoperto sulla via Latina. *Roma*, 1843, gr. in-fol., br.

B. *Numismatique.*

2824. Classes generales seu moneta vetus urbium, populorum et regum, ordine geographico et chronologico descripta. *Florentiæ*, 1821, in-4, br., pl.

2825. Museum Odescalchum, sive thesaurus antiquarum gemmarum quæ in museo Odescalcho adservantur et à P. Sancte Bartolo quondam incisæ. *Romæ*, 1751, 2 tom. en 1 vol. in-fol., d. v. f., n. rogn., nombr. planches.

2826. De imperatorum Constantinopolitarum seu inferioris ævi vel imperii, uti vocant, numismatibus dissertatio Caroli Du Fresne Du Cange. *Romæ*, 1755, in-4, br., pl.

2827. Adler. Collectio nova nummorum cuficorum seu arabicorum veterum. *Altonæ*, 1795, in-4, d. rel., 7 pl.

2828. Numismatique des Arabes, avant l'islamisme, par Victor Langlois. *Paris*, 1859, in-4, br., pl.

2829. Description des médailles chinoises du cabinet impérial de France, précédée d'un essai de numismatique chinoise, par J. Hager. *Paris, Impr. imp.*, in-4, br., pl.

2830. Recherches numismatiques concernant les médailles celtibériennes, par de Lorichs. (Tome Ier.) *Paris, Didot*, 1852, in-4, br. (80 pl.)

2831. Collection de sceaux, par Douet d'Arc. *Paris*, 1863, in-4, br.

C. *Épigraphie.*

2832. Mélanges d'épigraphie, par Léon Renier. *Paris*, 1854, in-8, br., fig.

2833. Sur l'inscription de Rosette. = Brochures, [par M. Letronne, etc. = 50 br. in-8.

2834. Inscriptions chrétiennes de la Gaule, antérieures au VIIIe siècle, par Ed. Le Blant. *Paris,* 1856, in-4, br.
    Tome Ier.
2835. Inscriptiones Christianæ urbis Romæ septimo sæculo antiquiores, edidit. J. B. de Rossi. Volumen primum. *Romæ,* 1861, in-fol., cart.
    Cet ouvrage contient près de onze mille inscriptions, dont l'auteur démontre l'authenticité, donne le véritable texte et l'interprétation en en faisant connaître avec leurs variantes les copies manuscrites ou imprimées qui existaient déjà.

11. Histoire littéraire.

2836. Histoire abrégée de la littérature grecque, depuis son origine jusqu'à la prise de Constantinople par les Turcs, par F. Schœll. *Paris,* 1813, 2 vol. in-8, bas.
2837. Notæ romanorum veterum, Tyronis et aliorum, erutæ a Grutero. *S. l. n. a.,* in-fol., d. rel.
2838. Histoire littéraire de France. (Vol. XI.) *Paris,* 1759, in-4, v.
2839. Histoire littéraire de la France au XIVe siècle. Discours sur l'état des lettres, par Victor Leclerc. Discours sur l'état des beaux-arts, par Ernest Renan. *Paris,* 1865, 3 vol. gr. in-8, br., n. coup.
2840. Histoire de l'Université de Paris aux XVIIe et XVIIIe siècles par Jourdain. *Paris,* 1862, in-fol., en 2 part., br.
2841. Tiraboschi. Storia della letteratura Italiana. *Modena,* 1787, 16 vol. in-4, vélin. = Lombardi. Storia della letteratura italiana nel secolo XVIII. 1830, 4 vol. in-4, br. = Ensemble, 20 vol. in-4.
2842. Diplomata, chartæ, epistolæ, leges, ad res gallo-franciscas spectantia, ed. Pardessus. *Lut. Paris.,* 1843, in-fol., br.
    Tome Ier.
2843. Le trésor des chartes d'Arménie, ou cartulaire de la chancellerie royale des Roupéniens, comprenant tous les documents relatifs aux établissements fondés en Cilicie, par les ordres de chevalerie institués pendant les croisades et par les républiques marchandes de l'Italie, etc., recueillis et publiés par V. Langlois. *Venise,* 1863, in-4, br.
2844. Charte latine, publiée par l'École des chartes. 1835, in-fol., br.

2845. Chartes et manuscrits sur papyrus de la Bibliothèque royale, publiés par Champollion-Figeac. *Paris, Didot,* 1840, in-fol., cart.

2846. Chartes et papyrus de la Bibliothèque royale. Fasc. 1, 2, 4 et 5, en 3 part. in-fol.

2847. Chartes et manuscrits, sur papyrus, de la Bibliothèque royale, publiés par l'École des chartes. *Paris,* 1840, in-fol., d. rel.

    1er fascicule.

2848. Essais littéraires et historiques, par A. W. de Schlegel. *Bonn,* 1842, in-8, cart. n. r.

2849. Causeries et méditations historiques et littéraires, par Ch. Magnin. *Paris,* 1843, 2 vol. in-8, br.

2850. Literary anecdotes and contemporary reminiscences of professor Porson and others, from the manuscript papers of Barker. *London,* 1852, 2 vol. in-8, perc.

2851. Poésie héroïque des Indiens comparée à l'épopée grecque et romaine, avec analyse des poëmes nationaux de l'Inde, citations en français et imitations en vers latins, par F. G. Eichhoff. *Paris,* 1860, in-8, br.

12. BIOGRAPHIE.

2852. Dictionnaire biographique universel et pittoresque, orné de 120 portraits. *Paris,* 1834, 4 vol. in-8, d. r.

2853. Ibn Khallikan's biographical dictionary translated from the arabic into english, by Bⁿ Mac-Guckin de Slane. *Paris,* 1842-43, 2 vol. in-4, d. veau fauve.

2854. Biographical sketches of Dekkan poets, by Cavelly Venkata Ramaswamie. *Calcutta,* 1829, in-8, d.-r.

2855. La vie de messire François Picquet, consul de France et de Hollande à Alep (par Anthelmy, évêque de Grasse). *Paris,* 1732, in-12, veau.

2856. Histoire de la vie et des travaux politiques du comte d'Hauterive, comprenant une grande partie des actes de la diplomatie française, depuis 1784 jusqu'en 1830, par Artaud de Montor. *Paris,* 1839, in-8, cart., portr.

    Exemplaire unique sur papier rose.

2857. — Le même, sur papier de Chine.

    Tiré à 25 exemplaires.

2858. — Le même ouvrage, 2ᵉ édit. très-augmentée. *Paris*, 1839, in-8, cart., port.
   Exemplaire sur papier vélin.
2859. — Le même, sur papier rose.
2860. — Le même, sur papier de Hollande.
2861. Biografia degli uomini illustri della Sicilia. *Napoli*, 1817, 4 vol. gr. in-8, br., *figures*.
   Manque un titre.
2862. Machiavel, son génie et ses erreurs, par A. F. Artaud. *Paris*, 1833, 2 vol. in-4, cart. n. rogné, portr. et *fac-simile*.
   Exemplaire sur papier chamois. Portrait de Machiavel en double épreuve, sur papier de Chine rose, et eau-forte.
2863. Machiavel, son génie et ses erreurs, par A. F. Artaud. *Paris*, 1833, 2 vol. in-8, d.-rel., veau.
2864. Canova et ses ouvrages, ou mémoires historiques sur la vie et les travaux de ce célèbre artiste, par Quatremère de Quincy. *Paris*, 1834, gr. in-8, pap. vél., cart. n. rogn., portr. sur pap. de Chine.
2865. Biographia Britannica literaria, a literary history of the United Kingdom, by Th. Wright. *London*, 1842-46, 2 vol. gr. in-8, perc.
   Vol I. Anglo-saxon period. — Vol. II. Anglo-norman period.
2866. Historical sketches of statesmen who flourished in the time of George III, by Henry lord Brougham. *London*, 1839-43, 3 vol. in-8, perc.
2867. Memoir of the life and writings of W. Marsden, written by himself. *London*, 1838, in-4, cart.

13. BIBLIOGRAPHIE.

2868. Essai sur les livres dans l'antiquité, par Géraud. *Paris*, 1840, in-8, d.-rel.
2869. Analyse des travaux de la Société des philobiblon de Londres, par Octave Delepierre. *Londres*, 1862, in-12, tiré sur papier collé, petit in-4, d.-rel. genre Roxburgh.
   Tiré à petit nombre.
2870. De l'origine et des débuts de l'imprimerie en Europe, par Aug. Bernard. *Paris, Impr. imp.*, 1853, 2 vol. in-8, br., 13 pl., *fac-simile*.
2871. Recherches historiques sur l'imprimerie et la librairie

à Amiens, avec une description de livres divers imprimés dans cette ville, par F. Pouy. *Amiens*, 1861, in-8, br.

2872. Recherches historiques et bibliographiques sur l'imprimerie et la librairie dans le département de la Somme, par F. Pouy. 1re partie. *Paris*, 1863, in-8, br.

Exemplaire sur papier jaune.

2873. Marcel. Adlocutio et encomia variis linguis expressa. 1805. = Et autres opuscules imprimés à l'Imp. imp. et tirés à petit nombre, 5 parties.

2874. Précis historique sur l'Imprimerie nationale accompagné des spécimens de ses caractères français et étrangers, par F. A. Duprat. *Paris*, 1848, in-8, br.

2875. Histoire de l'Imprimerie impériale de France, par Duprat. 1861, gr. in-8, br.

2876. Bibliographie biographique universelle, dictionnaire des ouvrages relatifs à l'histoire de la vie publique et privée des personnages célèbres de tous les temps et de toutes les nations, par Ed. M. OEttinger. *Bruxelles*, 1854, 2 vol. in-4, d. v. f.

2877. Dictionnaire des ouvrages anonymes et pseudonymes, composés, traduits ou publiés en français et en latin, avec les noms des auteurs, traducteurs et éditeurs, accompagné de notes, par Barbier. 2e édition. *Paris*, 1822-27, 4 vol. in-8, portr., d. v. ant.

2878. Nouveau dictionnaire des ouvrages anonymes et pseudonymes, la plupart contemporains, avec les noms des auteurs ou éditeurs, par E. de Manne. Nouvelle édition. *Lyon*, 1862, in-8, br.

2879. Manuel du libraire et de l'amateur de livres, par J. C. Brunet. *Paris*, 1844, vol. 5 en 2 tom. in-8, br.

Ces deux volumes forment la table méthodique du Manuel.

2880. Manuel du libraire et de l'amateur de livres, par J. Ch. Brunet. 5e édition. *Paris*, 1860-65, 6 tom. en 12 vol. in-8, br.

2881. Bibliothèque impériale. = Catalogue de l'histoire de France, 1855, in-4, br.

Tome Ier.

2882. Catalogue général des manuscrits des bibliothèques publiques des départements. *Paris, Impr. nat.*, 1849, in-4, br.

Tome Ier.

2883. Catalogue des livres composant les bibliothèques du ministère des finances. 1856, in-4, br.
2884. Præfationes et epistolæ editionibus principibus auctorum veterum præpositæ, curante Beriah Botfield. *Cantabrigiæ*, 1861, in-4, d. m., tête dorée.
   Publié à 5 £ 5 sh.
2885. Adparatus litterarius ubi libri partim antiqui partim rari recensentur, collectus a F. G. Freytag. *Lipsiæ*, 1752-55, 3 vol. pet. in-8, d.-r.
2886. Notizia de' libri rari nella lingua italiana (di N. Haym). *Londra*, 1726, in-8, vél.
2887. Catalogue annuel de la librairie française, publié par C. Reinwald. *Paris*, 1858-64, 7 vol. in-8, perc.
2888. Allgemeines Bücher-Lexicon, oder vollständiges alphabetisches Verzeichniss, der von 1700 bis zu Ende 1861, erschienenen Bücher, welche in Deutschland und in den durch Sprache und Literatur damit verwandten Ländern gedrückt worden sind, von W. Heinsius. *Leipzig*, 1812-62, 12 vol. in-4, d. v. fauve et 1 vol. broché.
2889. Verzeichniss der Bücher, Landkarten, etc., welche von 1851 zu 1863 erschienen oder aufgelegt worden sind, herausgegeben von der Hinrichs'schen Buchhandlung. *Leipzig*, 1851-63, 13 vol. in-8, d. v. f.
   Manque 1852.
2890. Catalogue général des livres français, italiens, espagnols, etc., tant anciens que modernes, qui se trouvent chez Barthès et Lowell. *London*, 1857, in-8, cart.
2891. Henry Bohn's catalogue of books. Vol. I. *London*, 1847, in-8, d.-r.
2892. The London catalogue of books, from 1814 to 1844. *London*, 1839-44, 2 vol. in-8, perc.
2893. The London catalogue from 1814 to 1849. *London*, 1846-49, 3 vol. in-8, perc.
2894. The London catalogue of books 1816 to 1851. *London*, 1851, in-8, perc.
2895. The British catalogue of books published from 1837 to 1852, compiled by Sampson Low. *London*, 1853, in-8, d. mar.
2896. The english catalogue of books published from january 1835, to january 1863, comprising the contents of the London and the British catalogues, and the principal works

published in the United States of America and continental Europe, with the dates of publication, price, edition, and publisher's name, compiled by Sampson Low. *London*, 1864, gr. in-8, d. maroq.

2897. American publisher's circular. *Août,* 1857 a Déc. 1860. En livraisons.

> Quelques numéros manquent.

2898. Litteratur der Grammatiken, Lexica und Wörtersammlungen aller Sprachen der Erde, von J. S. Vater. 1re édit. *Berlin*, 1815, in-8, d. vél.

2899. — Le même, 2e édit. très-augmentée par Juelg. *Berlin*, 1847, in-8, d.-rel.

2900. Bibliotheca orientalis. Manuel de bibliographie orientale, par J. Th. Zenker. *Leipzig*, 1846-61, 2 vol. in-8, d. toile.

2901. Bibliotheca orientalis clementino vaticana, ed. Assemanus. *Romæ*, 1719, in-fol., vél.

> Tomes I et III.

2902. J. H. Hottingeri, promtuarium, sive bibliotheca orientalis... *Heidelbergæ*, 1658, in-4, veau.

2903. Biblioteca valenciana, por Fuster. *Valencia*, 1827, in-fol., br.

> Tome Ier, seul publié.

2904. Bibliotheca sanscrita. Literatur der Sanskrit-Sprache, von Fr. Adelung. *St-Petersburg*, 1837, in-8, br.

2905. Bibliothecæ sanskritæ, sive recensus librorum sanskritorum hucusque typis vel lapide exscriptorum critici specimen, concinnavit J. Gildemeister. *Bonnæ ad Rhen.*, 1847, in-8, br.

2906. A contribution towards an index to the bibliography of the Indian philosophical systems, by Fitz-Edward Hall. *Calcutta*, 1859, in-8, br.

2907. Mapoteca Colombiana. Coleccion de los titulos de todos los mapas, planas, vistas, etc., relativas á la America Española, Brasil, é islas adyacentes, abreglada cronologicamente i precedida de una introduccion sobre la historia cartografica de America, por E. Uricoechea. *Londres*, 1860, in-8, br.

2908. The library of his excellency sir George Grey. African and Oceanian philology. *London*, 1858-59, 7 part. en 1 vol. in-8, d. r. dos et coins v. fauve.

> Vol. I, p. 1, South Africa; p. 2, North Africa; p. 3, Madagascar.

— Vol. II, p. 1, Australia; p. 2, Polynesia, Papuan languages; p. 3, Fiji Islands; p. 4, New Zealand and Borneo.

2909. A catalogne of the library of the hon. East-India company. *London,* 1845-51, 2 vol. gr. in-8, perc.

2910. Bibliothèque de M. le baron Silvestre de Sacy. *Paris, Imp. roy.,*1842-47, 3 vol. in-8, d. v. ant.
Rédigé par M. Merlin. — Le Ier vol. contient les prix manuscrits.

2911. Catalogues de livres orientaux, réunis en 1 v.in-8,d. v. bl.
Bibliothèques de MM. Saint-Martin, Abel Rémusat, Kieffer, E. Jacquet et Loiseleur Deslongchamps (ces deux derniers avec les prix manuscrits).

2912. Catalogues Burnouf, Klaproth, etc. 4 vol. in-8, rel.

2913. Catalogue des manuscrits de la Bibliothèque de Laon. 1846, in-4, br.

2914. Catalogue des manuscrits grecs de la Bibliothèque de l'Escurial. *Paris,* 1847, in-4, br.

2915. Catalogue des manuscrits et xylographes orientaux de la Bibliothèque impériale de St-Pétersbourg. *St-Pétersbourg,* 1852, gr. in-8, d. v. fauve.

2916. Catalogus librorum, tam manuscriptorum quam impressorum, qui in Bibliotheca Gothana asservantur, auct. J. Moellero. *Gothæ,* 1826, 2 part. in-4, pl. col. — Ejusdem de numis, orientalibus in numophylacio Gothano asservatis commentatio prima numos chalifarum et dynastiarum cuficos exhibens. *Gothæ,* 1826, in-4. Ens. 3 tom. en 1 vol. in-4, d.-r.

2917. Tornberg. Codices arabici, persici et turcici biblioth. Upsaliensis. *Lundæ,* 1849, in-4, br.

2918. A descriptive catalogue of the historical manuscripts in the arabic and persian languages, preserved in the library of the Royal asiatic Society, by W. H. Morley. *London,* 1854, in-8, br.

2919. Specimen catalogi codd. mss. Orientalium bibliothecæ Acad. Lugd. Bat. *L. B.,* 1820, in-4, d.-rel.

2920. Catalogus codd. Orientalium biblioth. Acad. *Lugd. Bat.,* 1851, 2 vol. in-8, br.

2921. Notices sur quelques manuscrits arabes, par Dozy. *Leyde,* 1851, in-8. br.

2922. Catalogus codicum orientalium bibliothecæ academiæ Lugd. Bat., auctoribus de Jong et de Goeje. *Lugd. Bat.,* 1865, in-8, br. (tome 3^e).
Ce volume comprend les manuscrits persans.

2923. A historical and descriptive catalogue of the european and Asiatic manuscripts in the library of the late Dr. Ad. Clarke, by J. B. Clarke. *London,* 1835, in-8, cart., avec de curieux *fac-simile*.

2924. Musei Borgiani Velitris codd. mss. Avenses, Peguani, Siamici, Malabarici, Indostani.... descr. Paul. a S. Bartholomæo. *Romæ,* 1793, in-4, vél.

2925. Catalogue des manuscrits samskrits de la Bibliothèque impériale, avec notices, par A. Hamilton et L. Langlès. *Paris,* 1807, in-8, cart.

2926. Catalogue of the sanskrit mss., collected during his residence in India, by sir Rob. Chambers. *London,* 1838, in-fol., cart., beau portr.

2927. Verzeichniss der Sanskrit-Handschriften der Königl. Bibliothek von Berlin, hrsgb. von Dr. Weber. *Berlin,* 1853, in-4, d.-r. dos et coins cuir de Russie.
Manquent les *fac-simile*.

2928. A catalogue of the arabic, persian and hindustany manuscripts of the libraries of the king of Oudh. Vol. 1, containing persian and hindustany poetry. (645 pages.) *Calcutta,* 1854, gr. in-8, d.-r. dos et coins cuir de Russie, non rogné.
Bel exemplaire.

2929. Catalogus codd. mss. sanscriticorum postvedicorum Bibl. Bodleianæ, auct. Th. Aufrecht. Pars I. *Oxonii,* 1859, in-4, br.

2930. Catalogus codd. mss. sanscriticorum Bibliothecæ Bodleianæ, auct. Th. Aufrecht. *Oxonii,* 1864, in-4, perc.

2931. Verzeichniss der Chinesischen und Mandshuischen Bücher und Handschriften der königl. Bibliothek zu Berlin, verfasst von J. Klaproth. *Paris,* 1822, in-fol., d.-r.
Dans le même vol. : *Abhandlung über die Sprache und Schrift der Uiguren.*

2932. Affaire Libri. 1847 et ann. suiv., 32 vol. et broch. in-8.
Collection difficile à réunir aujourd'hui.

14. Encyclopédies. — Sociétés savantes. — Journaux.

2933. Pocket cyclopœdia, by Guy. *London,* 1829, in-12, d.-rel. = Pocket cyclopœdia, by Millard. *London,* 1813, in-12, d.-rel.

2934. Nouvelle revue encyclopédique, publiée par Firmin Didot frères. *Paris,* 1846-47, 5 vol. in-8, d. v. f.

2935. Li livres dou trésor, par Brunetto Latini, publié par Chabaille. *Paris, Impr. imp.,* 1863, in-4, cart.

2936. Le cabinet historique, 1855. Tome 1er, plus 38 livraisons.

2937. Archiv für Kunde Osterreischer Geschichts-Quellen. *Wien,* 1865, vol. 27 à 31, in-8, br.

2938. Mélanges gréco-romains. *Saint-Pétersbourg,* 1855, tome 1er et 2e (3 livr.). = Mélanges russes de l'Académie des sciences. *Saint-Pétersbourg,* 1851, 2 vol. in-8, rel. et tome III en 6 liv.

2939. Revue des Deux Mondes, années 60 et 62 complètes, plus 97 numéros de diverses années.

2940. Le Correspondant. 1857 à 1861, 5 années en livraisons.

2941. Archives des missions scientifiques. 1851-57, 10 vol. in-8 br., et en livr.

2942. Bulletin de la Société d'Encouragement. 1823-25, 3 vol. in-4, cart.

2943. Denkschriften der Kaiserlichen Akademie der Wissenschaften (xxe vol.). *Wien,* 1862, in-4, br., VIII *cartes et* XIV *planches.*

2944. Sitzungsberichte der K. Akademie der Wissenschaften. (Math. Naturwiss. Classe.) *Wien,* 1860-65, 43 cah. in-8.

2945. ACADÉMIE DES SCIENCES. Mémoires. Vol. 19, 20, 22, 23, 24, 27 en 2 parties, 28, 30, 33 et 34. 10 vol. et atlas in-4.

2946. Académie des sciences. Mémoires. Tomes 20, 22, 23, 27 en 2 part., 28 et 30. 7 vol. in-4, br.

2947. Académie des sciences. Mémoires, tomes 20, 22, 27 2e partie, 28 et 30. = 5 vol. in-4, br.

2948. Académie des sciences. Mémoires, tomes 20, 28 et 30. 3 vol. in-4, br.

2949. Académie des sciences. Mémoires, tomes 28 et 30, 2 vol. in-4, br.

2950. Académie des sciences. Mémoires, Tome 30, in-4, br.
> Ce volume renferme des mémoires de MM. de Quatrefages, Chevreul et Pouillet.

2951. Académie des Inscriptions. = Mémoires présentés par divers savants, 2e série (Histoire de France).
> Vol. I, II, IV (1re et 2e parties); V (1re partie).

2952. — Les mêmes. = 4 parties.

2953. — Les mêmes. = 4 parties.

2954. — Les mêmes. = 5 parties.

2955. — Académie des Inscriptions. = Mémoires présentés par divers savants (1re série). Tomes, 1, 2, 5, 6. = 6 vol. ou part. in-4, br.

2956. — Les mêmes. = 7 vol. ou part. doubles.

2957. Mémoires de l'Académie des Inscriptions et Belles-Lettres. *Paris, Impr. imp.* Vol. 9, 10, 12 à 16, 19, 23, (2e partie), 24. = Ensemble, 13 vol. ou parties in-4, br.

2958. — Les mêmes, 6 vol. ou parties doubles.

2959. Notices et extraits des manuscrits de la Bibliothèque royale. *Paris,* 1787-1862. = 13 vol. ou parties in-4.
   Tomes I, II, X, XI, XIV (2e partie), XV, XVI, XVII, XVIII (1re partie), XIX (2 parties), XX (2e partie).

2960. Les mêmes. 9 vol. ou parties doubles.

2961. Journal des savants. Années 1665 à 1741, plus les années 1755 à 58. = Ensemble, 65 vol. in-4, rel.
   Il manque les années 1706 et 1728.

2962. JOURNAL DES SAVANTS. — Nouvelle série. — Années 1816 et 1817 reliées (1817 double), 1849-50, 51 (1851 double); 1861 et 1862, plus 60 livraisons détachées. = Ensemble 9 années complètes.

2963. Table des articles du Journal des Savants, par Cocheris, *Paris, Durand,* 1860, in-4, br.

2964. Almanach de Gotha, Annuaire diplomatique et historique. In-18, perc., portr.
   8 années 1859, 1 année 1863, 4 années 1864, 2 années 1866; ensemble 15 vol.

2965. Gothaisches genealogisches Taschenbuch der freiherrlichen Haüser. In-18, perc., portr. 1863, 1864, 1865, 1866. Ens. 4 vol.

MANUSCRITS PERSANS, = TURCS, = ARABES, = PAPYRUS HIÉRATIQUE ÉGYPTIEN.

MANUSCRITS PERSANS.

2966. DIWANI HAFIZ. Divan ou recueil des poésies de Hafiz. *Très-beau manuscrit persan, parfaitement conservé.* In-8, mar, br., rel. orient. à recouvr.
   132 ff.; — encadr. et tête de page or et couleur.

2967. Diwani Hafiz. Divan de Hafiz. Manuscrit persan de 119 feuillets. In-8, bas.

2968. Divan de Hafiz, avec quelques pièces du même auteur qui manquent souvent dans le recueil de ses poésies. In-8, rel. or.
> Beau manuscrit à deux colonnes, avec encadrements à filets d'or ; — 162 ff.

2969. Le Gulistan et le Bostan de Sadi réunis. In-4, rel. orient.
> Joli manuscrit, en écriture Neskhi. — 125 ff.

2970. Le Gulistan et le Bostan de Sadi. 3 vol. pet. in-8, rel. orient.
> Manuscrit persan.

2971. Gulistan de Sadi. 1796, in-4, rel. or.
> Manuscrit persan de 109 ff.

2972. Le Gulistan de Sadi. In-4, rel. or.
> Manuscrit persan.

2973. Le Gulistan de Sadi, accompagné de quelques gloses en turk et de l'indication du mètre des vers qui font partie de cet ouvrage. Pet. in-8, mar. rouge, à recouv.
> Manuscrit en joli caractère ta'liq. — 111 ff., avec encadrements.

2974. Le Gulistan de Sa'di, avec le commentaire turc de Chemy. Manuscrit avec notes marginales et interlinéaires, daté de l'an 1014. In-12, cart.

2975. Recueil de poésies de Schawket. In-8, rel. or.
> Joli manuscrit persan de 161 ff., daté de 1747.

2976. Divani Khaïali. Divan ou recueil des œuvres poétiques de Khaïali. Manuscrit persan, d'une bonne écriture. (72 ff.) In-8, bas.

2977. Recueil d'anecdotes entremêlées de vers, par El Kefari.
> Manuscrit persan.

2978. Traité de versification. Manuscrit Persan. In-8.
> Texte encadré.

2979. Iskender Nameh, ou livre d'Alexandre, par Nizami. In-8, v. noir.
> Ancien manuscrit persan de 266 ff., en partie raccommodés et remontés. — Les 17 premiers feuillets se trouvent reliés à la fin du volume.

2980. Histoire du Prophète, en 21 chapitres, écrite en l'an 1187 de l'hégire (1772). In-8, bas.
> Manuscrit persan, d'une belle écriture.

2981. Tarikh Tabri.... Histoire de la Perse, et des anciens prophètes, patriarches, rois, etc. In-folio, cuir de Russie.
> Précieux manuscrit persan, provenant de la bibliothèque de Sir W. Ouseley. — 700 ff. et 13 ff. préliminaires. — Quelques piqûres.

2982. Histoire d'un empereur roumi de Constantinople, appelé Azadè Bakhi. Pet. in-4, bas.
   Manuscrit persan, daté de 1232 (1817).
2983. Lot de manuscrits persans. = 20 vol. in-8, rel. orient.

Manuscrits turcs.

2984. Les saints Évangiles, en turc. Manuscrit de 233 ff. In-4, mar. rouge.
2985. Doctrine religieuse de l'iman Abou Hanifa. In-4, bas. noire à recouvr.
   Manuscrit turc, de 49 feuillets.
2986. Recueil de cinq ouvrages en turc, savoir : 1° quarante sentences de Mahomet en arabe, expliquées en turc; 2° traduction turque de l'ouvrage persan intitulé : *Akhlak-Mohseny*; 3° conseils aux rois; 4° extrait de l'ouvrage turc intitulé : *Humayun Nameh* ; 5° *Hadyket al-ouzara*, ou jardin des vizirs. Pet. in-fol., mar. ol., rel. orient. à recouvr., dans un étui.
   Manuscrit d'une très-fine et très-jolie écriture, avec encadr. et ornements. — 163 ff.
2987. Kabous Namé... Traité de morale, traduit du persan en turc. In-8, bas. orient.
   Manuscrit de 96 feuillets. — Mouillures.
2988. Petit manuel de législation musulmane. In-8, rel. orientale.
   Manuscrit turc d'une écriture serrée, mais très-lisible.
2989. Physiologie de la femme, traité médical en turc (30 chap.). In-4, rel. orient.
   Manuscrit turc.
2990. Bahr al Mearif... La mer des connaissances, par Sorouri. In-8, bas.
   Manuscrit turc osmanli, daté de 1229 (1814). — 143 ff.
2991. Petit vocabulaire turc-persan rimé.
   Manuscrit daté de 1710.
2992. Formulaire de lettres adressées aux autorités turques et relatives aux affaires des Français dans les Échelles du Levant. Ouvrage utile aux interprètes. In-8, bas., rel. orient.
   Manuscrit turc de 33 feuillets.
2993. Incha. Formulaire de lettres. In-8. bas., rel. orient.
   Manuscrit turc de 67 feuillets.

2994. KALILAH ET DIMNA. Traduction turque. Manuscrit d'une très-belle écriture, avec tête de page et encadrements en or et couleur, rel. en maroq. rouge à comp., rel. orient.

100 feuillets.

2995. Histoire de Schah Derwich et de ses enfants Idmer et Bektemer. Conte dans le genre de ceux des *Mille et une Nuits*. Pet. in-4, bas.

Manuscrit turc de 146 feuillets.

2996. Recueil des bons mots de Lam'ay Tchéléby. In-8, bas.

Manuscrit turc daté de 1713.

2997. HIKAÏETI KHODJA NAṢR-EDDIN EFENDI. Histoire de Nasreddin Khodja. In-8, bas. orient.

Manuscrit turc de 63 ff.

2998. Recueil de firmans du Grand Seigneur et de lettres turques relatives aux affaires des Français dans les Échelles du Levant. Pet. in-4, bas., rel. orient.

Manuscrit turc de 121 ff.

2999. KANOUN-I-ILTCHIAN. Règles du cérémonial observé entre les ambassadeurs européens et les membres du Divan ottoman. In-4, bas., rel. orient.

Manuscrit turc de 21 feuillets.

3000. L'histoire impériale, ou histoire des sultans, par Abdul-Mezneb. Beau manuscrit turc, de plus de 500 ff., avec encadrements et initiales or et couleur. In-8, maroq. rouge.

Mouillures.

3001. DJENGUIZ NAMEH. Histoire de Djinguiz khan. In-4, bas. à recouv.

Manuscrit turc de 24 feuillets.

3002. Odes et panégyriques du sultan Ahmed III. In-8, mar. rouge à comp. dor., en étui. (*Rel. orient.*)

Beau manuscrit turc de 233 ff., avec encadrements or et ornements en or et couleur.

3003. Recueil de documents sur l'histoire du Caire. Pet. in-4, cart. à l'orient.

Manuscrit turc de 58 feuillets.

3004. MARIFET-NAMEH. Le livre de la science. Curieuse encyclopédie rédigée en turc, par Ibrahim Hakky, l'an 1170 (1756). In-fol., rel. orient. à recouvr.

Manuscrit turc d'une belle écriture, avec encadr. et ornements en or et couleur, et des cartes coloriées.

La première partie roule sur la cosmographie, la géographie, l'his-

toire naturelle et les sciences mathématiques. — La seconde partie traite de la connaissance de l'âme, d'après les doctrines des soufis (l'auteur appartenait à la secte des mezlevites). La dernière partie est une sorte de code de morale et de savoir-vivre.

— Une édition de cet ouvrage a été imprimée et publiée en Égypte (Boulaq, 1835), mais elle renferme moins de figures et de cartes que le manuscrit; il est vrai d'ajouter que la plupart des cartes géographiques paraissent plus récentes que l'ouvrage, et ajoutées par le copiste d'après un atlas européen.

Le 1er feuillet de la table des matières manque, ainsi qu'un feuillet à la fin.

3005. Lot de manuscrits turcs. 7 vol. in-4, rel.

3006. Lot de manuscrits turcs. 10 vol. in-4 et in-8, rel.

Manuscrits arabes.

3008. Livre de piété, renfermant des prières, des psaumes, cinq cantiques de saint Bonaventure, des litanies, etc., (1792). In-16, mar. noir.

> Manuscrit arabe qarchouni (en caractères syriaques). 185 pages. — Un petit calendrier pour les fêtes mobiles, depuis l'année 1793 jusqu'à l'année 1848, est placé à la fin de l'ouvrage.

3009. Traité des mérites que l'on acquiert en invoquant les faveurs de Dieu pour Mahomet. Pet. in-4, bas. à recouvr.

> Manuscrit arabe. — L'auteur est un musulman d'origine berbère, nommé Abou Abd-Allah Mohammed Al Djozouly. Ce livre est très-estimé des musulmans d'Afrique.

3010. Tome II du recueil de traditions intitulé : ALMEWAHIB ALLEDOUNIYAH BILMENAHIL MOHAMMEDIYAH, par le cheykh Ahmed Alkasthellany. Mss. arabe. In-fol., maroq. br., rel. orient. à recouvr.

3011. Grammaire arabe de Djebryl Ebn-Farhat (en arabe). Pet. in-4, de 211 pp., d. mar. rouge.

> Manuscrit d'une belle écriture, rouge et noire.

3012. Les cinquante méqâmats, ou séances de Hariri, avec quelques gloses en arabe et en persan. In-4. (*Rel. à l'Européenne faite dans l'Inde.*)

> Manuscrit d'une bonne écriture. 354 feuillets. — Piqûres de vers.

3013. Calila et Dimna, ou fables de Bidpay, en arabe. In-4, v. marb., tr. dor.

> Manuscrit d'une main européenne. — 300 pages environ.

Manuscrits divers.

3014. Bayeri Museum Sinicum. 5 part. en 1 vol. in-fol., relié en peau rouge.
<small>Manuscrit d'une bonne écriture.</small>

3015. Grammatica linguæ sinarum, auct. St-Fourmont. In-folio, relié en peau rouge.
<small>Manuscrit d'une bonne écriture.</small>

3016. *Bhagavadgita.* Texte sanscrit. Joli manuscrit moderne, d'une main européenne. In-12, cuir de Russie, fil. (*Simier.*)

Papyrus égyptien.

3017. Papyrus égyptien. Très beau papyrus en écriture hiératique, dans un cadre de 1 m. 50 sur 1 m.

SUPPLÉMENT.

3018. The historical books of the Old Testament, in sanscrit. *Serampore,* 1811, in-4, cart. n. rogn.

3019. Novum testamentum, turcice. *Astrachani,* 1818, in-8, v., tr. dor.
<small>Nouveau Testament en turc-basian, parlé dans les montagnes de la Circassie.</small>

3020. Les Évangiles, en turc. *Paris, Impr. roy.,* 1827, in-4, v. br.
<small>Table, 4 pp.; texte, 318 pp.</small>

3021. Le Qoran. (*Pétersbourg,* 1790.) Pet. in-fol., bas.
<small>Cat. de Sacy, 1464. — Zenker, 1363.</small>

3022. Avesta, die heiligen Schriften der Parsen.... Le Zend-Avesta, publié en huzvaresch, traduit et commenté, par Fr. Spiegel. *Vienne et Leipzig,* 1852-65, 6 vol. in-8, br.
<small>Texte. Vol. I, Vendidad; — vol. II (1re partie), Vispered et Yaçna. = Traduction. Vol. I, Vendidad; — vol. II, Vispered et Yaçna; — vol. III, Khorda-Avesta. = Commentaire. Vol. I, Vendidad.</small>

3023. De la connaissance de l'âme, par Gratry. *Paris,* 1861, 2 vol. in-12, br.

3024. Recherches sur les fragments d'Héron d'Alexandrie, ouvrage posth. de Letronne, publié par Vincent. *Paris, Impr. nat.,* 1851, in-4, br.

3025. Mémoire sur la propagation des chiffres indiens, par F. Woepcke. *Paris, Impr. imp.,* 1863, in-8, br.
   Tiré à part, à petit nombre.
3026. Monographie de l'église Notre-Dame de Noyon, par L. Vitet. Plans, coupes, élévations et détails, par Daniel Ramée. *Paris, Impr. roy.,* 1845, in-4, br.
3027. Collection de planches de l'histoire naturelle des mammifères de Cuvier et Geoffroy Saint-Hilaire. 4 cartons in-fol.
3028. Flora del Tirolo meridionale, opera di Francesco Ambrosi. *Padova,* 1854 et années suivantes. Vol. I en 5 part. — Vol. II en 4 parties. In-8, br.
3029. Satires de Perse, trad. par Sélis. *Paris,* 1776, in-8, v. f.
   Exemplaire de Boissonade, avec des notes de sa main.
3030. Comédies d'Aristophane, trad. par Artaud. *Paris,* 1830, 6 vol. in-18, br.
3031. Mignard. Histoire de l'idiome bourguignon et de sa littérature propre, ou philologie comparée de cet idiome, suivie de poésies françaises inédites de Bernard de la Monnoye. *Dijon,* 1856, in-8, br.
3032. Œuvres de F. B. Hoffman, précédées d'une notice, par Le Castel. *Paris, Lefèvre,* 1829, 10 vol. in-8, br.
3033. Krist. Das älteste von Otfrid im neunten Iahrhundert verfaszte, hochdeutsche Gedicht, nach drei Handschriften kritisch hrsgb. von E. G. Graff. *Königsberg,* 1831, in-4, broch.
3034. Litauisches Lesebuch und Glossar, von August Schleicher. *Prag,* 1857, in-8, br.
3035. Der Athapaskische Sprachstamm, von Busschmann. *Berlin,* 1856, in-4, cart.
3036. Dialogues arabes-français, par Aug. Martin. *Paris,* 1847, in-8, br.
3037. Le Mobacher, journal arabe, publié à Alger.
   126 n[os].
3038. Proben deutscher Volks-Mundarten, Dr Seetzen's linguistischer Nachlass und andere Sprach-forschungen und Sammlungen besonders über Ostindien, hrsgb. von Dr J. S. Vater. *Leipzig,* 1816, in-8, d. vél.
3039. Manava Dharma Sastra. Lois de Manou, trad. française, par A. Loiseleur Deslongchamps. *Paris,* 1833, in-8, br.

3040. Ramayana, poëme sanscrit de Valmiki, mis en français par Hippolyte Fauche. *Paris,* 1854-57, 9 vol. in-12, br.
   Incomplet du vol. IX.
3041. Ardschuna's Reise zu Indra's Himmel nebst anderen Episoden des Mahabharata, hrsggb., metrisch übers., und mit kritischen Anmerkungen versehen, von F. Bopp. *Berlin,* 1824, in-8, non relié.
3042. Les aventures de Kamrup, par Tahcin Uddin, traduites par Garcin de Tassy. *Paris,* 1834, gr. in-8, cart.
3043. La doctrine de l'amour, roman de philosophie religieuse, trad. de l'hindoustani, par Garcin de Tassy. *Paris,* 1858, in-8, br.
3044. Mantic Uttair, ou le langage des oiseaux, poëme de philosophie religieuse, trad. du persan de Farid Uddin Attar par Garcin de Tassy. *Paris, Impr. imp.,* 1863, gr. in-8, pap. vélin, br.
3045. Les fastes de Sargon, roi d'Assyrie (721-703 av. J.-C.), traduits et publiés d'après le texte assyrien de la grande inscription des salles du palais de Khorsabad, par J. Oppert et Ménant. *Paris, Impr. imp.,* 1863, in-fol., br.
3046. Jacquet. Considérations sur les alphabets des Philippines. In-8, br.
   Extrait du *Journal Asiatique.*
3047. Éléments de la langue malaise, par Tugault. *Paris,* 1863, in-8, br.
3048. Les voyages adventureux de Fernand Mendez de Pinto fidèlement traduicts de portugais en françois, par le sieur Bernard Figuier. *Paris,* 1628, in-4, d. r.
   Court de marges.
3049. Voyage à Méroé, au fleuve Blanc, au-delà de Fazoql, à Syouah et dans cinq autres oasis, fait dans les années 1819-22, par F. Cailliaud. *Paris, Impr. roy.,* 1826-27, 4 vol. in-8, br.
   Texte seul.
3050. Voyage dans la Turquie d'Europe, par Viquesnel. *Paris,* 1853, 7 livr. in-4, br.
3051. Milianah, par le Dr Cam. Ricque. *Paris,* 1861, in-8, br.
3052. Relations politiques de la France et de l'Espagne avec l'Écosse au xvie siècle. Papiers d'État, pièces et documents inédits ou peu connus tirés des bibliothèques et des archives de France, publiés par Alexandre Teulet. Nouvelle édition. *Paris,* 1862, 5 vol. in-8, br.

3053. Mémoires d'histoire orientale suivis de mélanges de critique, de philologie et de géographie, par C. Defrémery. *Paris,* 1854-62, 2 vol. in-8, br.
   Rare.
3054. Histoire des Berbères et des dynasties musulmanes de l'Afrique septentrionale, par Ibn-Khaldoun, traduite de l'arabe par le baron de Slane. *Alger,* 1852-55, vol. I à III, gr. in-8, br.
3055. Recherches sur le règne de Barkiarok, sultan Seldjoukide (1092-1104), par C. Defrémery. *Paris, Impr. imp.,* 1853, in-8, br.
   Extrait du *Journal Asiatique*.
3056. Histoire des khans mongols du Turkistan et de la Transoxiane, extraite du *Habib Essher* de Khondémir, trad. du persan et accompagnée de notes, par C. Defrémery. *Paris, Impr. imp.,* 1853, in-8, br.
   Extrait du *Journal Asiatique*.
3057. Vies des hommes illustres de l'islamisme, en arabe, par Ibn Khallikan, publiées par Mac Guckin de Slane. *Paris,* 1844, in-4, br., 4 livraisons.
3058. Recherches sur les monnaies frappées dans l'île de Rhodes, par les grands maîtres de l'ordre de Saint-Jean de Jérusalem, trad. de l'allemand de J. Friedländer, avec notes, par V. Langlois. *Paris,* 1855, in-4, br., fig.
3059. Numismatique des Arabes avant l'islamisme, par Victor Langlois. *Paris,* 1859, in-4, br., planches.
3060. Un lot de volumes et de brochures, sur l'Inde.
3061. Un lot de livres arabes et turcs, imprimés et manuscrits.

TABLE DES DIVISIONS

ÉCRITURES SAINTES.

Numéros.
1. Textes complets en toutes langues.............. 1
2. Livres séparés de l'Ancien Testament............ 37
3. Nouveau Testament........................... 84
4. Livres séparés du Nouveau Testament........... 151
5. Critique des Écritures. — Saints Pères. — Liturgie. 184

JURISPRUDENCE.............. 247

SCIENCES ET ARTS.

1. Sciences philosophiques, Morale, Éducation, Économie politique................................... 259
2. Sciences physiques et chimiques................. 284
3. Sciences naturelles............................ 295
4. Sciences médicales............................ 328
5. Sciences mathématiques........................ 338
6. Philosophie occulte............................ 358
7. Beaux-arts. — Jeux........................... 361

LINGUISTIQUE ET LITTÉRATURE.

1. Introduction, origine et formation des langues. — Grammaires générales. — Écriture, Alphabets.... 392
2. Langues européennes.

    A. *Histoire. — Origine. — Dictionnaires polyglottes.* 412
    B. *Langues osque et umbrienne*................ 423

	Numéros.
C. *Langue et littérature grecque ancienne*.........	427
D. *Langue et littérature grecque moderne*.........	478
E. *Langue et littérature latine*..................	508

F. *Langues romanes.*

a. Roman.............................	530
b. Langue et littérature française..........	534
c. Langue et littérature italienne...........	572
d. Langues et littératures espagnole et portugaise............................	597

G. *Langues basque et celtique*...................	603

H. *Langues teutoniques.*

a. Langue et littérature allemande........	605
b. Langues et littératures hollandaise et flamande............................	624

I. *Langues scandinaves.*
(Suédois, danois, islandais)................ 628

J. *Langues anglo-saxonnes*..................... 647

K. *Langue laponne*........................... 676

L. *Langues slaves.*
(Généralités. — Langues illyrienne, russe, polonaise, bohémienne.)................ 677

M. *Langues hongroise, valaque, serbe*............ 705

3. LANGUES ASIATIQUES.

A. *Généralités.*

a. Dictionnaires polyglottes, ouvrages généraux, collections asiatiques..........	711
b. Mélanges...........................	745

B. *Langues des Indes.*

a. Généralités..........................	781

b. Sanscrit.

1 Grammaires.............................	798
2 Dictionnaires............................	835
3 Littérature sanscrite......................	845
4 Pali, pracrit.............................	939

Numéros.

C. *Dialectes de l'Inde.*

    1 Bengali..................................... 945
    2 Hindoui, hindoustani....................... 969
    3 Tamoul...................................... 1048
    4 Punjab, mahratte, etc..................... 1070

D. *Langues transgangétiques.*
    (Annamique, birman, siamois, tibétain)..... 1083

E. *Langues persanes.*

    a. Assyrien, écriture cunéiforme........... 1100
    b. Zend, pehlvi, parsi..................... 1124
    c. Langue et littérature persane.

        1 Grammaires............................... 1135
        2 Dictionnaires............................ 1151
        3 Littérature.............................. 1158

    d. Afghan, kourde......................... 1244

F. *Langue et littérature arménienne.*............. 1250

G. *Langues sémitiques.*
    Généralités................................. 1267

    a. Langue et littérature arabe.

        1 Grammaires............................... 1272
        2 Dictionnaires............................ 1328
        3 Littérature.............................. 1344

    b. Langue et littérature hébraïque.

        1 Grammaires............................... 1482
        2 Dictionnaires............................ 1489
        3 Littérature.............................. 1510

    c. Phénicien, syriaque..................... 1520

H. *Langues chinoises.*

    a. Chinois.

        1 Grammaires............................... 1532
        2 Dictionnaires............................ 1554
        3 Littérature (ouvrages européens relatifs à la littérature chinoise)................... 1568

TEXTES CHINOIS ET TARTARES

Numéros.

1. LIVRES CLASSIQUES.
  (*Livres canoniques et moraux, livres élémentaires.*) 1610
2. RELIGIONS. PHILOSOPHIE............................ 1630
3. JURISPRUDENCE.................................... 1642
4. SCIENCES MÉDICALES............................... 1644
5. LITTÉRATURE.

  A. *Dictionnaires. — Poésie. — Théâtre*.......... 1647
  B. *Romans* 1659
  C. *Épistolaires. — Mélanges* 1674

6. HISTOIRE.

  A. *Histoire générale et particulière de la Chine*.... 1681
  B. *Romans historiques, relatifs, la plupart, à l'histoire de la Chine*........................ 1691
7. ENCYCLOPÉDIE..................................... 1705

---

  b. Japonais........................ 1705 *bis.*
I. *Langues tartares.*

  a. Mandchou, mongol.................... 1715
  b. Turc et ses dialectes.

   1 Grammaires 1724
   2 Dictionnaires........................ 1742
   3 Littérature.
   (Textes turcs imprimés la plupart à Boulaq ou à Constantinople.)......................... 1753

  J. *Langues caucasiennes.* (Géorgien, ossète, etc.).... 1837

4. LANGUES D'AFRIQUE.

  A. *Égyptien.*
   (Hiératique, démotique, hiéroglyphique)..... 1844
  B. *Copte*.. 1864
  C. *Langues modernes d'Afrique,*................. 1880

	Numéros.
5. Langues américaines	1891
6. Langues polynésiennes	1899

HISTOIRE.

1. Géographie 1915
2. Voyages.

    A. *Voyages autour du monde* 1934
    B. *Voyages en Europe* 1940
    C. *Voyages en Asie* 1970
    D. *Voyages en Afrique* 2210
    E. *Voyages en Amérique* 2248
    F. *Voyages en Océanie* 2256

3. Chronologie. — Histoire universelle 2268
4. Histoire des religions.

    A. *Religion chrétienne* 2285
    B. *Religions des peuples anciens et des peuples orientaux* 2318

5. Histoire ancienne 2351
6. Histoire moderne de l'Europe.

    A. *Histoire générale* 2373
    B. *Histoire de France* 2380
    C. *Histoire des villes et provinces de France* ... 2412
    D. *Histoire étrangère* 2423

7. Histoire d'Asie.

    A. *Histoire ancienne. — Histoire des Arabes et des Persans* 2494
    B. *Histoire de l'Inde* 2541
    C. *Histoire de la Chine et du Japon* 2666

8. Histoire d'Afrique 2723
9. Histoire d'Amérique 2765

Numéros.

10. Archéologie.

    A. *Archéologie égyptienne, archéologie latine*.. 2775
    B. *Numismatique* 2824
    C. *Épigraphie* 2832

11. Histoire littéraire 2836
12. Biographie............................. 2852
13. Bibliographie 2868
14. Encyclopédies. — Sociétés savantes. — Journaux.. 2933

MANUSCRITS PERSANS, TURCS, ARABES. —
    PAPYRUS HIÉRATIQUE ÉGYPTIEN.......... 2966

SUPPLÉMENT 3018

Le catalogue des Livres de fonds et en nombre se distribuera, à partir du 1ᵉʳ décembre 1866, chez M. Adolphe Labitte, libraire.

La vente aura lieu à la fin de décembre.

PARIS. — J. CLAYE, IMPRIMEUR, RUE SAINT-BENOIT, 7.